古代歷史文化研究輯刊

二一編

王明蓀 主編

第16冊

元代直隸省部研究（下）

葛仁考 著

國家圖書館出版品預行編目資料

元代直隸省部研究（下）／葛仁考 著 — 初版 — 新北市：花
木蘭文化事業有限公司，2019〔民 108〕
目 4+164 面；19×26 公分
（古代歷史文化研究輯刊 二一編；第 16 冊）
ISBN 978-986-485-734-0（精裝）
1. 方志學 2. 研究考訂 3. 元代
618   108001503

ISBN-978-986-485-734-0

古代歷史文化研究輯刊
二一編　第十六冊　　　　　　ISBN：978-986-485-734-0

元代直隸省部研究（下）

作　　者　葛仁考
主　　編　王明蓀
總 編 輯　杜潔祥
副總編輯　楊嘉樂
編　　輯　許郁翎、王筑　美術編輯　陳逸婷
出　　版　花木蘭文化事業有限公司
發 行 人　高小娟
聯絡地址　235 新北市中和區中安街七二號十三樓
　　　　　電話：02-2923-1455／傳真：02-2923-1452
網　　址　http://www.huamulan.tw 信箱 hml 810518@gmail.com
印　　刷　普羅文化出版廣告事業
初　　版　2019 年 3 月
全書字數　286090 字
定　　價　二一編 49 冊（精裝）台幣 122,000 元

元代直隸省部研究(下)

葛仁考 著

目次

第五章 直隸省部地區文化流派：以封龍、紫金、蘇門三山學者爲中心

　　經歷唐朝滅亡以後三百年的分裂狀態，元朝又一次統一了全國。伴隨著元王朝的統一步伐，原金王朝、南宋王朝的漢文化傳承與南下的蒙古草原文化開始碰撞和融合，這一文化博弈的最終結果是程朱性理之學成爲官學，成爲主流文化。主導這場博弈的當然是蒙元早期的文化人，對文化人所代表的不同文化流派加以研究，很有必要。

　　隋唐以來的科舉制度，隨著蒙古勢力進入中原而被打破，由此形成具有蒙元自身特色的用人制度。大蒙古時期，漢地士人不被重視，出現類似耶律楚材「備員翰墨，軍國之事，非所預議」〔註1〕的現象。忽必烈時代是蒙元由武功走向文治的關鍵時期，「蒙古統治者爲加強自己的權威而採取了漢族化的統治藝術」〔註2〕，漢人「飛黃騰達」者甚多，時人贊言「世皇混一海宇，不愛高爵，重幣禮致岩穴之士，有白布衣趨拜極品者，綸音論郡國，懷材抱藝、晦跡丘園者悉以名聞，清修苦節之士，由是彬彬矣！」〔註3〕元代中後期以科舉考試網羅人才，「昔我祖宗既撫方夏，盡收豪傑耆俊，尊禮而任用之，考定憲度，贊襄隆平。至大德末，故老日漸淪逝，後學之士隱伏於山林州閭，而弗克奮。仁宗皇帝獨出睿斷，肇興貢舉，網羅賢能，於是人材輩出，以文學政事著名於世。」〔註4〕

〔註1〕　（元）耶律楚材：《湛然居士集》卷八《寄趙元帥書》，四部叢刊本。

〔註2〕　（美）蘭德彰（John D. Langlois. Jr）：《虞集與他的蒙古君主：作爲辯護士的學者》，《亞洲研究雜誌》，1978 年第 1 期。

〔註3〕　（元）胡行簡：《樗隱集》卷四《晦園記》，《文淵閣四庫全書》本。

〔註4〕　（元）蘇天爵：《滋溪文稿》卷一三《元故翰林直學士贈國子祭酒諡文安謝公神道碑銘並序》，陳高華、孟繁清點校，中華書局，1997 年，第 198 頁。

　　早在蒙元早期「既撫方夏」之時，「直隸省部」地區士人就承借「近水樓臺」作用，「昔者國家設都於燕，保定、眞定皆爲輔郡，一時材臣官於朝者，實甲他邦」〔註5〕，遂出現壯觀的人才格局「古稱燕趙多奇士，豈節義出乎其性者哉。國家既都燕，而趙爲輔部，名公達材由勳勞、吏業起家，仕至公卿將相者幾何人矣。」〔註6〕與直隸省部地區部分士人政治高位相一致，元代直隸省部地區文化人及其所代表文化流派的起落，顯示了蒙元文化轉變的導向。在一定程度上，封龍山、紫金山、蘇門山三山學者群又可以視爲直隸省部地區士人最典型的代表。

　　對於蒙古前四汗時期直隸省部地區漢文化的遭際問題，尤以孟繁清先生文士研究最爲突出〔註7〕，其他學者也注意到這一問題，孫克寬主要從元初儒學的淵源方面分析了漢文化之活動，〔註8〕趙琦則從河北世侯和士人的關係角度做了細緻的考察〔註9〕。劉秉忠、郭守敬爲主的「邢州術數家群體」也引起學界極大興趣。〔註10〕關於封龍、蘇門二山學者群體對元代社會的貢獻，以及因學術傾向和政治取捨的差異而導致影響的不同，也引起學者的注意〔註11〕。學界尚未從三山學者群體的角度，討論元代直隸省部地區文化變遷及其對元代社會影響的專門文章。本章試圖以三山學者群體爲中心，淺析蒙元時代文化交融現象，透視以該地區士人群體爲主的文化流派。

〔註5〕　（元）蘇天爵：《滋溪文稿》卷一三《禮部員外郎王君墓誌銘》，陳高華、孟繁清點校，中華書局，1997年，第207頁。

〔註6〕　（元）蘇天爵：《滋溪文稿》卷二三《貞孝先生傳》，陳高華、孟繁清點校，中華書局，1997年，第391頁。

〔註7〕　孟繁清等著：《金元時期的燕趙文化人》，河北人民出版社，2004年。

〔註8〕　孫克寬：《元代漢文化之活動》，臺北中華書局，1968年，第139～172頁。值得一提的是，孫克寬先生把正統儒學稱爲「太行學派」，並將張文謙歸入此類；將金朝士大夫等金源群體名之曰「東平興學的關係人物」；還指出「介於兩派的中間，而以天文技藝的先知者參與大計，並且支持這些師儒，還有一個最重要的人物，便是劉秉忠（子聰）」，這一派下面有郭守敬、楊恭懿、王恂、李俊民等。見該書第155～156頁。

〔註9〕　趙琦：《大蒙古國時期的河北世侯與士人——兼論這一時期漢文化的遭際》，《元史論叢》第九輯，中國廣播電視出版社，2004年，第49～61頁。

〔註10〕　李治安師：《忽必烈傳》，人民出版社，2004年，第37～38頁。蕭啓慶：《忽必烈潛邸舊侶考》，《元代史新探》，新文豐出版公司，1983年，第274～275頁。

〔註11〕　魏崇武：《封龍、蘇門二山學者與蒙元初期的學術和政治》，《中國典籍與文化》，2004年第2期。

第一節　封龍山學者群

　　封龍山，亦名飛龍山。「封龍，正義《括地志》云：封龍山，一名飛龍山，在恒州鹿泉縣南四十五里，邑因山爲名。」〔註12〕此山位於眞定路轄區元氏縣、獲鹿縣交界處（今河北省鹿泉市與元氏縣交界地，石家莊市區西南 22 公里處），是一個具有悠久歷史的文化名山。

一、文化名山封龍山

　　誠如東漢《封龍山之頌》所言：「天作高山，實惟封龍。平地拔起，靈亮上通。嵯峨竦峻，高麗無雙。神耀赫赫，理物含光。贊天休命，德合無疆」〔註13〕。封龍山名垂千古，「飛龍山，在縣西南四十五里。一名封龍山。《十六國春秋・前趙錄》云：『王濬遣祁弘率鮮卑討石勒，戰於飛龍山下，勒兵大敗。』酈元《注水經》云：『汶水東經飛龍山北，是井陘口，今又名土門。』趙記云：『每歲疾風電雹雨，東南而行，俗傳此山神女爲東海神兒妻，故歲一往來。今祠林盡壞，而三石人猶存，衣冠全具。』其北即張耳故壚耳。山上有水周回四十步，俗呼爲龍泉」〔註14〕。此處所言三石人或爲三公廟之遺存，關於封龍山三公廟，元代尙有明確記載：「三公神廟碑。三公神廟在元氏縣西北三十里封龍山下。其廟兩兩相對，若泰階六符之狀。蓋三臺近於軒轅，故廟於此山，今榜曰：天台三公之廟。廟有漢封龍山頌碑一通、漢三公山碑一通。縣西故城西門外八都神壇亦有三公山碑一通，漢光和四年常山相馮巡所立。壇側又有唐三公山碑一通。八都者，總望八山而祭於此。明帝永平中幸此，詔復租稅六年。勞來縣吏，下及走卒，皆蒙恩賜。其後，章帝北巡又幸元氏，祀光武於縣堂，祀明帝於始生堂，皆奏樂焉。」〔註15〕

　　相傳唐代張果老曾隱居封龍山，「張果老，《列仙傳》云：果，眞定蒲吾人，隱封龍山。唐高宗召，不起。明皇迎入禁中，賜號通元先生。後不

〔註12〕（漢）司馬遷：《史記》卷四三《趙世家第十三》，嶽麓書社，1988 年，第 1019 頁。

〔註13〕詹文宏、李保平、鄧子平主編：《燕趙碑刻　先秦秦漢魏晉南北朝卷（上）》，天津人民出版社，2015 年，第 149 頁。

〔註14〕（宋）樂史：《太平寰宇記》卷六一《河北道十・鎮州》，《文淵閣四庫全書》本。

〔註15〕（元）乃賢：《河朔訪古記》卷上，《文淵閣四庫全書》本。

知所終。今眞定平山縣東十三里有蒲吾古城，即果所居也。」〔註16〕封龍山
還是一個宗教聖地，「封龍山還是一個佛、道會聚之所，山上散佈著殿宇、禪房、
碑刻等遺跡、遺物；共有四大禪林、三大石窟、兩大道觀。」〔註17〕據李雲慶
先生考證，「元氏封龍山乃北嶽恒山之祖山，是中國上古的五嶽之一。」〔註18〕

封龍山環境幽雅，尤以徐童樹顯名，「徐童樹，在元氏縣封龍山修眞觀。
四周多徐童樹，樹類梧桐，香氣時襲人。其子可以染碧。移植他所則輒死。
俗呼爲徐童華，世謂北嶽徐眞君登仙於此。記云：駱元素遇一老人得藥十粒，
且告曰：服此則不饑，吾本姓徐氏，字符英，新受長桑君牒，爲北嶽長史。
言既，化童子乘雲而去，因以名云。」〔註19〕元人對封龍山面貌的詳細記載
如下：

> 元氏縣西北三十餘里，曰封龍山。《星文圖》曰：山應軒轅，十
> 星屈折，若飛龍之狀，故云。山陽有龍首峰，高二百丈，上有立石
> 數莖，望之若龍骨也。峰東北五里，又有獅子峰，高三百丈，若獅
> 子蹲踞。又有熊耳峰，高五百丈。又有玉石峰、螺峰，南北天井，
> 皆西北最高之峰，各以其形相類而名也。又有石人峰，在東南隅，
> 三石相向屹立，各高三四丈，儼如人形。又有孩兒、華蓋二峰，名
> 仙人臺，則在螺峰之西，怪石相承如臺，故云。山絕頂有二塔，獅
> 子峰後數百步有白雲洞，世傳張果老所居。又有龍井，而水簾在龍
> 泉之上，垂二丈許，雖祁寒不凍，大旱禱，輒應云。〔註20〕

元代以前，漢代李躬，唐代郭震，宋代李昉、張蟠叟等均於此處講學。
其中，尤以宋代李昉最爲出名，「李昉書院，吟臺附。元氏縣封龍山龍首峰下
有宋丞相李昉讀書堂及吟臺，皆在焉。李公書堂本三所：東溪者，爲浮屠所
佔；西溪，蕪沒不可考；今建書院者，即中溪也。吟臺在東北隅，疊石爲之，
高三丈餘。宋碑一通尚在。」〔註21〕

〔註16〕 （元）乃賢：《河朔訪古記》卷上，《文淵閣四庫全書》本。

〔註17〕 吳秀華：《「封龍三老」與眞定元曲作家群》，《河北師範大學學報》，2000年第
4期。

〔註18〕 李雲慶：《封龍山爲最早的古恒山》，《文物春秋》，2006年第5期。同氏《再
論封龍山爲最早的古恒山》，《文物春秋》，2007年第5期。

〔註19〕 （元）乃賢：《河朔訪古記》卷上，《文淵閣四庫全書》本。

〔註20〕 （元）乃賢：《河朔訪古記》卷上，《文淵閣四庫全書》本。

〔註21〕 （元）乃賢：《河朔訪古記》卷上，《文淵閣四庫全書》本。魏崇武《封龍、蘇
門二山學者與蒙元初期學術與政治》（《中國典籍與文化》2004年第2期）認

綜合上述我們可知：自秦漢以來，封龍山是典型意義上的文化名山，這裡既有體現「北嶽恒山之祖山」的國家意志，又有「禪林」「道觀」的佛道修行境界和「吟臺」彰顯的儒家書院學術氛圍，所有這一切都爲元代封龍山的文化品味奠定了基礎。

二、封龍三老等學者

元代封龍山書院的創設者爲李冶。李冶〔註22〕（1177～1265），字仁卿，

爲：「北宋時，河北見諸記載的書院僅有三所，全在封龍山中。據《元氏縣志》卷七：封龍山的三所書院分別爲封龍書院、中溪書院、西溪書院。」

〔註22〕李冶的名字是李治還是李冶，杜宏權、趙平分的《李治李冶辨》（《哈爾濱學院學報》2003年第5期）概括了學界存在的三種説法：一是施國祁提出後，繼由繆荃蓀進一步考證，錢寶瓊也表示贊同的説法，認爲《元史》列傳中稱「李冶」是不對的，當爲「李治」；二是陳叔陶的説法，認爲《元史》列傳中稱「李冶」是對的；三是屠敬山《蒙兀兒史記》和柯劭忞在《新元史》中的説法，認爲原名李治，後改爲李冶。姚從吾先生在《元初封龍山三老之一——李冶與關於他的若干問題》（《姚從吾先生全集》第七冊，臺灣正中書局，1982年）附錄「李治或李冶問題的再探討」中進行了較爲詳細的論述。他也不太同意《蒙兀兒史記》和《新元史》中的看法，他説：「只可惜他們都沒有提出李治改名李冶的理由，這自然也就難以讓人相信。」他根據李冶兄弟名字分別爲李澈、李滋，均從三點水旁起名，結合中國傳統命名原則，認爲「李冶」的寫法是正確的。杜宏權、趙平分二位先生認同第三種説法，並提出了兩個理由：「第一，李治的名字後來有人誤寫爲李冶，李治自己也不糾正，也不拒絕，以至後來兩個名字並存；第二，李治又名李冶，還可能與經過他家鄉的大河——冶河有關。」孔國平《金元之際的著名學者——李冶》（《自然辯證法通訊》1986年第5期）提出另一個説法：「本來，李冶的父母給他取名爲治，就像他的弟兄一樣，以水爲旁。但李冶長大以後，發現他的姓名與唐高宗的姓名相同，於是決定改。因『治』字沿用已久，不願全改，便把偏旁減去一點，改『冶』。這樣就在不同的書中出現了李治和李冶兩種寫法。」

與上述各種觀點不同，筆者提出另一種思路，特作如下論證：李冶的父親李遹曾擔任金朝「治中」的職務，後被時人稱爲「李治中平甫」（元好問《續夷堅志》卷一《詩讖》，元好問《遺山集》卷四十《題樗軒九歌遺音大字後》）和「李治中遹」（元好問《中州集》卷五和劉祁《歸潛志》卷四「李治中遹」）。據此，筆者認爲：李冶一出生即被父親命名爲「治」，這與其兄弟命名原則一致。後因時人對其父稱謂中含有「李治中」一語，從避諱「父親」稱謂的角度出發，但又受到「受之父母，奈何輕擲之」的理念束縛，遂改名爲「李冶」。如此，對於各種典籍先出現「李治」、後又出現「李冶」：「金少中大夫程震碑，欒城李治題額」，石本作治；元好問《遺山先生文集》（明刻李叔淵宏治戊午本）卷十七中《寄庵先生墓碑》稱李治，而在卷首的《遺山先生文集》序中稱「中統三年陽月，封龍山人李冶序」；《元史》的商挺傳、王鶚傳、張德輝傳中，皆稱李冶，等等，各種事宜，均可以理順。

號敬齋，眞定欒城人。登金朝進士第，曾任鈞州（今河南禹縣）知事。至元三年（1266），李冶辭職翰林學士，歸隱封龍山中，在宋代李昉書院舊址上，興建書院，「以築大成殿、講堂、宅舍，招攬學者。王文忠公磐爲撰書院記」〔註23〕。關於李冶創設封龍山的詳細情況，蘇天爵在《元朝名臣事略》中留下了詳細記述：

> 先生平生愛山嗜書，餘無所好。晚家元氏，買田封龍山下，以供饘粥，學者稍稍從之。歲久，從遊者日益多，所居不能容，鄉人相與言曰：「封龍山中有李相昉讀書堂故基。兵革以來，荊棘堙廢不治。若芟而葺之，令先生時憩杖屨，而棲生徒，豈不爲吾鄉之盛事哉。」以告先生，先生欣然從之，則相與聚材鳩工，日增月積，講堂齋舍，以次成就。舊有大成殿敝漏傾欹，又重新之。未幾，朝廷聞先生賢，安車聘之。既至，奏對稱旨，欲處以清要，先生謝曰：「老病非所堪也。」懇求還山，朝廷知不可留，遂其意。後四年，詔立翰林院於燕京，再以學士詔，仍敕眞定宣慰司驛騎齎遣先生起，就職才期月，又以老病尋醫去。王文忠公撰《書院記》。按公（李冶）與翰院諸公書云：「諸公以英才駿足，絕出之學，高揖紫清，黼黻元化，固自其所。而某也，屝資頊質，誤恩偶及，亦復與吹竽之部，律以廉恥，爲幾不韙耶。諸公愍我耄昏，教我不逮，肯容我竊名玉堂之署，日夕相與刺經講古，訂辨文字，不即叱出，覆露之德，寧敢少忘哉。但翰林非病叟所處，寵祿非庸夫所食，官謗可畏。幸而得請，投跡故山，木石與居，麋鹿與遊，斯亦老朽無用者之所便也」。
> 〔註24〕

作爲封龍書院核心人物，李冶在封龍山培養了大批人才，在其去世二十年之後而成就才藝者，主要是「史忠武公（史天澤）諸子，曰楨、曰闕、曰杞、曰輝，廉訪使荊幼紀，集賢學士焦養直，廉訪僉事張翼，宣撫崔某。」〔註25〕其他教授鄉里者更是難以悉數。

〔註23〕 （元）乃賢：《河朔訪古記》卷上《常山郡部》，《文淵閣四庫全書》本。

〔註24〕 （元）蘇天爵：《元朝名臣事略》卷一三《內翰李文正公》，姚景安點校本，中華書局，1996年，第262～263頁。

〔註25〕 （元）袁桷《清容居士集》卷一八《封龍山書院重修記》，四部叢刊本。

　　元代封龍山尤以「封龍三老」〔註 26〕名聞遐邇，除上述李冶外，還有元好問、張德輝。

　　元好問（1190～1257），字裕之，號遺山，山西秀容人，金元之際著名詩人。元好問中金興定五年（1221）進士第，歷任金朝內鄉令、南陽令、左司都事、行尚書省左司員外郎等職，金亡不仕蒙古。壬辰北渡後，曾流寓聊城、冠縣等地，1237 年來到眞定，1249 年始定居於眞定路鹿泉縣。元好問的詩歌，反映其在封龍山行跡的有以下幾首：《丙辰九月一十六日摯家遊龍泉》《遊龍山》《祁陽劉器之以墨竹得名今年春薄遊鹿泉因爲余寫眞重以小景見眴凡以求予詩而已賦二十韻答之》《甲寅九日同臨漳提領王明之鹿泉令張奉先賈千戶令春李進之冀衡甫遊龍泉寺僧求詩二首》《鹿泉新居二十四韻》。在《鹿泉新居二十四韻》一詩中，元好問曾說：「寧州假館又兩年，賣書買得呂氏園」。「寧州」，全名爲「西寧州」，元時爲獲鹿縣。「西寧州」爲元太宗在潛邸時所改，即位七年後，又重新將其改名爲獲鹿縣，隸眞定路〔註 27〕。元好問在眞定地區活動的事蹟很多，現在尚存遺跡碑刻「因憶甲寅（1254）九月，先大夫同張丈奉先諸君陪遺山先生會飲於斯，留題石刻故在」〔註 28〕。此碑刻爲元初名臣王思廉所書。王思廉（1238～1320），字仲常，《元史》卷一六〇有傳，本傳謂其「幼師太原元好問」。但對於其是否從學於封龍書院，學界意見不一〔註 29〕。元好問與李冶過從甚密，兩人共同經歷金元變遷，又均受忽必烈賞識〔註 30〕，癸巳年（1233）四月，元好問向耶律楚材寫信推薦中原才俊，其中就有李冶〔註 31〕。

　　張德輝（1188？～1268？），字耀卿，號頤齋，冀寧交城（今山西交城縣）人。金亡後，被史天澤聘爲經歷官。丁未年（1247），受到忽必烈召見，爲忽必烈召見的最早漢人謀士之一。這次召見中，張德輝大力推薦元好問、李冶。

〔註26〕　關於「龍山三老」所遊之「龍山」，另有學者認爲是渾源境內之「龍山」，詳見：薛文禮：《渾源「龍山三老」之「龍山」歸屬問題——兼論「三老」對民族融合的影響》，《山西大同大學學報》2008 年第 6 期。

〔註27〕　《元史》卷五八《地理志一》，中華書局，1976 年，第 1356 頁。

〔註28〕　（元）王思廉：《龍泉院營建記》。此碑現保存於河北省鹿泉市龍泉寺。轉引自：東淑梅：《龍泉寺發現元好問紀事碑》，《大舞臺》1999 年第 4 期。

〔註29〕　吳秀華《元好問在眞定路行跡一則》，《文獻》2000 年第 2 期；魏崇武《對〈元好問在眞定路行跡一則〉的補說》，《文獻》2001 年第 3 期。

〔註30〕　趙平分、周新華：《李冶與元好問交遊考》，《青海師範大學民族師範學院學報》2008 年第 1 期。

〔註31〕　（元）元好問：《遺山集》卷三十九《寄中書耶律公書》，四部叢刊本。

從張德輝、李冶、元好問均向忽必烈推薦對方的跡象判斷，他們三者關係較為密切。壬子年（1252），張德輝再度北上覲見忽必烈，與元好問「請世祖為儒教大宗師，世祖悅而受之」〔註32〕。這次召見後，忽必烈任命張德輝提調真定學校事務。蘇天爵引張德輝行狀「屢與遺山、敬齋遊封龍山，時人目為龍山三老」〔註33〕。結合張德輝事蹟，我們認為，張德輝與元好問、李冶被稱為「龍山三老」，主要當是張德輝為史天澤經歷官和其後為真定提學時期。〔註34〕

由於「封龍三老」具有高深的知識底蘊及其與蒙漢官僚密切的社會關係，為封龍山書院學生及真定區域的士人提供了良好的成功機遇。「特別是真定元曲作家群中的白樸（1226～1291以後）、李文蔚（約1251年前後在世）、侯克中（1251？～1321？）、尚中賢（約1260年前後在世）、戴善夫（約1260年前後在世）等，便是這一由『封龍三老』與北方軍政大員之間所建立起來的『關係網』中的受益者。」〔註35〕

李冶之後，經營封龍山書院而名震天下的為安熙〔註36〕。安熙，「少敏悟，諸父咸器之。素多疾。嘗避隱封龍山。」〔註37〕安熙帶領學生到封龍山書院進行教學活動，「三月旦望，必帥諸生謁拜先聖祠下。暇日，則杖策登覽，攀危履險，以窮全山之勝」〔註38〕。安熙親自撰寫《封龍書院釋菜先聖文》和《釋菜告李學士祠文》（均見於《默庵安先生文集》卷四）。在此期間，安熙曾寫下著名的《封龍十詠》〔註39〕。安熙還留有紀念李冶的詩歌：「桂樹徒芬芳，祠宇亦荒廢。絃歌無餘響，香火誰復繼。前修日以遠，令人發深喟。舉觴酹飛泉，悲風起橫吹。」〔註40〕

〔註32〕 《元史》卷一六三《張德輝傳》，中華書局，1976年，第3825頁。

〔註33〕 （元）蘇天爵：《元朝名臣事略》卷一○《宣慰張公德輝》，姚景安點校本，中華書局，1996年，第210頁。

〔註34〕 魏崇武《封龍、蘇門二山學者與蒙元初期學術與政治》（《中國典籍與文化》2004年第2期）認為：「『龍山三老』一起在封龍山活動的時期應該就是在1249年至1257年之間」。

〔註35〕 吳秀華：《「封龍三老」與真定元曲作家群》，《河北師範大學學報》2000年第4期。

〔註36〕 關於安熙事蹟，詳見本章附錄《封龍山名人安熙及安氏家族》。

〔註37〕 （元）袁桷：《清容居士集》卷三○《真定安敬仲墓表》，四部叢刊本。

〔註38〕 （元）安熙：《默庵安先生文集》卷一《〈封龍十詠〉序》，《元人文集珍本叢刊》本。

〔註39〕 （元）安熙：《默庵集》卷二，《元人文集珍本叢刊》本。

〔註40〕 （元）安熙：《默庵集》卷一《敬齋祠》，《元人文集珍本叢刊》本。

第二節　紫金山學者群

與封龍山、蘇門山相比，劉秉忠等人求學的紫金山名氣相對較弱。不過從元代政治貢獻、科學成就兩方面而言，這一學術團體是不容小覷的。從這一方面而言，認知該學術群體的發跡地，也是很有必要的。

一、紫金山學習時間考

1238 年，時年二十三歲的劉秉忠歷經喪母深痛，有感於「吾家累世衣冠，乃汩沒爲刀筆吏乎。丈夫不遇於世，當隱居以求志耳」〔註41〕，毅然辭去節度使府令史職務，重新謀劃人生。但此時劉秉忠尚沒有確切方向，逃避世事、立志學道，是他思想茫然的表現。故而，才有同鄉好友且早已爲僧的至溫的規勸，「太保劉文貞公長師一歲，少時相好也。劉公厭世，故思學道，師勸之爲僧。」〔註42〕同窗好友張文謙對此作了這樣的說明：「決意逃避世事，遁居於武安之清化，遷滴水澗。苦形骸，甘澹泊，宅心物外，與全眞道者居。復欲西遊關陝。天寧虛照老師聞之，愛其才而不能捨，遣弟子輩詣清化就爲披剃，與之俱來。」同年七月，「大蝗，居人之乏食者十八九。虛照老因妹婿之請，就熟雲中，挈公（劉秉忠）同往。」〔註43〕這一年，劉秉忠可能在紫金山有過短期逗留。

1246 年冬，劉秉忠父親亡故的消息傳來，忽必烈給予安慰。1247 年春，忽必烈賜黃金百兩並遣使相送，劉秉忠「清明側佐上歸鞍，急到邢臺六月間」〔註44〕。1248 年，忽必烈遣使急召劉秉忠。范玉琪先生據此對郭守敬從師劉秉忠的學習時間加以考證，從年齡排比和二人行跡分析中得出結論：「1247 年6 月至 1248 年底……郭守敬從劉秉忠學於紫金山，當是在這一段時間的事。」〔註45〕這一論斷與相關史料不符。齊履謙明確指出：「時太保劉文貞公、左丞張忠宣公、樞密張公易、贊善王公恂，同學於州西紫金山，而文貞公復與駕

〔註41〕《元史》卷一五七《劉秉忠傳》，中華書局，1976 年，第 3687 頁。

〔註42〕（元）張文謙：《文貞劉公行狀》，劉秉忠：《劉太傅藏春集》卷六，《元人文集珍本叢刊》本。

〔註43〕（元）張文謙：《文貞劉公行狀》，劉秉忠：《劉太傅藏春集》卷六，《元人文集珍本叢刊》本。

〔註44〕（元）劉秉忠：《丁未始還邢臺》，《永樂大典》卷二六〇五《七皆·臺·邢臺》，中華書局，1986 年，第 1253 頁。《劉太傅藏春集》爲「左側」。

〔註45〕范玉琪：《郭守敬就學紫金山考》，《河北學刊》1987 年第 1 期。

水翁爲同志友，以故俾公就學於文貞所。」〔註46〕由此，郭守敬從師於劉秉忠當在王恂之後。「王恂墓誌」記載：「歲己酉，太保劉公自邢北上，取道中山，方求一時之俊，召公（王恂）與語，賢其才，欲爲大就之。逮其南轅，載之來邢，復居磁之紫金山，勸爲性理之學。公感太保之意，振迅奮厲，所業大進。」〔註47〕己酉即1249年，劉秉忠離開邢州，北上觀見忽必烈，過中山遇可塑之材王恂。按此，王恂從劉秉忠在己酉（1249年）之後。

揣摩劉秉忠相關資料，筆者感覺1247年回鄉奔喪期間，應該沒有機會授業郭守敬。劉秉忠「既至邢，依通禮，服斬衰，不以出世故而虧世法也。父子之倫正矣。明年冬十月葬祖及父於邢臺之賈村，禮也。戊申十二月上遣使召公還。」〔註48〕在一年半左右的時間裏，既要選擇墓地安葬祖父母、父母（劉秉忠祖籍本爲瑞州〔註49〕，這次他要爲祖、父兩代選擇新的墓地），又要爲父守喪，劉秉忠應該無暇西去紫金山教學。按照這一思路，1247年回鄉期間劉秉忠幾乎不可能在紫金山授業。

我們來看劉秉忠一首詩歌，該詩名爲《庚戌再還邢臺》：

> 前春抱病至秋平，九死眞成得一生。
>
> 沙漠北歸身幸健，鄉關南望眼增明。
>
> 鵲山突兀連天碧，駕水迴環湧地清。
>
> 親舊想看喜無恙，兩年又不到襄城。〔註50〕

鵲山，在今河北省邢臺市內丘縣，現存有劉秉忠書丹石碑一通：《鵲山神應王廟碑》。駕水是邢臺市西北的河流，郭守敬爺爺郭榮以「駕水翁」爲號。

〔註46〕（元）齊履謙：《太史郭公行狀》，蘇天爵：《元文類》卷五〇，商務印書館，1936年，第715頁。

〔註47〕（元）蘇天爵：《元朝名臣事略》卷九《太史王文肅公》，姚景安點校本，中華書局，1996年，第182頁。

〔註48〕（元）徒單公履：《太保劉公墓誌》，劉秉忠：《劉太傅藏春集》卷六，《元人文集珍本叢刊》本。

〔註49〕瑞州州治在今遼寧省綏中縣前衛鎮。關於劉秉忠祖籍，張文謙撰寫的行狀有言「世居瑞州之劉李村」，然而「元代兩個『瑞州』行政建制同朝出現。一個爲屬於江西行省的瑞州路，另一個是遼陽行省所屬的瑞州」，明代《瑞州府治》《江西省志》均將劉秉忠歸屬爲江西瑞州，實爲錯誤。參見拙著《元朝重臣劉秉忠研究》，人民出版社，第18～21頁。

〔註50〕（元）劉秉忠：《庚戌再還邢臺》，《永樂大典》卷二六〇五《七皆·臺·邢臺》，中華書局，1986年，第1253頁。這首詩歌和其他多首均不見《劉太傅藏春集》收錄，而是被收錄在《劉文貞詩集》中，賴《永樂大典》得以保全。

襄城是邢州的舊稱。如此，邢州的山山水水甚至古城的名字都在這首詩歌中
體現。可能和爲母服喪相似，爲父服喪使得劉秉忠又身染疾屙。當 1248 年底
忽必烈詔下之後，劉秉忠於前春（1249 年）抱病北上。庚戌年（1250 年）又
返回故鄉。這一點正好和前述王恂墓誌相互印證。這首從未被學者使用的詩
歌確切地證明了劉秉忠回鄉的另一個時間：1250 年。

　　由此我們可以梳理出紫金山學習的基本時間。1250 年南返邢州時，攜王
恂歸來，並授業於紫金山。這裡的「復居」可能是相對於 1238 年劉秉忠在武
安山而言〔註51〕。由此基本可以確知，劉秉忠和王恂在 1250 年始就學於紫金
山。郭守敬的爺爺郭榮，瞭解到劉秉忠在紫金山學習的情況後，把自己的孫
子送到劉秉忠處。「時太保劉文貞公、左丞張忠宣公、樞密張公易、贊善王公
恂同學於州西紫金山，而文貞公復與鴛水翁爲同志友，以故俾公（郭守敬）
就學於文貞所。」〔註52〕如此，王恂、郭守敬爲先後跟隨劉秉忠學習。

　　1252 年，「夏六月，（忽必烈）入觀憲宗於曲先惱兒之地，奉命帥師征雲
南。秋七月丙午，祃牙西行。」〔註53〕大約是因爲忽必烈軍事需要，劉秉忠、
張文謙離開邢州，追隨忽必烈南征大理，紫金山學習結束。

二、紫金山地望考

　　關於郭守敬、王恂從學於劉秉忠的「紫金山」地望，學界有所爭議，目
前主要有三中說法：

　　說法一是邢臺紫金山，位於今邢臺市西一百四十里處的莊兒角村東南
三里，此處爲邢臺縣、武安市和山西省左權縣三縣交界處的眞公廟崖。其
主要依據如下：第一是郭守敬行狀，「時太保劉文貞公、左丞張忠宣公、樞
密張公易、贊善王公恂同學於州西紫金山，而文貞公復與鴛水翁爲同志友，
以故俾公就學於文貞所」〔註54〕。第二是方志記載，雍正本《畿輔通志》

〔註51〕　如此，我們對「紫金山位於邢州以西且歸屬磁州武安縣管轄」的表述就顯得
　　　　　合理。
〔註52〕　（元）齊履謙：《太史郭公行狀》，蘇天爵：《元文類》卷五〇，商務印書館，1936
　　　　　年，第 715 頁。
〔註53〕　《元史》卷四《世祖本紀一》，中華書局，1976 年，第 58 頁。
〔註54〕　（元）齊履謙：《太史郭公行狀》，蘇天爵：《元文類》卷五〇，商務印書館，1936
　　　　　年，第 715 頁。《元朝名臣事略》卷九《太史郭公》、《元史》卷一六四《郭守
　　　　　敬傳》均援引於此。

卷十九《山・順德府》,「紫金山,府城西一百四十里,元劉秉忠、張文謙、張易、王恂讀書處。」乾隆本《順德府志》卷二《山川・邢臺縣》「紫金山」條目云「紫金山,在城西一百四十里,元劉秉忠、張文謙、張易、王恂讀書處。又東有山,亦名百花,自莊兒角南五里爲貨郎神口」。〔註55〕乾隆六年（1741）《邢臺縣志》「莊兒角偏東爲紫金山,世傳元劉秉忠、張文謙二公讀書處」。第三是據現存相關碑刻和民間口述資料所做的推理,碑刻資料爲崇禎十三年（1640）《重修古寨書院碑記》,載有「遼郡東百里許,古有山寨書院」,此處「遼郡」即爲隋朝始設的「遼州」,治樂平（今山西昔陽西南）,唐移治今址,民國改爲遼縣,1942年改左權縣。該碑刻證明此處紫金山確實有古寨書院存在。此外,當地尚有一些民間口述資料可以佐證劉秉忠等在此學習。

說法二是邯鄲紫山,即前述1238年劉秉忠武安學習處。紫山位於今河北省邯鄲縣西北、武安市東北、永年縣西南三縣交界處,亦名紫金山。《明一統志》卷四《廣平府》言「常有紫氣與山相連,故名（紫山）」。相傳有戰國名將趙奢墓冢,趙奢曾被封爲「馬服君」,又稱其爲馬服山。乾隆四年（1739）《武安縣志》卷四《山川志》記載「紫金山在縣東二十里,下有紫泉出焉。山返照,則赤如金。」主要證據如下:

第一是正史記載,王恂墓誌記載「歲己酉,太保劉公自邢北上,取道中山,方求一時之俊,召公與語,賢其才,欲爲大就之。逮其南轅,載之來邢,復居磁之紫金山,勸爲性理之學。」〔註56〕此處最爲關鍵的兩條信息:一是明確指出「磁之紫金山」,磁即爲磁州,當時管轄滏陽、邯鄲、武安、成安四縣,故「磁之紫金山」應爲「武安紫金山」。二是「復居」,強調這是第二次居住於這裡,與劉秉忠第一次武安修行互爲照應。

第二是相關方志,除了前述康熙《武安縣志》、光緒《畿輔通志》外,民國二十九年（1940）《武安縣志》收錄明嘉靖十五年（1536）張紹撰寫的《紫金山竹林寺建立碑記》,茲將全文錄下:

〔註55〕 道光本《邢臺縣志・山川》記載「紫金山,在莊兒角東南三里,顯有古廟,元劉秉忠、張文謙、張易、王恂讀書處。」此處除了多出「顯有古廟」外,餘與乾隆本《順德府志》同,應抄錄自府志,可以忽略不計。

〔註56〕 （元）蘇天爵:《元朝名臣事略》卷九《太史王文肅公》,姚景安點校本,中華書局,1996年,第182頁。

　　武安邑東二十餘里，紫金山峙焉。有紫峰烏石，因以爲名。其山圍之接，東邇邯鄲、邢臺，南望磁州，北表峰巒聳麓，崏盤藏誠，四郡之雄鎮，仁者之所樂居也。山頂舊時寺，不知創於何代，今有伽藍遺殿猶存山陽半懷，寺曰竹林。此則有據而可證者，乃肇於至元之世，元太保劉公所建，以肄業之僑寓也。公家邢州，諱秉忠，字仲晦。公少時識變，遁跡浮屠，志求古道。山頂住僧曰海雲，乃座山有道者。公往依焉。既而相彼山懷，負陰抱陽，松柏塢庇，可以息靜讀書，可以窮理養性。於是，構山木，日運土石，正建佛殿，旁建廊房，以爲講論之所。書無不讀，尤深易及邵子經世書，天文、地理、律曆，眾技無不精諳。元世祖爲王時，海雲入覲，因道其賢。世祖召見，大奇之，留置左右。迨下江南，常贊以天地好生爲德。世祖即位，拜太保，領中書省事。公益以天下爲己任，建國號、定都邑、頒章服、立朝儀，凡事有關於國家大體者，必酌古今之宜焉。及功成名就，仍於山巔起塔二峰，以表初志之高。至今爲四表之仰。夫以劉公之大才學、大秩位、大功業，實預養胚胎於斯。乃弟秉[志]（恕），官至禮部尚書，門人郭守敬，亦學士，皆從公受教於斯。三君子誠賴斯寺而造就，由斯寺奮跡，則山可謂名山，寺可謂名寺，而此寺之建修不可不謂之遠且大也。茲者有長行、會閭諸師傅，知寺之始建也，既有劉公之因，恐歲之歷久也，不無遺忘之失，一旦謀於永和村隱者高耆士諱經，欲立石鐫記，以垂永久不朽之圖，使前而劉公創建盛德，遠而彌光，後而相傳繼守，久而不失。高耆士嘉其謀而樂從之，遂偕鄉人百餘，遠取二石送寺，琢礱成質，來予干文爲記。予也嘗聞之故老，考之史傳，謹述顛末如右，以壽其傳，記明此寺三百年前元太保賢相名儒爲講學營道之所建也。誠哉！臥龍名崗、興吳勝地，二代古剎，後人所當敬守而崇重之源流深長有如此者。夫豈便安一身，姑寄一時，無所輕重於人者比哉。於是乎記！

此碑記是目前發現的劉秉忠、郭守敬等紫金山學習的最系統、最直接的證據。乾隆《武安縣志》「古蹟」也強調「劉太保隱室」在此處。光緒本《畿輔通志·山川志》還有「兩塔攢空，秉忠建也」的說法。

第三是石刻留存資料。紫山留存的數塊殘碑,記載「紫峰文人發祥之地」的《□□□□建祠記》,記有「則天聖帝□……邯邑之□……賜之□」的殘碑頭,記錄「(秉)忠建也」的殘碑左下角。〔註57〕現存於邢臺開元寺的碑刻《常山王看轉藏經記》「(劉秉忠)遁於邯鄲紫山」〔註58〕。

說法三是易州紫金山。柯劭忞《新元史》卷一百六十四《王恂傳》《郭守敬傳》均言「易州之紫金山」,此說與多數史料不符,基本可以排除。

綜合上述,筆者認為還需要強調以下兩點:

一是 1238 年劉秉忠確實在武安紫山學習。幾乎所有碑刻資料和正史記錄,均有相關劉秉忠遁跡武安「紫山」的記載,且大體也符合劉秉忠淡泊心志的境遇。

二是關於郭守敬從學劉秉忠的地點,筆者也相對傾向於「邯鄲、武安的紫山」,然不可遽下定論,感覺尚可存疑。原因如下:

第一,邯鄲「紫山」最關鍵的證據是張紹《紫金山竹林寺建立碑記》,此碑記雖然明確說明郭守敬從學於劉秉忠於此,然尚有諸多疑點:首先,該碑記的史料來源是「聞之故老,考之史傳」,其考據不細緻輕易可見,如「山頂住僧曰海雲,乃座山有道者」,將推薦劉秉忠最關鍵的信息點搞錯了。其次,從學劉秉忠的人物,僅僅記載劉秉志(應為劉秉恕)、郭守敬,缺乏張文謙(邢州沙河人,緊鄰武安縣)、張易、王恂等人。

第二,正視正史和早期地方志的價值。《元史‧郭守敬傳》明確記載在「州西紫金山」。前述雍正本《畿輔通志》卷十九《山‧順德府》「紫金山」條和乾隆本《順德府志》卷二《山川‧邢臺縣》「紫金山」條均有清晰的記載,也是不應該輕易被推翻的。

第三,古寨書院一類的碑刻和其他文獻資料也應引起注意。《藏春集》卷二《秋晚同友僧宿潞南山寺》、卷三《自澤州過懷衛》,很有可能展示劉秉忠為推薦人才南北奔波,而 1250 年代回到故鄉的劉秉忠主要負有三個任務:一是指導邢州治理,二是培育人才,三是推薦社會精英。從地理學意義上,邢州紫金山距離山西很近。金元之際,社會動亂很多社會賢達隱居山林,邢州紫金山一帶相對富饒的山谷盆地,既是修身養性的極好去處,也是河北通往山西的路徑之一。

〔註57〕 郝良眞、孫繼民:《邯鄲歷史文化論叢》七「郭守敬學於紫金山瑣見」,中國文史出版社,2004 年,第 84~85 頁。
〔註58〕 當然此處指的是 1238 年劉秉忠的行蹤,或來源於《元史‧劉秉忠傳》。

三、紫金山學人考略

對於五人同學於紫金山，學者均表示懷疑〔註59〕。然劉敏中記載董禧碑銘曾言：「邢爲順德王答剌罕世封分邑，而太保劉文貞公、左丞張公仲謙實其鄉間，若安撫李公子敬、平章張公仲一、翰林承旨王狀元先生嘗所往來寓留」〔註60〕。從這裡可以看出，劉秉忠、張文謙、張易甚至李惟簡、王鶚常聚集此地，並且從語句判斷應該有一定時間。儘管此處沒有記載具體年月，我們還是可以從劉秉忠、張文謙的行事時間中推測大約年代。由前述考證可知：自跟隨忽必烈於潛邸以後，劉秉忠曾於 1247 年和 1250 年兩次回歸故里。張文謙卻是在 1247 年應召北上。1253 年忽必烈受命進攻大理時，劉秉忠、張文謙皆同行。所以，董禧碑銘記載劉秉忠、張文謙「實其鄉間」的時間大約爲1250 年至 1253 年期間。這段時間大體上和邢州大治的時間基本吻合，劉敏中特意記錄邢州是順德王答剌罕的世襲封地，和《元史・世祖紀》所言邢州兩答剌罕一樣明顯突出答剌罕的影響。結合其他史料，此一時期劉秉忠等士人可能在當地參與邢州治理的多次謀劃。那麼，爲何此處沒有記載王恂和郭守敬呢？這一時期，郭守敬剛剛二十歲左右，王恂是十幾歲的少年，並且郭守敬擅長科學知識，而邢州治理大多是政治層面的問題，除了郭守敬修建邢州石橋外，二者沒有參與這一政治活動。或許劉秉忠等人聚集商談事務時，郭守敬和王恂均未參加。劉敏中因此沒有記載二者。應該就是在這段時間裏，王恂、郭守敬從劉秉忠學於紫金山。還有一個問題需要考慮：《太史郭公行狀》爲何沒有記載李、王二人？筆者認爲：作爲主政邢州的官員，李惟簡沒有這樣的時間；年事已高且早學有所成的王鶚（1191 年生）不可能參加。如此一來，此處的記載和齊履謙所言基本可以互證。

受召之後，劉秉忠和張文謙何以又回歸故里聚徒講學。一方面，這是劉秉忠等以邢州爲中心開始爲忽必烈選拔人才的一種手段。劉秉忠舉薦的王

〔註59〕 除前述范玉琪《郭守敬就學紫金山考》外，唐長孺和白鋼兩先生也持此觀點。參見：唐長孺《補元史張易傳》（《山居存稿》，中華書局，1989 年，第 583 頁）；白鋼《論元代傑出政治家張易》（《晉陽學刊》1988 年第 8 期）。張文謙受劉秉忠推薦，於丁未年（1247）驛召北上。張易缺乏考證資料。再加上王恂、郭守敬與劉秉忠、張文謙、張易年齡相差懸殊。據此，學者們多認爲五人不可能同學。當然，筆者以爲：此處「同學」可能是共同學習，而不是現代意義上的「同學」。

〔註60〕 （元）劉敏中：《贈嘉議大夫工部尚書上輕車都尉隴西郡侯董公神道碑銘》，李修生《全元文》（十一），江蘇古籍出版社，1999 年，第 608 頁。

恂、靳德進、田忠良等人，大約都是在這一時期。另一方面，忽必烈主政漠南前，徵召的士人往往在王府經過一定時間盤桓後再返回故里。竇默「請南還，命大名、順德各給第宅田土，多夏皆有衣物，歲以爲常。」〔註61〕王鶚，「上留公（王鶚）漠北二載，恐年老不可再歷多寒。召公謂曰：『朕欲遣人送於歸南，子何所欲。』公對曰：『臣本閒人，誤蒙寵召，待遇加厚，亦已幸矣，復何欲之有』」〔註62〕。其他如李冶、元好問、張德輝等都有此經歷。所以在這一段時間裏，劉秉忠、張文謙回歸邢州也在情理之中。另外張文謙傳所謂的「早從劉秉忠洞究術數」，應該也是在這一時期。在已經學有所成的劉秉忠指導下，張文謙、張易、王恂、郭守敬從事術數學習並形成以後頗有影響的「邢州術數家群體」〔註63〕。這一群體集體學習事宜，當爲忽必烈所知，日後忽必烈把新曆的編製任務交給這一群體，大約也是出於這一認知。

第三節　蘇門山學者群

蘇門山，亦名蘇嶺，又做百門山（亦稱栢門山），「俗又名五岩山」〔註64〕，位於元代衛輝路輝州（今河南省輝縣市西北，距市區 2.5 公里處）。《輝縣志》云：「蘇門山在縣西北七里許。」有學者認爲：夏商時期，蘇族人活動於此，此山便稱爲「蘇門山」或「蘇嶺」，蘇門山由此成爲蘇姓起源之地〔註65〕。

蘇門山是衛水發源地，其地湧泉眾多，由此形成百泉之名。蘇門山與百泉〔註66〕水交相輝映，是爲北方一奇觀，「蘇門山水明秀，爲天下甲。蓋

〔註61〕（元）蘇天爵：《元朝名臣事略》卷八《内翰竇文正公》，姚景安點校本，中華書局，1996 年，第 152 頁。

〔註62〕（元）蘇天爵：《元朝名臣事略》卷一二《内翰王文康公》，姚景安點校本，中華書局，1996 年，第 238 頁。

〔註63〕李治安師：《忽必烈傳》，人民出版社，2004 年，第 37～38 頁。蕭啓慶曾以「邢臺集團」的概念對這一「邢州士人群體」加以闡釋，詳見《忽必烈潛邸舊侶考》（《元代史新探》，新文豐出版公司，1983 年，第 274～275 頁）。

〔註64〕（宋）李昉：《太平御覽》卷四五《地部十·河北諸山》，《文淵閣四庫全書》本。

〔註65〕張新斌：《蘇姓源於蘇門山——關於蘇姓起源與播遷的研究》，《河南師範大學學報》1994 年第 4 期。

〔註66〕又名百門泉。《行水金鑒》卷一六二《兩河總說》：「百門泉源出蘇門山下，泉通百道，故名。一名衛源，以衛河發源於此。雖以百門名，然實逾千萬，不可勝數，自山麓平地遍湧石竇中，仰出累累如珠，匯爲巨陂，方廣數頃，淵涵澄澈，淨無塵滓。」

有東南佳麗瀟灑之勝，而無卑濕蒸炎之苦。誠中州之江南也。」〔註67〕元代詩人也爲我們留下其景觀的記載：「誰謂江南好，蘇門第一流。泉聲竹林夜，山色稻花秋。捫石看題詠，臨池憶釣遊。何時卜歸隱，明月載孤舟。」〔註68〕

一、元以前蘇門山文化傳承

蘇門山作爲北方名勝，自然吸引了古往今來無數文人騷客。他們或隱居長嘯，或著書立說，或開門講學，由此類聚了深厚文化積澱。蘇門講學之風習，始於晉朝，廣大於宋朝，強盛於元朝。

「蘇門山在縣西北十一里，孫登所隱，阮籍、嵇康所造之處。」〔註69〕晉朝著名隱士孫登，字公和，曾隱居於此（至今，蘇門山仍然保留有公和嘯臺）。「《魏氏春秋》云：即阮籍見孫登長嘯，有鳳凰集，登隱之處，故號登爲蘇門先生。」〔註70〕「袁淑眞隱傳曰：蘇門先生嘗見採薪於阜者。先生歎曰『汝將以是終乎，哀哉。』薪者曰：『以是終者，我也。不以是終者，我也。且聖人無懷何所爲哉。聖人以道德爲心，不以富貴爲志。』因歌二章，莫知所終。」〔註71〕魏晉名士嵇康（223～262年）和阮籍（210～263年）曾於此地問道孫登〔註72〕。孫登長嘯成爲歷來文人吟詠之物，「碧眼空空照九州，阮公不是我同流。劃然長嘯誰聽得，獨有蘇門山點頭。」〔註73〕「蘇門山水天下殊，中有一人清且臞。龐眉扶杖白髭鬚，鶡冠野服談詩書。……百泉書院今空虛，此中聞是孫登居」。〔註74〕

〔註67〕　（元）王惲：《秋澗先生大全集》卷四一《總尹湯侯月臺圖詩序》，《元人文集珍本叢刊》本。

〔註68〕　（元）韓準：《蘇門山》，（明）李賢：《明一統志》卷二八《衛輝府》，明萬曆刻本。

〔註69〕　（唐）李吉甫：《元和郡縣圖志》卷一六《河北道一·衛州·衛縣》，賀次君點校，中華書局，1983年，第461頁。

〔註70〕　（宋）李昉：《太平御覽》卷四五《地部十·河北諸山》，《文淵閣四庫全書》本。

〔註71〕　（宋）李昉：《太平御覽》卷五一〇《遺民部十》，《文淵閣四庫全書》本。

〔註72〕　參見：范子燁：《阮籍事蹟新考》，《學術交流》，1995年第1期。

〔註73〕　（宋）鄭思肖：《所南翁一百二十圖詩集》之《孫登長嘯圖》，中華書局，1985年，第12頁。

〔註74〕　（清）吳偉業：《梅村家藏稿》卷一一《後集三·七言古詩·題蘇門高士圖贈孫徵君鍾元》，四部叢刊本。

宋代學術漸盛，北宋理學大家周敦頤及程顥、程頤均曾遊學蘇門，與邵雍切磋學問。邵雍（1011～1077），字堯夫，號康節，范陽人。邵雍與周敦頤、程穎、程頤、張載並稱爲「北宋五子」，其「家有園數十畝，皆桃李梨杏之類，在衛之西郊，自始營十餘載」〔註75〕。下文的康節安樂窩，指的是邵雍在蘇門山附近建立的著書講學之地〔註76〕。「先生幼自燕從父徙居衛之共城，讀書於百泉之上，志堅思苦，夏不扇，冬不爐，也不就席，如此者數年，厥後再徙於洛邑。」〔註77〕邵雍在蘇門山向李之才（字挺之）、覃思受學於易。其子邵伯溫對此記述如下：

> 先君築室蘇門山百源之上。時丁先祖母李夫人喪，布衣蔬食三年，躬爨以養先祖。挺之聞先君好學苦心志，自造其廬，問先君曰：「子何所學？」先君曰：「爲科舉進取之學耳。」挺之曰：「科舉之外有義理之學，子知之乎。」先君曰：「未也，願受教。」挺之曰：「義理之外有物理之學，子知之乎。」先君曰：「未也，願受教。」「物理之外有性命之學，子知之乎。」先君曰：「未也，願受教。」於是先君傳其學。挺之簽書澤州判官廳公事，澤州人劉義叟晚出其門，受曆法，亦爲知名士。易學則唯先君得之也。〔註78〕

總之，蘇門山由於其自然風光，成就了其文化地位，孫登、阮籍、邵雍等名士在蘇門山的經歷助推其成爲文化名山。這又爲元代文人經營此地打下了基礎。

二、蘇門山諸學者雜考

眾所周知，蒙元初期，蘇門山因姚樞、許衡、竇默三位理學名家匯聚於此，而名垂千古。〔註79〕在此之前，耶律楚材、王磐也曾有緣於此地。

〔註75〕 （明）于準：《康節安樂窩記》，《（嘉靖）輝縣志》卷七《文章》，《天一閣藏明代方志選刊》續編本。

〔註76〕 有學者認爲邵雍講學蘇門，創建了太極書院，趙國權先生對此加以指正。見氏著《略論百泉書院的學術文祀活動及興衰》，《河南大學學報》1995 年第 4 期。

〔註77〕 （明）于準：《康節安樂窩記》，《（嘉靖）輝縣志》卷七《文章》，《天一閣藏明代方志選刊》續編本。

〔註78〕 （宋）邵伯溫：《易學辨惑》，《文淵閣四庫全書》本。

〔註79〕 魏崇武：《封龍、蘇門二山學者與蒙元初期的學術和政治》，《中國典籍與文化》2004 年第 2 期。

　　蒙元早期的 1232 年至 1236 年間，耶律楚材或曾在蘇門山附近的梅溪居住，並留下紀念此段生活的《梅溪十詠》〔註 80〕。當地人爲紀念耶律楚材，修建耶律丞相祠，其祠在縣治西北七里，以康節安樂窩改建而成。「至元辛巳（1281）之春，公（耶律楚材）之孫希逸爲本道憲使，奠拜祠下。」〔註 81〕因看到祠宇頹敗，耶律希逸遂加以改修，並由元代著名文人王博文撰寫紀念碑銘。

　　王磐（1202～1293）字文炳，廣平永年人。《元史》卷一百六十有傳。王磐曾在此地留下《筠谷軒記》〔註 82〕一文。元代名臣姚燧記錄了王磐、姚樞和許衡居留蘇門的狀況：

　　　　先公（姚燧）生以辛酉（1201），承旨（王磐）少一歲，左揆（許
　　　　衡）少八歲，齒固不大相絕。吾姚氏，營人。先公生於汾，承旨永
　　　　年，左揆河內。於輝非鄉，一旦聚居而爲寓公，其處同也。先公以
　　　　癸卯（1243）來此，而承旨已師是方。後將以事趨燕，盡前其徒，
　　　　假先公以函文，俾師之，以無廢受業。迨庚戌（1250）左揆徙家自
　　　　魏，方先公爲相，即其年，無幾時，先公出應世祖之招，左揆獨留
　　　　師是方。其道同也。〔註 83〕

　　從本段記述可知，王磐在 1243 年姚樞定居蘇門之前，已在此開門授徒，後因事赴燕，而委託姚樞教授其徒。對於王磐於蘇門教學情況，王惲之子王公孺有以下記載：

　　　　壬子歲，故至元內相鹿庵王公（王磐）、顯軒徒單公（徒單公履）
　　　　相繼教授於內，二公道崇學博，負經濟器業，樂誨人，善持論，凡
　　　　經啓迪，化若時雨，當時文風大興，人材輩出，若王博文、雷膺、

〔註 80〕　朱元元：《耶律楚材與〈梅溪十詠〉》，《安陽師範學院學報》2008 年第 4 期。
　　　　　朱元元還對梅溪的方位做了推測：「至於梅溪這個地方，許衡在其詠蘇門的一
　　　　　首詩中提到：『芳菲二三月，追遊或梅塢。』（《古風‧別西山之一》）稍後的
　　　　　全真教第十五代掌門孫履道的一首詩云：『共城山水甲他州，玉鏡煙鬟冷浸
　　　　　秋。雲外嘯臺招我隱，石間仙跡幾時留。竹溪梅塢延三舍，布襪青鞋爲一遊。
　　　　　洞口幽人正高臥，樂天知命故悠悠。』他們提到的『梅塢』極有可能爲耶律
　　　　　楚材在梅溪時的住處。」
〔註 81〕　（元）王博文：《耶律公新廟碑銘》，《（嘉靖）輝縣志》卷七《文章》，《天一閣
　　　　　藏明代方志選刊》續編本。
〔註 82〕　《（嘉靖）輝縣志》卷七《文章》，《天一閣藏明代方志選刊》續編本。
〔註 83〕　（元）姚燧：《牧庵集》卷七《三賢堂記》，四部叢刊本。

王復、傅爽、王持勝、周貞、李儀、周鍇、季武、陶師淵、程文遠、
先父諱惲，茲尤其魁傑者也。〔註84〕

由於蘇門的淵源，姚樞、竇默、許衡形成了忽必烈潛邸「正統儒家集團」
〔註85〕，「先生（許衡）居都下也，假館於道庵中，凡權貴、豪右延請，皆不
往，惟姚、竇二公時時相過，始終如一。」〔註86〕

在元代，蘇門山因理學而成名，首推姚樞之功。

姚樞（1201～1278），字公茂，號敬齋，又號雪齋，祖籍營州柳城（今屬
遼寧省朝陽市），生於汾（今山西省汾陽市），《元史》卷一百五十八有傳。1232
年，姚樞隨楊惟中北覲窩闊台，並留居嶺北多年。1235 年隨軍出征，在蒙古
軍隊攻陷德安時，姚樞從俘虜中訪求出名儒趙復。其後協助楊惟中籌建太極
書院，以趙復為師，講授程朱理學，是為理學北傳。癸卯年（1243）〔註87〕，
因與中州斷事官牙老瓦赤不合，舉家遷至蘇門山隱居。他不僅置室祀奉孔子，
旁侍周敦頤、二程、張載、邵雍、司馬光六人畫像，而且動員楊惟中等人刊
印《四書》等理學著作。蘇門山成為當時北方理學傳播中心，「原羲農堯舜所
為，繼天立極，孔子孟軻所垂世立教，周程張朱所發明演繹者，標其宗旨，
揭其條緒而學傳本，北人知有學，則樞得復之力也。」〔註88〕正是由於姚樞
的舉介，許衡才開始接觸二程、朱子著述，並一改「出入經傳子史，泛濫釋
老，下至醫、卜筮、兵刑、貨殖、水利、算數」而「從事於小學、四書」，從
而完成其人生的巨大轉變。姚燧對此作了細緻說明：

墾荒蘇門，糞田數百畝，修二水輪，誅茅為堂。城中置私廟，
奉祀四世堂龕，魯司寇容，傍周、兩程、張、邵、司馬六君子像，
讀書其間。衣冠莊肅，以道學自鳴。佳時則鳴琴百泉之上，遁世而

〔註84〕 （元）王公孺：《衛輝路廟學興建記》，李修生：《全元文》（十三），江蘇古籍
出版社，1999 年，第 253 頁。

〔註85〕 參見：蕭啟慶：《忽必烈潛邸舊侶考》，《元代史新探》，新文豐出版公司，1983
年，第 275～278 頁。

〔註86〕 （元）耶律有尚：《考歲略》，許衡：《魯齋遺書》卷一三，《北京圖書館古籍珍
本叢刊》本。

〔註87〕 姚燧《三賢堂記》有言：「先公以癸卯來此」。按：蘇天爵《元朝名臣事略》
卷八《左丞許文正公》（姚景安點校本，中華書局，1996 年，第 167 頁）：「壬
寅，雪齋隱蘇門，傳伊洛之學於南士趙仁甫先生。」壬寅為 1242 年。白壽彝
總主編：《中國通史》第八卷《中古時代・元時期（下）》為「1242 年」，上海
人民出版社，1997 年，第 220 頁。

〔註88〕 （清）孫奇逢：《理學宗傳》卷一九《元儒考・趙復》，清康熙六年刻本。

樂天，若將終身後生薄夫。或造庭除，出語人曰：幾禔吾魄，又汲汲以化民成俗爲心。自版小學書《語孟或問》《家禮》，俾楊中書版《四書》，田和卿版《尚書》《聲詩折衷》《易程傳》《書蔡傳》《春秋胡傳》，皆於燕。又以小學書流佈未廣，教弟子楊古爲沈氏括版與《近思錄》、東萊經史說諸書，散之四方。時先師許魏國文正公魯齋在魏，出入經傳子史，泛濫釋老，下至醫、卜筮、兵、刑、貨殖、水利、算數，靡所不究。公過魏，與寶漢卿相聚茅齋，聽公言義正粹。先師遂造蘇門，盡錄是數書以歸。謂其徒曰：「曩所授受皆非，今始聞進學之序，若必欲相從，當盡棄前習，以從事於小學、四書爲進德墓（基）。不然，當求他師。」眾皆曰：「惟先生命。」則魏國公由窮理致知反躬踐實，爲世大儒者。〔註 89〕

　　寶默（1196～1280）〔註 90〕，字子聲，初名傑，字漢卿，廣平肥鄉（今河北省肥鄉縣）人。對許衡而言，寶默是其程朱理學最早啟蒙者〔註 91〕。蒙古大軍滅金攻宋之際，寶默向南逃亡，其間，「有清流河醫者王氏妻以其女，且授公以方脈之術。……由陳走蔡，由蔡渡淮，至德安府。孝感縣令謝憲子者，一見如故交，遂館於其家，日相與講明伊洛程張義理之學，比之在北方時，又益精切矣。」〔註 92〕由此，寶默既以針術見長，又通曉「伊洛性理之書」。因醫術被召，後爲忽必烈時代名臣，忽必烈對其大爲賞識，曾言「朕訪求賢士幾三十年，惟得李狀元、寶漢卿二人。……如寶漢卿之心，姚公茂之才，合而爲一，始成完人矣。」〔註 93〕。值得一提的是，元代同一時期有同姓同字且同爲名醫的兩個寶漢卿〔註 94〕。

〔註 89〕　（元）姚燧：《牧庵集》卷一五《中樞左丞姚文獻公神道碑》，四部叢刊本。
〔註 90〕　關於寶默，學界已作了相關研究。參見：陳高華：《論寶默》，《中國史研究》1995 年第 2 期；趙琦《金元之際儒士與漢文化》，人民出版社，2004 年，第242～243 頁。
〔註 91〕　陳高華：《論寶默》，《中國史研究》1995 年第 2 期。
〔註 92〕　（元）王磐：《寶公神道碑》，《（嘉靖）廣平府志》卷八《藝文》，《天一閣藏明代方志選刊》本。
〔註 93〕　（元）蘇天爵：《元朝名臣事略》卷八《內翰寶文正公》，姚景安點校本，中華書局，1996 年，第 154 頁。
〔註 94〕　另一個爲南方建安（今福建建甌）人，南方寶漢卿的兒子寶桂芳在《流注針經序》（《普濟方》卷四百九，《文淵閣四庫全書》本）寫到：「余先君漢卿公以藥與艾重於士大夫，如雨岩吳憲與以借補憲司官醫助教之職。達齋遊憲親爲書其藥室，曰『活濟堂』。至元丙子以來，余挾父術遊江淮，得遇至人授

　　蘇門山理學名家成就最顯者非許衡莫屬。

　　許衡（1209～1281），字仲平，因其書齋名魯齋，世人尊稱魯齋先生，懷孟路河內縣（今河南沁陽市）人。許衡在姚樞處讀到程頤《伊川易傳》和朱熹《論孟集注》《中庸大學章句》《或問》《小學》等書，抄錄後回到大名精讀，深爲折服。1250 年，許衡舉家遷移至蘇門，與姚樞爲鄰，遂共同研習理學。1254 年，被忽必烈徵爲京兆教授。

　　與姚樞、竇默不同，許衡是蘇門山三位理學名家中接觸理學最晚的學者。但正所謂後來居上，許衡是元代唯一躋身十賢、「從祀孔子廟庭」〔註95〕的理學名家。正是在蘇門期間，許衡「慨然以道爲己任。嘗語人曰：『綱常不可一日而亡於天下，苟在上者無以任之，則在下之任也。』凡喪祭娶嫁，必徵於禮，以倡其鄉人，學者浸盛。家貧躬耕，粟熟則食，粟不熟則食糠核菜茹，處之泰然，謳誦之聲聞戶外如金石。財有餘，即以分諸族人及諸生之貧者。人有所遺，一毫弗義，弗受也。」〔註96〕

　　許衡的成功，一方面是自我進取的結果，另一方面也與其教有所成大有干係。對許衡講學蘇門時代場景描述最細緻的是其門人河南道勸農副使白棟所題《思親亭記》：

　　　　共城〔註97〕西北五里，有山曰蘇門。山之下有泉曰百泉。萬脈珠湧，輝淨澄徹，流而不濁，即詩所謂泉水也。近可以溉粳稻，轉碾磑於本境；遠可以漕糧餉，濟商旅於海門。其旁則修竹茂密，翠如琅玕。其中則蓮芰芬芳，爛若雲錦，岸花秀發，四時畫圖，林鳥和鳴，竟日佳唱。遺山所謂「煙景獨覺蘇門多」者，即此地也。泉之上有祠，祠之神以王封，曰洪濟威惠王，像而祭之，以祀此水。

以針法，且以《子午流注》《針經》《竇漢卿針經指南》三書見遺，拜而受之。珍藏玩味，大進益，且喜其姓、字、醫術與先君同也。因是作而言曰：南北有二漢卿，同姓同字，而爲醫亦同也。北之漢卿得行道，針法精於八穴，以愈疾名顯於世，官至太師。南之漢卿，隱居求志，惟以藥與艾，推而積活人，濟世之陰功。由是觀之則信矣。南北氣質之不同，而達則爲相，不達則爲醫，亦其志之出處異矣。」

〔註95〕《元史》卷二四《仁宗本紀一》，中華書局，1976 年，第 557 頁。

〔註96〕《元史》卷一五八《許衡傳》，中華書局，1976 年，第 3717 頁。

〔註97〕《（嘉靖）輝縣志》（《天一閣藏明代方志選刊》續編本）開篇有云：「按《禹貢》，冀州之地，共伯之國。漢置共縣，隸河內郡。隋改共城縣。金世宗時，避太子允恭諱，改爲河平縣。大定二年爲蘇門縣。貞祐（祐）四年（1216），金宣宗因百門泉有威惠王祠殿名清輝，因改爲輝州。元因之。」

祠之上有孫登嘯臺、康節安樂窩，蓋名賢嘉遯之所。昔人愛其景物，
至有身雖未到，夢寐已至太行之麓者。今之富貴利達位至宰執三公，
往往置別業於茲，預爲他日徜徉之計。每春末夏交，四方以香火奉
王祠，因而遊賞以醉歸者，蓋千萬計，實河朔之麗境、中土之奇觀
也。魯齋先生之寓是邑也，時與門弟子一至泉上，吟風詠月，悠然
而歸。家無儋石之儲，心有天地之春，雖曾點之風乎，舞雩明道之
過乎。前川樂不逾，是固異乎眾人之觀矣。〔註98〕

　　對於其時許衡受業弟子，王惲之子王公儀留也有相關記述，「其受業者，
戶外之履恒滿，若王西溪、雷若齋、王春山、白素庵，先考秋澗公，尤其特
達者也。」〔註99〕另外，大名人劉子仁「從姚、許二公勉使就學」〔註100〕。
許衡曾寫詩讚頌之：「聰明羨劉子，奮勇入吾門。大省仙家誤，眞知聖道尊。
一簪除舊習，千古立深根。更願加勤苦，詩書日討論。」〔註101〕

　　除上述諸人外，姚燧也曾在蘇門受教於許衡。

　　姚燧（1238～1313），字端甫，元代著名文學家，《元史》卷一七四有傳，
有《牧庵集》存世。姚燧三歲而孤，由伯父姚樞撫養。許衡與姚樞論道於蘇
門之際，姚燧時年十三歲，遂從學許衡〔註102〕。「燧先在蘇門山時，讀通鑒綱
目，嘗病國統散於逐年，不能一覽，而得其離合之概。至告病江東，著國統
離合表若干卷，年經而國緯之，如《史記》諸表，將附朱熹《凡例》之後，
復取徽、建二本校讎，得三誤焉，序於《表》首。」〔註103〕對此，姚燧也曾
題詩記之：「走未壯時讀通鑒，綱目書於蘇門山。」〔註104〕

　　其後，許衡在國子監擔任國子祭酒期間，以弟子王梓、劉季偉、韓思永、

〔註98〕　（元）白棟：《許氏思親亭記》，《（嘉靖）輝縣志》卷七《文章》，《天一閣藏明代
　　　　　方志選刊》續編本。另見：許衡：《魯齋遺書》卷十四《門人白棟題思親亭記》。
〔註99〕　（元）王公儀：《重建宣聖廟外門記》，《（嘉靖）輝縣志》卷六《文章》，《天一
　　　　　閣藏明代方志選刊》續編本。此中，王西溪爲王博文，雷若齋爲雷膺，白素
　　　　　庵爲上述白棟，秋澗公爲王惲。獨不知王春山爲何許人，待考。關於王惲在
　　　　　蘇門問學，參見：蔡春娟：《王惲在衛州的問學與交遊》，《元史論叢》第十三
　　　　　輯，天津古籍出版社，2010年，第206～208頁。
〔註100〕《（正德）大名府志》卷七《人物・文學》，《天一閣藏明代方志選刊》本。
〔註101〕（元）許衡：《魯齋遺書》卷一一《子仁改冠》，《北京圖書館古籍珍本叢刊》
　　　　　本。
〔註102〕按《元史・姚燧傳》：「年十三見許衡於蘇門。十八始受學於長安。」
〔註103〕《元史》卷一七四《姚燧傳》，中華書局，1976年，第4508～4509頁。
〔註104〕（元）姚燧：《牧庵集》卷三《國統離合表序》，四部叢刊本。

耶律有尚、呂端善、姚燧、高凝、白棟、蘇郁、姚敦、孫安、劉安中十二人爲伴讀，許衡教授安童、不忽木等蒙古重臣，爲其思想地位的確立奠定了厚實的政治基礎。可以說，蘇門教學則是國子監成就的實踐歷練。

以許衡爲首的蘇門學者群對中國理學的發展做出了重要貢獻，故此，有學者認爲「太極書院的學術文化活動因姚、許、趙、竇諸儒相與講學而興盛，並達到了一個繁榮的階段，對中國書院教育和中原文化的發展起了積極的推動作用。」〔註105〕

第四節　淺析三山學者學理及學術流變

處於金元鼎革之際，直隸省部地區的封龍、紫金、蘇門出現了外以隱居講學、內存報國之志的三個學者群體〔註106〕。其相同的報國之心造就了他們政治作爲及社會地位；其異中有同的學術旨趣形成他們學術交融的關係。從三山學者群學理角度分析他們的各自特徵，從學術流變方面探悉各群體的起落，或許對我們理解元初直隸省部地區漢族士人發展軌跡有所裨益。

一、三山學者學理淺析

宋元時期，自然科學研究處於世界領先地位，尤其是數學發展的高峰時期。這一趨勢在三山學者群體上表現出時代共性，蘇門山學者以許衡爲首，「出入經傳，泛濫釋老，下至醫藥、卜筮、諸子百家、兵刑、貨殖、水利、算數之類，靡不研究。」〔註107〕紫金山學者以劉秉忠爲主，「於書無所不讀，尤邃於《易》及邵氏《經世書》，至於天文、地理、律曆、三式六壬遁甲之屬，無不精通。」〔註108〕封龍山學者以李冶最擅長數學，《測圓海鏡》《益古衍段》

〔註105〕　趙國權：《略論百泉書院的學術文祀活動及興衰》，《河南大學學報》1995年第4期。

〔註106〕　三山學者群體大體充當著忽必烈潛邸舊侶中漢文人的主體，紫金山學者群、蘇門山學者群、封龍山學者群或可分別歸屬爲金蓮川幕府中三大漢文人謀臣群體。蕭啓慶歸爲：邢臺集團、正統儒學集團、以漢地世侯爲中心的金源遺士集團。見氏著《忽必烈潛邸舊侶考》，《元代史新探》，新文豐出版公司，1983年，第274～281頁。李治安師分爲：邢州術數家群、理學家群、金源文學群。見氏著《忽必烈傳》，人民出版社，2004年，第37～40頁。

〔註107〕　（元）蘇天爵：《元朝名臣事略》卷八《左丞許文正公》，姚景安點校本，中華書局，1996年，第166頁。

〔註108〕　《元史》卷一五七《劉秉忠傳》，中華書局，1976年，第3688頁。

爲其數學成就的結晶。三山學者中其他學者，如竇默的醫學，郭守敬的數學、天文，王恂的數學等均居當時全國乃至世界領先地位。

正如李治安師所言「群體部分人員在志趣流派方面呈現一定程度的交叉或複合」〔註109〕。這種交叉或複合一定程度上體現在三山學者間的交往和合作。紫金山（邢州）術數家群體的領袖劉秉忠儘管創造了具有時代意義的曲作品《乾荷葉》，但他曾問詩於元好問〔註110〕。張文謙曾經向許衡執弟子禮。劉秉忠、張文謙、王恂、郭守敬等在制定官制、禮儀，編製《授時曆》等方面與許衡有比較默契的合作。竇默更是在兩個群體的關係溝通上起到重要作用的人物，他既是許衡的摯友，又將自己的女兒許配給劉秉忠。陳高華先生曾經指出：「『邢臺集團』與『正統儒學集團』的政治主張比較一致，往往互相呼應、互相支持。……『正統儒家集團』與『邢臺集團』的聯繫，竇默有著重要的作用。」〔註111〕

儘管三山學者之間有如此密切的交往和合作，但三山學者群體之間的學理差異，卻是他們政治地位和社會影響不同的關鍵所在。

具有獨立學術性的人物群體，往往具有實現群體價值的學術方向和現實追求。這種方向和追求，由於其所要實現的目標不同而呈現出不同的路徑：有的學派側重於未來社會宏偉藍圖的描述和現世社會秩序的構建，如儒家學派中大同社會和回歸三代的思想表述；有的學派側重於實踐技巧的摸索，如墨家學派對人類社會生存基本技能的積累；有的學派側重於追求獨善其身的不懈追求，如道家學派對自我心性的好高騖遠；有的學派側重於人類理性的鑽研，如理學家們對人性的自我修養。三山學者群體也具有展現各自特質的學理本色。正如魏崇武先生所言：「學者在儒學上既有群體差異，也有個體差異。而且，由於這些學者的涉獵面較廣，並未把自己完全局限在儒學上，比如李治的數學、竇默的醫學、許衡的天文曆法等自然科學方面的素養和成就，說明了這些學者們在學術上是豐富多樣的，同中有異、異中有同，我們不能用單一的眼光去看待他們」〔註112〕。

〔註109〕 李治安師：《忽必烈傳》，人民出版社，2004年，第42頁。
〔註110〕 （元）元好問：《遺山先生文集》卷三九《答聰上人書》，四部叢刊本。
〔註111〕 陳高華：《論竇默》，《中國史研究》1995年第2期。
〔註112〕 魏崇武：《封龍、蘇門二山學者與蒙元初期學術與政治》，《中國典籍與文化》2004年第2期。

　　首先，我們來看紫金山術數家群體，該群體最突出的是經世致用。蒙元時期，務實精神貫穿於社會生活的各種層面，「昔元之初得天下，人材皆務實學，故賢能由公道而進」〔註113〕。由此大蒙古國時期，「學有體用，治有本末，識時務之俊傑也」〔註114〕大行其道。以劉秉忠爲首的邢州術數家群體踐行「酌古宜今」〔註115〕方略，他們適應蒙古入主中原的社會現實，力爭在可能的範圍內，推動社會進步。他們既不同於以「封龍山三老」爲首延續「經學章句」的金源士人，又有別於以許衡爲首推崇「程朱理學」的蘇門道學學究。與王文統、阿合馬、盧世榮、桑哥等爲代表的經邦理財群體更有明顯的差異，甚至還發生了張易聯合王著、高和尚錘殺阿合馬並以身殉義的極端事件。儘管這一事件的完整性無法拼湊，但基本也可以反映邢州術數家群體不是唯利是圖。紫金山學者領軍人物劉秉忠以「陰陽術數之精，占事知來，若合符契」〔註116〕的高超技能獲得了忽必烈的青睞，「酌古宜今」的思維方式贏得了忽必烈及其時代的需要，而忽必烈的大力支持，在很大程度上支持了他們各項工作，如立國號、建兩都、定官制等，尤其是促成以郭守敬爲首的兩大科技成就：

〔註113〕（明）朱元璋撰，胡士萼點校：《明太祖集》卷八《敕‧賜平涼縣尹王軫父諭》，黃山書社，1991年，第187頁。

〔註114〕（元）王禮：《麟原文集》前集卷二《羅浮翁墓誌銘》，《文淵閣四庫全書》本。

〔註115〕劉秉忠曾寫詩表達「酌古宜今」的治國理念：「大中爲體用時巾，酌古宜今道可通。臨事若私先有礙，立心非正後無功」（《劉太傅藏春集》卷二《寄馮世昌三首》）。「古」指的是一直在傳統王朝統治下的中原民眾的社會治理意識。「今」就是蒙古人佔領中原的現實。「酌古宜今」也就是要求蒙古統治者，在治國層面，既要維護傳統政治意識，又要考慮具體的現實利益。從「今」的角度，對「古」的制度做出切合實情分析和研判。在1250年劉秉忠上書忽必烈的《萬言書》中，劉秉忠提出「宜會古酌今」策略達六處之多。他還「採祖宗舊典，參以古制之宜於今者」，條列上書忽必烈。總之，「酌古宜今」當爲其政治思想的主要表達。一定意義上，我們甚至可以認爲：劉秉忠的酌古宜今思想和忽必烈的「附會漢法」是一致的。《析津志輯佚‧臺諫敘‧御史臺記》言：「世祖皇帝聖繇天縱，神武不殺，知善群榮，取善無方，定天下於一。乃考帝王之道，酌古今之宜，建國紀元而著令典焉。立官府，置郡縣，各有其職。而上下相承，內外相維聯焉，貫通以通功成務。」（北京古籍出版社，1983年，第40頁）由此，可以說，正是在劉秉忠酌古宜今的政治理念指導下，忽必烈推動蒙元王朝的重大轉變。與此相一致，元朝很多重要文獻有「酌古宜今」之類的用語，如：「參詳有無情法相應，更爲酌古準今」（《元典章》卷四《朝綱一‧庶務‧體例酌古準今》，臺北故宮博物院影印元刊本）；「至於國朝，酌古準今」（《至正條格》卷三三《鬥毆殺人結案詳斷》，韓國中央研究院編，2007年，第133頁），等等。

〔註116〕《元史》卷一五七《劉秉忠傳》，中華書局，1976年，第3694頁。

編製《授時曆》和開鑿通惠河。由此可知，恰恰是由於邢州術數群體與眾不同的學理特徵，造就了以紫金山（邢州）學者群體爲核心的忽必烈潛邸第一漢人集團。

其次，我們來看蘇門山理學家群體。在金元之際，「國家初有中夏，士踵宋、金餘習，以記誦詞章相誇尚」〔註117〕，「朱子書未大行，學者惟事注疏」〔註118〕等社會文化背景下，許衡、姚樞等堅持身體力行，「以孔、孟之書，程、朱之訓，倡明斯道，一時師友講習若河、汾、伊、洛之盛」〔註119〕。然而，忽必烈對許衡並不特別欣賞，正如張帆先生所言：「在忽必烈即位前搜羅的『潛邸舊侶』中，許衡只是一個外圍或邊緣成員，地位明顯不及他的好友姚樞和竇默，更遠不如劉秉忠一類權謀術藝型人物。」〔註120〕

正是由於其後許衡的堅持，出現「一時師友講習若河、汾、伊、洛之盛，……士皆知趨正學，不爲異術他岐所惑」〔註121〕，從而造就許衡「名氣較大」〔註122〕的社會影響，使得忽必烈數次遣使徵召，「世祖大闡文治，乃命碩儒許文正公，以經學訓北來子弟，然知學者，公卿大夫貴遊人耳。」〔註123〕。「許衡等人之倡設學校，係遵循朱熹藉普及教育以達到德化天下的理念」〔註124〕，由此日後其「門人貴遊往往仕至顯官」〔註125〕，大力推行理學，尤其是在國子監特殊的教學機會，許衡躋身於從祀之列，從而使得理學成爲官學，「而朱子之書遂衣被海內，其功詎可量哉！」〔註126〕

〔註117〕　（元）蘇天爵：《滋溪文稿》卷一四《內丘林先生墓碣銘》，陳高華、孟繁清點校，中華書局，1997年，第223頁。

〔註118〕　轉引自：朱紹侯：《〈述善集〉選注（兩篇）》，《史學月刊》2000年第4期。

〔註119〕　（元）蘇天爵：《滋溪文稿》卷一四《內丘林先生墓碣銘》，陳高華、孟繁清點校，中華書局，1997年，第33頁。

〔註120〕　張帆：《〈退齋記〉與許衡劉因的出處進退——元代儒士境遇心態之一斑》，《歷史研究》2005年第3期。

〔註121〕　（元）蘇天爵：《滋溪文稿》卷一四《內丘林先生墓碣銘》，中華書局，陳高華、孟繁清點校，中華書局，1997年，第223頁。

〔註122〕　張帆：《〈退齋記〉與許衡劉因的出處進退——元代儒士境遇心態之一斑》，《歷史研究》2005年第3期。

〔註123〕　轉引自：朱紹侯：《〈述善集〉選注（兩篇）》，《史學月刊》2000年第4期。

〔註124〕　蕭啓慶：《元代多族士人網絡中的師生關係》，《歷史研究》2005年第1期。

〔註125〕　（元）蘇天爵：《滋溪文稿》卷一四《內丘林先生墓碣銘》，陳高華、孟繁清點校，中華書局，1997年，第223頁。

〔註126〕　（元）虞集：《張氏新塋記》，蘇天爵：《元文類》卷三〇，商務印書館，1936年，第396頁。

　　最後，我們看封龍山文學家群體。李冶、元好問、張德輝均可以算作金源文學群體，他們和王鶚、徐世隆等人一樣，「是前金朝詞賦進士出身，率以詞賦文章相標榜」〔註 127〕。李冶「經爲通儒，文爲名家」〔註 128〕。以元好問、李冶等爲首的金源文學家群體影響並引導了眞定曲作家群，使其成爲中國文學史上比較有影響的文人群體。正是由於元好問對傳統經學的態度，才使得趙復遊歷保定、眞定、大名等地並未取得較大的效果〔註 129〕。對於與封龍山學者群一致的金源文學群，李治安師明確指出：「這一群體的文士大部分是學儒通儒的。以上王鶚、徐世隆、李冶三人進講治道時，言必稱孔孟綱常，就很能說明問題。不過，他們在崇尚標榜詩賦文章之餘，兼學兼通的多是傳統的孔孟儒術，而非程朱的性理之學。」〔註 130〕

　　總之，與紫金山學人追求的術數不同，封龍、蘇門二山學者均傾向於儒學，他們都以儒士的身份活躍在歷史舞臺上，但是蘇門山學者著力於程朱理學，而封龍山學者更注重於孔孟經學。

　　三山學者對待蒙古統治者的態度與各學術群的學術旨趣相一致，元好問、李冶基本是拒絕仕蒙，而許衡、竇默雖在徵辟伊始推辭，最後卻位列高堂，可以說「封龍山學者較爲傾向於不合作，而蘇門山學者是較爲傾向於合作的。」〔註 131〕與這兩派不同，早在 1242 年劉秉忠就已經成爲忽必烈的座上客，其後張文謙、張易、王恂、郭守敬也陸續進入統治集團。三山學者學術旨趣的差異，恰恰是他們政治地位差別的重要基礎。儘管元好問、張德輝曾有奉送忽必烈「儒學大宗師」的殊榮，竇默、姚樞也有「合而爲一，始成完人矣」〔註 132〕的認可，但擁有和忽必烈神秘約定的劉秉忠及其群體卻成就了漢人中最高的政治地位，甚至可以與南征北戰的史天澤等地方世侯相媲美，可謂元代士人集團中政治方面領先的群體。

〔註 127〕　李治安師：《忽必烈傳》，人民出版社，2004 年，第 39 頁。

〔註 128〕　（元）蘇天爵：《元朝名臣事略》卷一三《內翰李文正公》，姚景安點校本，中華書局，1996 年，第 260 頁。

〔註 129〕　魏崇武：《封龍、蘇門二山學者與蒙元初期學術與政治》，《中國典籍與文化》2004 年第 2 期。

〔註 130〕　李治安師：《忽必烈傳》，人民出版社，2004 年，第 40 頁。

〔註 131〕　魏崇武：《封龍、蘇門二山學者與蒙元初期學術與政治》，《中國典籍與文化》2004 年第 2 期。

〔註 132〕　（元）蘇天爵：《元朝名臣事略》卷八《內翰竇文正公》，姚景安點校本，中華書局，1996 年，第 154 頁。另見：《元史》卷一五八《竇默傳》。

二、三山學術流變及其影響

　　具有不同學術旨趣的三山學者群體早就開始切磋學問。隨著蒙古對中原統治的逐步確立和他們漸次與蒙古統治者產生密切或較密切關係，三山學者群之間的交流更加明顯。如此三山學者群體之間的差異便被學術流變的趨同現象取代，但在這場文化變遷中，蘇門山學者群的理學追求成爲社會文化發展的主旋律。以至元人推崇許衡之極，「使國人知有聖賢之學，而朱子之書得行於斯世者，文正之功甚大矣。」〔註133〕

　　魏崇武先生分析了蘇門山學者群儒學影響強勢的原因：

　　　　一來理學適應了時代的需要，自然要超越傳統儒學而成爲時代主潮；二來蘇門山學者有著較高的政治地位，其學術思想的號召力頗有後來居上之勢；三來許衡及其學生耶律有尚等長期掌握著國子監和一些地方教育機構的行政大權，對元朝的教育方針、政策、內容、方法等等都有深刻的影響，在推行理學思想上有便利條件。〔註134〕

　　隨著蒙古政權在全國的逐步確立，術數不再受寵，紫金山學者群后期開始向理學轉移。王恂，「世祖擇勳戚子弟學於公（王恂），師道卓然。及公從裕宗撫軍稱海，始以諸生屬許文正公，名臣自是多學者，而國學之制興矣。」〔註135〕至元十年（1273），「權臣屢毀漢法，諸生廩食或不繼。衡請還懷。……乃聽衡還，以贊善王恂攝學事。劉秉忠等奏，乞以衡弟子耶律有尚、蘇郁、白棟爲助教，以守衡規矩，從之。」〔註136〕張文謙「晚交許衡，尤粹於義理之學」〔註137〕。

　　毫無疑問，早期的封龍山學者及蘇門山學者對彼此的後學都產生了一定影響，甚至後期出現封龍、蘇門兩山學者群學理流變的趨同，「封龍山學者的後學們（如郝經、王惲等）受到了理學的薰染，而蘇門山學者的後學們（如姚燧等）也出現『流而爲文』的現象，在『文道合一』的旨趣中，二山學者

〔註133〕　（元）虞集：《道園學古錄》卷五《送李擴序》，四部叢刊本。

〔註134〕　魏崇武：《封龍、蘇門二山學者與蒙元初期學術與政治》，《中國典籍與文化》2004年第2期。

〔註135〕　（元）蘇天爵：《元朝名臣事略》卷九《太史王文肅公》，姚景安點校本，中華書局，1996年，第183頁。

〔註136〕　《元史》卷一五八《許衡傳》，中華書局，1976年，第3728頁。

〔註137〕　《元史》卷一五七《張文謙傳》，中華書局，1976年，第3697頁。

的後學們走向趨同，歷史也隨之翻開了新的一頁。」〔註138〕但發展的主流多半是走向了理學。主持封龍山書院的安熙以劉因私淑弟子自居，已經儼然改變了李冶等傳統儒學的根基，而強調了理學主旨。元末的眞定名士蘇天爵初爲安熙入室弟子，受劉因之學，後爲國子監生員，先後受業於吳澄、虞集、齊履謙。一定意義上，蘇天爵可以算作當時學界領軍人物，但其已經明顯以理學傳人自居，並大力推崇許衡、劉因的理學，這可以從其如下論述中看出：

> 昔我國家初有中夏，士踵宋、金餘習，以記誦詞章相誇尙。許文正公始以孔、孟之書，程、朱之訓，倡明斯道，一時師友講習若河、汾、伊、洛之盛，劉文靖公繼之，士皆知趨正學，不爲異術他岐所惑。文正公被遇世祖，徵居相位，典教成均，而門人貴遊往往仕至顯官。文靖公旣出旣歸，學者多窮而在下，傳其師說，私淑諸人。兩公之門雖出處窮達有所不同，其明道術以正人心，蓋未始不一也。〔註139〕

經歷一定時期對漢地統治以後，蒙古統治者對漢文化有了一定程度理解，他們開始需要籠絡漢族知識分子，但卻無法理解隋唐以來的詞賦考試，於是推崇對傳統經典加以釋讀的程朱理學，即所謂「非第求其文辭之工，惟願得人以爲治」〔註140〕。元代倡興科舉之初的一段奏文，對元朝理學官學化的政治心態有很好的說明：

> 學秀才的經學詞賦是兩等，經學的是說修身齊家治國平天下的勾當，詞賦的是吟詩課賦作文字的勾當。自隋唐以來，取人專尙詞賦，人都習學的浮華了。罷去詞賦的言語，前賢也多曾說來。爲這上頭，翰林院、集賢院、禮部先擬德行明經爲本，不用詞賦來。俺如今將律賦省，題詩、小義等都不用，止存留詔誥章表，專立德行明經科。明經內四書五經，以程子、朱晦庵注解爲主，是格物致知修己治人之學。這般取人呵，國家後頭得人材去也。〔註141〕

〔註138〕魏崇武：《封龍、蘇門二山學者與蒙元初期學術與政治》，《中國典籍與文化》2004年第2期。筆者認爲：王惲爲許衡在蘇門的授業弟子，而郝經雖曾從學元好問，但不曾在封龍山，只能勉強算是封龍山一脈。

〔註139〕（元）蘇天爵：《滋溪文稿》卷一四《內丘林先生墓碣銘》，陳高華、孟繁清點校，中華書局，1997年，第223頁。

〔註140〕（元）蘇天爵：《滋溪文稿》卷四《燕南鄉貢進士題名記》，陳高華、孟繁清點校，中華書局，1997年，第46頁。

〔註141〕《通制條格》卷五《學令·科舉》，黃時鑒點校本，浙江古籍出版社，1986年，第69頁。

　　理學作爲官學以後，尤其是科舉制度對理學的認可，廣大知識分子全心傾注於義理之學。自此，以自然科學爲主的實用性學問開始受到衝擊，「出入經傳，泛濫釋、老，下至醫藥、卜筮、諸子百家、兵刑、貨殖、水利、算數之類，靡不研究」〔註142〕的學術追求越行越遠，甚至出現了後來「四書五經」範圍內的八股現象，從而形成了「萬般皆下品，唯有讀書高」的社會認同。總之，蘇門山學者所孜孜追求的理學成爲社會認同的學問，而封龍山學者所倡導的金源文風逐漸淡化，尤其是紫金山學者群體的求實之風隨著元朝統治的穩定而日漸淡化。

　　特別需要指出的是，金元之際的文化傳承中，承金代之餘脈，啓元代之文風，影響最著的當屬東平文人群〔註143〕。東平甚至成爲「『漢地』僅次於燕京的文化中心」〔註144〕。結合金元之交文人的趨向，元代著名文人虞集曾高掉讚揚東平士人群：

> 　　我國家龍興朔方，金源氏將就亡絕，干戈蜂起，生民塗炭，中原豪傑起於齊魯燕趙之間，據（要）害以禦侮，立保障以生聚，以北向於王師。方是時，士大夫各趨所依以自存。若夫禮樂之器、文藝之學、人才所歸，未有過於東魯（東平）者矣。世祖皇帝建元啓祚，政事文學之科彬彬然爲朝廷出者，東魯之人居多焉。典誥之施於朝廷，文檄之行乎軍旅，故實之講乎郊廟，赫然有耀於邦家。〔註145〕

　　這裡所研究的封龍、紫金、蘇門三山學者群體與東平士人群體有著緊密的聯繫。曾在蘇門講學的王磐，紫金山學人力推的邢州官員劉肅，均曾留居東平嚴氏幕府。尤其是封龍山的元好問、李冶二人和東平士人群體的大多數

〔註142〕　（元）耶律有尚：《魯齋遺書・考歲略》，《文淵閣四庫全書》本；《元朝名臣事略》卷八《左丞許文正公》，姚景安點校本，中華書局，1996 年，第 166 頁。

〔註143〕　元代東平地區處於齊、魯、趙、魏諸文化交織地區，蒙古帝國時代，作爲嚴實集團的統治中心，這裡形成北方重要的文化中心。曾引起國內外學者的廣泛關注，主要成果有：陳高華：《大蒙古國時期的東平嚴氏》，《元史論叢》第六輯，中國社會科學出版社，1997 年，第 1～23 頁；孫耀 譯（日）安部健夫：《東平、眞定等處的學風》，《晉陽學刊》1988 年第 2 期；晏選軍：《嚴實父子與金元之交的東平文化》，《般都學刊》2001 年第 4 期；趙忠敏：《金元之際東平文人集群研究》，浙江大學碩士論文，2007 年。

〔註144〕　陳高華：《大蒙古國時期的東平嚴氏》，《元史論叢》第六輯，中國社會科學出版社，1997 年，第 20 頁。

〔註145〕　（元）虞集：《道園學古錄》卷三一《曹文貞公文集序》，四部叢刊本。

類似，均做過亡金官員，他們和東平交往最爲密切，「遺山雖無位柄，亦自知天之所以畀付者爲不輕，故力以斯文爲己任。周流乎齊、魯、燕、趙、晉、魏之間，幾三十年。」〔註146〕

小結

封龍山、紫金山、蘇門山均位於元代直隸省部轄區太行山東麓。蒙元早期，以三山爲陣地，形成旨趣大不相同的三山學者群。三個學者群主要成員分別爲：封龍山，李冶、元好問、張德輝；紫金山，劉秉忠、張文謙、張易、王恂、郭守敬；蘇門山，許衡、姚樞、竇默。他們藉學術而受到蒙古統治者的青睞，成爲蒙元政治舞臺上的漢人勁旅。

封龍山學者群以稱道亡金的孔孟儒學爲旗幟，並借助於詩賦的功底，以委曲求全的心態，延續傳統漢文化，影響了以後眞定元曲作家群。隨著歷史的發展，當劉因私淑弟子安熙開始主持封龍山書院之時，書院文化的核心已非常明顯的表現爲程朱理學。元末安熙門人蘇天爵則以推崇許衡、劉因的性理之學爲宗旨。

紫金山學者群以追求以「術數」爲主的「實學」。在這一學術指導思想下，形成了「占事知來，若合符契」的高超技藝，他們更以適應蒙古「實用主義」文化的「酌古宜今」戰略思想，贏得了忽必烈的信任和賞識，從而成爲忽必烈漢人謀士第一集團。

蘇門山學者群，隨著趙復的北上和竇默的北歸，學術方向由「經傳子史」的傳統孔孟學問轉向「四書小學」程朱理學，姚樞和許衡移居蘇門研習理學，由此，蘇門山成爲當時北方理學傳播中心。由於忽必烈與許衡之間不和諧的合作，蘇門學派的政治地位與紫金山學者群無法相比。然而，隨著張文謙、王恂等人問理於許衡及《授時曆》的密切合作，再加上姚樞、竇默的成就，蘇門山學者群在元代的地位也不可小覷。尤其是其後許衡門人仕至顯宦，理學逐漸成爲官學，許衡從祀廟學，蘇門山的名氣愈發大震。

值得強調的一點是，從歷史發展的長時段而言，由於有綿延的文化傳承，更由於人文因素的支撐，封龍山、蘇門山的文化影響力遠遠超過紫金山，但

〔註146〕 （元）徐世隆：《遺山文集序》，李修生：《全元文》（二）卷六六，江蘇古籍出版社，1999 年，第 388 頁。

恰恰是名不見經傳的紫金山學者群卻摘取了忽必烈時代漢人第一集團的政治殊榮，應該是經世致用邏輯的產物。

　　總之，三山學者所追求的三種主要學術道路，代表了文化發展的不同方向，或表達了對亡金傳統文化的繼承，或展現了蒙古實用主義的賞識，或描繪了南宋文化推陳出新的努力。三山學者群學術發端的差異及其與蒙元政治、社會交融後的學術流變，是我們認知蒙元社會的重要線索。三山學者，再加上和封龍山共同代表詞賦派的東平文人群體，佔據了金元之際文化發展的主導地位。因此，三山學者在某種意義上凸現中原漢文化主流發展趨勢，亦體現直隸省部在文化上的中心地位。

附錄：封龍山名人安熙及安氏家族研究

　　就人文方面而言，地方性格的形成與地方家族及其聲譽的傳播有一定關係。這種關係在傳統中國社會影響更加深遠。故此，從維護社會秩序的角度，許多王朝鼓勵地方家族的發展並且通過表彰方式起到垂範社會秩序的作用。眾所周知，宋元時代，婺州浦江鄭氏家族，「其家十世同居，凡二百四十餘年，一錢尺帛無敢私。至大間表其門。」〔註147〕鄭氏家族還留下了《鄭氏家儀》〔註148〕。元代直隸省部地區沒有類似鄭氏那樣歷時久遠的家族，但是也存在一些具有其地域特點的家族。該地區的南北貫通和蒙古高原近鄰的地理位置成就了許多蒙元帝國戰功累累的軍事家族，如永清史氏、藁城董氏、滿城張氏。同時，還出現了文化傳承鮮明的家族，其中較有名氣當屬眞定（或稱藁城）安氏。這裡主要從安氏家族主要人物生平、安氏家族的思想淵源、安氏家族教育成就及其影響等三個方面，以家族史的視角，展示元代傳統孔孟經傳向程朱性理之學變遷之一斑。

一、安氏家族主要人物生平考略

　　「安氏受姓始於漢，顯於元魏，而行於唐宋，其望則自涼州武威並代諸郡，而蔓延於天下」〔註149〕。藁城安氏家族是金元之際河北移民家族的一個

〔註147〕《元史》卷一九七《孝友一》，中華書局，1976年，第4451～4452頁。
〔註148〕（元）鄭泳：《鄭氏家儀》：續金華叢書，永康胡氏夢選樓1924年刻本。
〔註149〕（元）安熙：《默庵安先生文集》卷四《送安從道序》，《元人文集珍本叢刊》本。

縮影，其祖籍為太原離石，移居河北的始祖是安滔。安熙是元代著名思想家劉因的私淑弟子且聲名最著。安松既是安滔的兒子，又是安熙的父親，並且是這一家族中最為長壽者。這部分主要對安滔、安松、安熙祖孫三代人物的生平加以考述。

1、安滔

安滔（1199～1276），字巨源。因祖籍太原離石，以所居地自號「石峰」。其事蹟見於《默庵安先生文集》卷五《石峰府君行狀》。根據行狀中「孤松狀」，則應為其子安松所撰。大約安熙曾收入自己的《默庵安先生文集》，蘇天爵在編輯《默庵安先生文集》時依舊收入。金代，安氏家族在原籍是世代為儒的官宦之族。安滔曾祖安玠曾任修武縣校尉。祖父安全廣不僅稱富鄉里，而且藏書達幾萬卷之多。父為安昇。儘管祖、父兩代沒有做官，但其家庭狀況優越且文化底蘊較為深厚。再加上安全廣從幼年開始親自培養安滔，由此形成安滔良好的儒家文化根底，「年九歲，以經童登第」〔註150〕。然而，恰在安滔按部就班登舉入仕的道路上奮鬥時，金元之間戰爭爆發。貞祐年間，山西民眾憑藉其有利的地形多沒有跟隨南遷，而是「王師至則藏匿山谷，去則復出。眾庶頗安」。然而，遷都汴京的金朝，設科取士已經把山西排除在外，安滔由此失去科舉機會。1217 年，安滔全家逃避士兵追趕，躲藏於山洞，軍隊用火進逼，除了安滔以外，家族全部被火燒死。當被俘的男女老少將要被蒙古軍隊屠殺時，監軍石抹陳奴聽說抓到一個儒生，馬上馳至，「易以敝服，詭其鄉里，令朝夕從之」，安滔「由是獲免」。這場「舉族皆沒、幸全性命」的變故，對十九歲的安滔影響很大，一定程度上他對「世變擾攘，有非人力所能與者」有更深刻的理解。其行狀中相關記載可以更好的說明這個問題：1258 年回鄉，原有田產盡為族人變賣，因元朝有逃民復業歸產的法律，安滔可以經過官方出面討回自己的家產，但他沒有索要，修完自己的祖墳後即行離開祖居地。1232 年，在真定路藁城縣，石抹陳奴給與安滔田宅並讓他教授其子。1238 年，戊戌選試以詞賦科中選後，「始以聚徒講授為業」。1252 年，蒙古實行「壬子籍戶」，安滔落籍於真定。中統二年（1261），參議中書省事張德輝招致安滔教授諸孫。至元三年（1266），真定路博士推薦安滔協助其管理真定路學事。同年，安滔病故。家人遵照其遺命葬「藁城縣安仁鄉新里之西原」。安滔「以

〔註150〕（元）安熙：《默庵先生文集》卷五《石峰府君行狀》，《元人文集珍本叢刊》本，本段帶引號者均出於此，不再另注。

末世之孤裔，奮焉，爲起家之始祖」，可謂眞定安氏始祖。安滔一生從事教育幾近三十年，「貴游子弟多出其門」。

三子：長子安芝，次子安松，幼子安筠。

2、安松

安松（1228～1322），字恕齋，號神峰道人。因安熙英年早逝，有關安松的史料主要是蘇天爵所撰《安先生墓誌銘》。同其父一樣，安松也是啓蒙於家學，「尊聞行知，聲問偉然。」〔註151〕據其墓誌銘，至元癸未（1283）〔註152〕由名臣薦起家江淮轉運司知事，歷任潛江尉、峽州司獄、江東宣慰司照磨，累遷建寧令，不赴，歸家不再出仕，時年五十餘矣。推薦安松的名臣或爲張德輝，因其時安滔一直爲張德輝諸孫子任教，安滔長子安芝，「嘗爲張公德輝所辟，爲山東行中書省掾」。安松爲吏期間，廉潔奉公，故有「北歸也，惟書籍衣衾而已」。按其年齡五十的時間推測，當於1276年安滔故去，回鄉服喪。後雖除建寧令，而仍未赴任。自此，教授鄉里，從之者弟子多至百人。安松「不爲繳繞章句學，尤善爲詩。溫厚和平，得詩之意。暇則與翰林王公倡酬，有詩若干篇。」〔註153〕按《滋溪文稿》卷十四《焦先生墓表》有「若翰林王文恭公、恕齋安先生咸器重之」語句判斷，此處的翰林王公應指其同鄉王思廉〔註154〕。雖然不再出仕，但安松卻與仕宦交遊密切、互有唱和，「神峰道人，以大德癸卯正月戊午晦，來遊茲岩，觀浮休石刻，長吟坐嘯於飛泉怪石間，飄然若有得也。同行者曲陽令董侯士良、平江路監稅宋鼎、門生王俊民。道人則安某，敬仲父也。」〔註155〕

〔註151〕　（元）蘇天爵：《滋溪文稿》卷一四《安先生墓誌銘》，陳高華、孟繁清點校，中華書局，1997年，第219頁。《畿輔通志》作《安恕齋先生墓誌銘》。安松去世時間，《畿輔通志》作「至正」，應爲「至治」。

〔註152〕　「至元癸未」爲1283年，時安松已經五十六歲，與下文言「五十歲」相左。或爲辛未（1271年）。待考。

〔註153〕　（元）蘇天爵：《滋溪文稿》卷一四《安先生墓誌銘》，陳高華、孟繁清點校，中華書局，1997年，第219頁。

〔註154〕　《元史》卷一六〇《王思廉傳》：「王思廉，字仲常，眞定獲鹿人。……仁宗時以翰林士承旨致仕。卒追封恒山郡公，諡文恭。」《元史》中諡號爲「文恭」的只有王思廉，並且他是眞定獲鹿人，距離蒿城不遠。另據袁桷《眞定安敬仲墓表》（《清容居士集》卷三十）「翰林學士王公思廉以書唁其父，曰：『自敬仲死詎安氏不幸，士林不幸矣』」與蘇天爵《黙庵先生安君行狀》「韓山以書唁恕齋云：『令嗣物故，不惟安氏不幸，吾道之不幸也』」此處爲王思廉無疑。

〔註155〕　（元）安熙：《黙庵安先生文集》卷四《游水竇岩題名》，《元人文集珍本叢刊》本。

3、安熙

安熙（1270～1311），字敬仲，號默庵。其事蹟主要保留在其弟子蘇天爵所撰《滋溪文稿》卷二十二《默庵先生安君行狀》。由於家學深厚，安熙「繦（抱）〔褓〕間已誦孝經。五六歲時侍恕齋膝下，隨目所囑，恕齋出以詩句，皆應口對。甫十歲終日儼然，端坐一室，博考經籍，晝誦夜思，至忘寢食，悉通其大旨。」儘管蘇天爵的誇張成分很多，但也可窺見其好學之一斑。樂於求道的安熙，聞聽保定劉因以理學聞名，欲從其學。以烏叔備爲之先容，劉因允之。將即行身，會劉因病喪。安熙往拜其墓，抄錄其遺書而還，成爲劉因私淑弟子。後聽聞南方有通曉禮樂斯文的宿儒，前往，中途病止。

按蘇天爵所撰行狀，安熙的成名實與陳天祥辯論有關，「其後，陳公果深悔而焚其書，然後學者始服先生談經之精，識見之卓，而於朱子之學爲有功」〔註156〕。這裡需要就陳天祥辯論一事加以說明。陳天祥（1230～1316），字吉甫，號曰緱山先生。《元史》卷一六八有傳。本趙州寧晉人，因兄陳天祐仕河南，徙家洛陽。陳天祥以《論盧世榮姦邪狀》而名聞天下。元初，朱熹所撰《四書集注》傳至北方，正定文化名人王若虛以此爲非，並撰文加以反駁。陳天祥對王若虛的評論加以闡發。其爲燕南廉訪司使於眞定時，示該書與人。按《元史》本傳，陳天祥「至元三十年，授燕南河北道廉訪使。元貞元年，改山東西道廉訪使」，則此事應發生在 1293～1295 年之間。安熙專門針對陳天祥反駁朱熹的論說，進行辯論，撰寫《齋居對問》，蘇天爵的《默庵先生安君行狀》擷取這次辯論中安熙的議論主旨：

> 道之大原出於天，其傳在聖賢。吾夫子既不得君師之位，獨以列聖相傳者筆於經，曾子傳之子思，子思傳之孟子，孟子沒而其傳泯焉。至濂溪夫子，不由師傳，默契道體，建圖著書。二程夫子擴而大之，然後斯道復明。至朱夫子，以爲道之不明由說經者不足以得聖賢之意，於是竭其精力，作爲傳注，以著明之，至於一字未安、一詞未備，必沉潛反覆，以求至當而後已。故章旨字義，莫不理明詞順，易知易行，所以妙得古人本旨於數千載之上。其關於天命之微，人心之奧，可謂極深研幾發其旨趣而無所遺矣。獨以世衰道微，

〔註156〕 （元）蘇天爵：《滋溪文稿》卷二二《默庵先生安君行狀》，陳高華、孟繁清點校，中華書局，1997 年，第 364 頁。

俗生鄙儒，膠於見聞，安於陋習，於朱子之說多不得其旨意而妄疑之，甚或不能知其句讀，於其生平爲學始終之致，及所論著，多未之見，故其所說掣肘矛盾，支離淺迫，殊不近聖賢氣象。原其本意，蓋欲藉是以取名，率然立論，曾不知其爲害之甚也。使其年益高，於天下之理玩之益熟，必當茫然悔其平日之爲，而火之矣。〔註157〕

儘管安熙對陳天祥的大力貶斥，稱其爲「鄙儒」「籍是以取名」，並且蘇天爵以「其後陳公果深悔而焚其書」〔註158〕作爲二者爭論的最終結局。然而，四庫館臣對此不以爲然，在《四書辯疑》目錄之後，特作如下說明：

謹按：《四書辯疑》十五卷，舊刻不著作者、時代、姓氏。書中稱：自宋氏播遷江表、南北分隔，才百五六十年，經書文字已有不同。則元初人所撰矣。蘇天爵《安熙行狀》云：國初有傳朱子四書集注至北方者，滹南王公雅以辨博自負，爲說非之。趙郡陳氏獨喜其說，增多至若干言。是書多引滹南王若虛說。殆寧晉陳天祥書也。朱彝尊《經義考》曰：《四書辯疑》元人凡有四家：雲峰胡氏、偃師陳氏、黃岩陳成甫氏、孟長文氏。成甫長文並浙人雲峰一宗朱子其爲。偃師陳氏之書無疑所說當矣。其曰偃師者，《元史》稱天祥因兄祐仕河南，自寧晉徙家洛陽，嘗居偃師南山故也。天爵又謂安熙爲書以辨之。其後天祥深悔而焚其書。今此本具存，其毀之不盡歟？或天爵欲張大其師學，所言未足據也。今觀其書大意，主於闕疑，而不貴穿鑿。故其所列三百餘條皆平心剖析，實非有意立異規。爲門戶之爭者，齊、魯、毛、韓四詩並存，左氏、公、穀三傳兼列。古人說經，雖各有專門，授受而通儒博考正。未嘗暖暖姝姝守一先生之言，各尊其所聞，各行其所知。朱子亦嘗言之矣。是編固不妨與集注並存也。

從四庫館臣的最終「與集注並存」的處理結果看，蘇天爵確實有拔高乃師「張大其師學」的可能。

從教之外，「凡當世名公巨儒經過宦遊於眞定者，請問無虛日。先生各隨

〔註157〕（元）蘇天爵：《滋溪文稿》卷二二《黙庵先生安君行狀》，陳高華、孟繁清點校，中華書局，1997年，第363～364頁。

〔註158〕另：袁桷《清容居士集》卷三〇《眞定安敬仲墓表》「君設《對問》以辨，後，作者悔而焚其書左氏浮誕不合經者」。袁桷所言或引自蘇天爵所撰行狀。

所問而告之，莫不虛往實歸。」〔註159〕除了門生蘇天爵以外，我們還可以考出與安熙關係密切的幾個人物。

烏沖（1264～1315），字叔備，汴梁人。丁亥（1287）年，時年已二十四歲的烏叔備從劉因學〔註160〕，「以公卿之子，素習富貴，冠服車騎，鮮明華好。既贄見，歸三日不返。諸生皆曰：『是豈眞實爲學者歟』。翼日，君博帶褒衣，執經趨席，刮磨豪習，凜若寒士。諸生嘖嘖驚歎，劉公亦甚喜之」〔註161〕。劉因所著《丁亥集》寓意深遠，烏叔備爲之作注，可見其功力。仁宗時，大力倡導儒學，或有推舉烏叔備從事國子監教學，然恰在這時，因病故去。安熙曾言「予少與白霄烏君叔備友，講論從容，無日不相從也。歲丁亥，叔備始從容城劉先生受學。凡所授精微之言，某亦得與聞其一二。由是始慨然有志於正學，而不迷於所向者，皆自先生之語發之也。自此益相親厚，每一來所聞必益超絕。蓋欲相率同門，以卒此業者，於今七年矣。不幸未能得遂，叔備南去，煢煢獨立，頹惰無成」〔註162〕。烏叔備父親烏禔任職眞定時，他們就「無日不相從」，丁亥年（1287），烏叔備前往榮城從學劉因。回家與安熙論說劉因的「精微之言」，引起安熙的興趣。然恰在此時，劉因故去。烏叔備也隨父南下彰德。由此可知，安熙之於劉因的私淑弟子，實源於烏叔備。另有安熙《與烏叔備書》兩篇（《默庵安先生文集》卷三）。第一封信主要表達自己以後的方向「而今而後惟有一意問學，親賢取友，勉力孳孳，死而後已。庶可上不負先生私淑之教，中不負朋友期望之心，下不負某愚勉力大業之初志也」，並聯繫祭奠劉因事宜。第二封信就烏叔備核對劉因所著《易說精要》《丁亥集》等遺著出現的問題進行探討。

王思廉，字仲常，眞定獲鹿人。前述封龍書院曾有過論述。至元中累官翰林待制，「每侍讀，帝命御史大夫玉速帖木兒、太師月赤察兒、御史中丞撒里蠻、翰林學士承旨掇立察等，咸聽受焉」〔註163〕。仁宗時以翰林士承旨致

〔註159〕（元）蘇天爵：《滋溪文稿》卷二二《默庵先生安君行狀》，陳高華、孟繁清點校，中華書局，1997年，第364頁。

〔註160〕蘇天爵撰其《墓碑銘》言「君年出二十」，按下文所引安熙《記齋名》「丁亥年」，推算烏叔備時年二十四歲。蘇天爵又言：「劉公嘗集己所爲詩百餘篇，表年以命之曰《丁亥集》。」此集爲烏叔備作注，或與此有關。

〔註161〕（元）蘇天爵：《滋溪文稿》卷一四《故處士贈秘書監秘書郎烏君墓碑銘》，陳高華、孟繁清點校，中華書局，1997年，第224頁。

〔註162〕（元）安熙：《默庵安先生文集》卷三《記齋名》，《元人文集珍本叢刊》本。

〔註163〕《元史》卷一六○《程思廉傳》，中華書局，1976年，第3765頁。

仕。卒追封恒山郡公，諡文恭。王思廉與安熙父子關係從密。儘管以文章聞名於元朝中期，仍「視先生父行也，凡有制作必見示焉」〔註164〕。安熙故去以後，王思廉對其評價爲：「敬仲死，詎安氏不幸，士林不幸矣」。〔註165〕

　　王結（1275～1336），字儀伯，易州定興人。元代中期著名士人，官至參知政事，曾和虞集主持經筵事。安熙《與烏叔備書》「去歲又得一王儀伯，年二十五六，曾從董宗道（董樸）受四書詩書傳，好學不倦。作文字亦可觀。歲一至山中，時來晤語也」。王結和安熙互有唱和。王結寫有《登開元寺塔呈同遊遂初敬仲二友》（《文忠集》卷二），此處敬仲即爲安熙。

　　安熙受約當朝仕宦，延於家塾，教授官宦子弟及周圍鄉人。然不幸於至大四年（1311）五月十五日病卒，年僅四十二，與其師劉因同遭「早卒」境遇。正如虞集所言「靜修既不見朱子，而敬仲又不獲親於靜修。二君子者皆未中壽而卒。豈非天乎」〔註166〕。其弟子蘇天爵對乃師有極高的評價：「昔者靖康之變，中原文獻悉輦而南，金有國百年，士之爲學不過記誦詞章而已，其於性命道德之文何有哉，矧貞祐衰亂之餘乎！賴有一二儒家傳其遺業，俾吾道不絕如線，若先生之家是也。先生天資之美，力學之篤，使天假以年，益充其所學，則著書立言開示學者，豈止於是而已耶！」〔註167〕

　　三子：堅、垣、墉。

4、安氏家族其他人物

　　關於安氏家族其他人物，依次羅列於下：

　　安芝，安熙伯父，以元初名臣張德輝薦，爲山東行中書省掾〔註168〕。後辟河東轉運使僉事〔註169〕。

　　安筠（1232～1296），字庭實，爲安熙叔父。安熙曾爲之撰寫《故承事郎

〔註164〕（元）蘇天爵：《滋溪文稿》卷二二《默庵先生安君行狀》，陳高華、孟繁清點校，中華書局，1997年，第364頁。
〔註165〕（元）袁桷：《清容居士集》卷三○《眞定安敬仲墓表》，四部叢刊本。
〔註166〕（元）虞集：《道園學古錄》卷六《安敬仲文集序》，四部叢刊本。
〔註167〕（元）蘇天爵：《滋溪文稿》卷二二《默安先生安君行狀》，陳高華、孟繁清點校，中華書局，1997年，第365頁。
〔註168〕（元）安松：《石峰府君行狀》，安熙《默庵先生文集》卷五，《元人文集珍本叢刊》本。
〔註169〕嘉靖《藁城縣志》《眞定府志》，轉引自：王德毅、李榮村、潘柏澄等：《元人傳記資料索引》，臺灣新文豐出版公司，1979年，第295頁。

同知綿州事安公墓誌》(《默庵安先生文集》卷五)。以御史中丞史彬薦,除河南、山西提刑按察司知事,累遷陝西憲司經歷,居憲司幕職近二十年,後改綿州同知。與程思廉、姚天福有私交。據其墓誌:「其佐河東也。先祖墳墓田宅皆在屬邑。兵亂以來,田宅盡爲他人所有,墳墓亦荒廢,久不復知其處。公(安筠)訪求故老舊族,始得之,皆爲增築墓垣,刻曾祖而下宗支於石。祖考妣墓嘗爲山水所圯,復改葬之」。

安煦,字和仲。熙弟。累辟不起。

二、安氏家族思想傳承與變遷:以《齋居對問》爲主

金、宋對峙時期,「金蹂宋踰南,兩帝並立,廢道德性命之說,以辯博長雄爲詞章,發揚稱述,率皆誕漫叢雜,理偏而氣豪。南北崇尚,幾何所分別。」〔註170〕伴隨著蒙古滅金、亡宋,南北統一步伐的延伸,南學北上,北方士人由對文學詞章的尊崇變爲推重程朱理學,並在其後產生政治、文化、社會等方面的諸多變遷。「昔我國家初有中夏,士踵宋金餘習,以記誦詞章相誇尚。許文正公始以孔、孟之書,程、朱之訓,倡明斯道,一時師友講習若河、汾、伊、洛之盛,劉文靖公繼之,士皆知趨正學,不爲異術他岐所惑。文正公被遇世祖,徵居相位,典教成均,而門人貴遊往往仕至顯官。文靖公既出即歸,學者多窮而在下,傳其師說,私淑諸人。兩公之門雖出處窮達有所不同,其明道術以正人心,蓋未始不一也。然而宦達者聲名顯而彰,隱處者其德業或堙晦而無聞於世」〔註171〕。安氏家族家學深厚,世代教授鄉里,是這一文化變遷的重要代表。正如前述,「昔者靖康之變,中原文獻悉輦而南,金有國百年,士之爲學不過記誦詞章而已,其於性命道德之文何有哉,矧貞祐衰亂之餘乎!賴有一二儒家傳其遺業,俾吾道不絕如線,若先生之家是也。」〔註172〕由此,安氏家族可以作爲一個窗口,能夠深入認知元代北方社會思想變遷。這裡主要文本是安熙的《齋居對問》。而對缺乏文本記載的安滔、安松,通過同時代人物行爲比較,認識他們的思想性。

〔註170〕 (元)袁桷:《清容居士集》卷三〇《眞定安敬仲墓表》,四部叢刊本。
〔註171〕 (元)蘇天爵:《滋溪文稿》卷一四《內丘林先生墓碣銘》,陳高華、孟繁清點校,中華書局,1997年,第223頁。
〔註172〕 (元)蘇天爵:《滋溪文稿》卷二二《默庵先生安君行狀》,陳高華、孟繁清點校,中華書局,1997年,第365頁。

1、安滔、安松的思想傾向

金朝末年，「世爲儒家……所蓄書幾萬卷」的安全廣，親自教授孫子安滔，助其取得「九歲以經童登第」〔註173〕的卓越成就。因金朝滅亡，安滔未能躋身金朝詞賦舉人，但在「戊戌選試」脫穎而出，中選詞賦科。大約由於受金朝末年共同的文化薰陶，安滔與同時中選的許衡、劉德淵應有比較類似的行事準則。關於許衡，學界論述極多，茲不贅述。劉德淵，字道濟，襄國中丘（今河北省內丘縣）人。其與郝經、許衡等交情深厚〔註174〕，「性癖直，有操守，好學能自刻厲。……非禮義不妄言動。一介不取於人。朋友死雖千里遠，徒步必至。……於己私而不置也」〔註175〕。對於當時「道之不行」，這些儒士以「誦書、學道、修身、立志」〔註176〕爲奮鬥目標。對於安滔而言，其誦書、修身的特色也比較鮮明，「讀書務躬行，不徒事章句。晚而學易，嗜伊川、程先生傳讀之，未嘗去手。……不以聲利榮達爲事，澹若無求於世，得喪欣戚，鮮能動其心。……君但訓敕諸子，晦跡讀書，不求祿仕，優游自樂，以終其身。嘗語諸子曰：寧人欺己，勿己欺人，可也。」〔註177〕在這一思想觀指導下行事的安滔，得到時人由衷地稱讚，正如其挽言「君之爲人，明而不察，簡而能肅，犯而不校。……隱不違親，貞不絕俗，樂天知命君子云」。〔註178〕「棄奴不追」「歸鄉不取」等都是其修身的具體行爲。

安松「少學於家庭，尊聞行知，聲問偉然」。受其父的思想教導影響，棄官北歸的安松「惟書籍衣衾而已」，其刻苦學問之意昭然。安松「講解明白，

〔註173〕（元）安松：《石峰府君行狀》，安熙《默庵集》卷五，《元人文集珍本叢刊》本。

〔註174〕（元）郝經：《陵川集》卷三○《送常山劉道濟序》《再送常山劉道濟序》，《北京圖書館古籍珍本叢刊》本。前文認爲「道之不行也，謂佛老小人之相害也。由君子之自不行耳」。後文：「所以誦書、學道、修身、立志者，乃有所試也。……若道濟者，其誼高學之正器之遠以大，又非余輩之可企也。所謂昌揭之士也。其興明盛之功也，必矣。於其行序而勉之。」關於許衡，「每道邢，必式閭致恭而去」（王惲《故卓行劉先生墓表》）。

〔註175〕（元）王惲：《秋澗先生大全集》卷六一《故卓行劉先生墓表》，《元人文集珍本叢刊》本。

〔註176〕（元）郝經：《陵川集》卷三○《再送常山劉道濟序》，《北京圖書館古籍珍本叢刊》本。

〔註177〕（元）安松：《石峰府君行狀》，《默庵集》卷五，《元人文集珍本叢刊》本。

〔註178〕（元）安松：《石峰府君行狀》，《默庵集》卷五，《元人文集珍本叢刊》本。

不爲繳繞章句學。尤善爲詩。……晚歲充養完粹，毀譽歡戚無少介意，不復仕、終其身。嗚呼，位雖卑而名愈隆，年益高而德彌邵，若先生者，可謂廉退老成君子矣……道周於身，化洽於鄉」。〔註179〕從安松的教學內容和性格品行分析，或許其在踐行道學。

2、安熙的思想

安氏家族中思想變遷最爲顯著者當屬安熙。同乃祖、乃父一樣，安熙幼年受學於家教，即所謂「在繈（抱）〔褓〕間，已誦《孝經》。五六歲時侍恕齋膝下，隨目所矚，恕齋出以詩句，皆應口對。甫十歲，終日儼然端坐一室，博考經籍，晝誦夜思，至忘寢食，悉通其大旨。成童慨然有志於求道」。〔註180〕由此可知，在家學的薰陶下，安熙依舊受學於《孝經》等傳統經籍。而所謂「慨然有志於求道」則主要是得益於好友烏叔備的引導，而烏叔備於丁亥年（1287）始從學劉因。七年之後的 1294 年，安熙有志於從學劉因，儘管劉因也予以答應，但不久即去世。後安熙遂以劉因「私淑」弟子自居。〔註181〕關於安熙的學問，蘇天爵作如下評述：

> 其學，一以聖賢爲師。尤深於《六經》《語》《孟》，嘗病近世治《春秋》者第知讀《左氏》，不考正經，因節《左氏》傳文議論敘事始末，依仿《通鑒綱目》，作小字分注經文之下，以類相從，凡《左氏》浮誇乖戾之語悉去之。秦、漢以來大儒先生之言及諸家之說可取者附注其後，庶觀《春秋》者以考傳，讀《左氏》者亦知有經。其大旨一以程、朱爲本，以求聖人之意絕筆於莊公之十二年。爲文章以理爲主，皆有爲而作。詩學淵明、晦翁，第以吟詠性情，陶寫造化而已。有《默庵文集》十卷，其他《詩傳精要》《續皇極經世書》《四書精要考異》《丁亥詩注》，以未脫稿藏於家。〔註182〕

〔註179〕（元）蘇天爵：《滋溪文稿》卷一四《安先生墓誌銘》，陳高華、孟繁清點校，中華書局，1997 年，第 219 頁。

〔註180〕（元）蘇天爵：《滋溪文稿》卷二二《默庵先生安君行狀》，陳高華、孟繁清點校，中華書局，1997 年，第 362 頁。

〔註181〕按：安熙所言「蓋欲相率同門，以卒此業者，於今七年矣。」則知自烏叔備丁亥年從學劉因伊始，已經「成童」的安熙始欲從劉因，奈何七年之後才有所謂「劉因允之」，甚難理解，此點待考。

〔註182〕（元）蘇天爵：《滋溪文稿》卷二二《默庵先生安君行狀》，陳高華、孟繁清點校，中華書局，1997 年，第 365 頁。

安熙的理學思想主要體現在其所撰《默庵集》卷三《齋居對問》。《齋居對問》主要是針對陳天祥而撰寫的自問自答體文本。共分五個問題、五個答語，爲更好剖析，茲做如下分解：

1、或有問於余者曰：子之爲學，其亦有以異於人乎？何其踽踽涼涼獨立而無徒也。

余應之曰：余自趨庭，日以誦讀六經與夫孔孟之遺書爲事。幸而私淑於師友，而與有聞焉〔註183〕。乃知用力於周程夫子以及朱夫子，所以繼往聖開來學之書，亦將以求夫千載不傳之傳者。以治吾心而修吾身焉，沒而已矣，又何暇他求爲哉。

按：開篇談論自己治學由「誦讀六經與夫孔孟之遺書」傳統經學向「周程夫子以及朱夫子」道學轉變，並強調目的是「繼往聖開來學之書，亦將以求夫千載不傳之傳者。以治吾心而修吾身」，以至於成爲「踽踽涼涼獨立而無徒」之輩。

2、或曰：然則子之所學，其世之所謂道學者耶。

余曰：固然也。道之大，原出於天。其傳在聖賢。伏羲、神農、黃帝之所以繼天立極，堯、舜、禹之所以更相授受，成湯、文、武、皋、陶、伊、傅之所以爲君爲臣，皆此道也。吾夫子既不得君師之位，以行之，獨以列聖之所以相傳者，筆之於經，將以傳萬世，曾子傳之子思，子思傳之孟子，孟子沒而其傳泯矣。自是以來千載餘之間，士子溺於記誦、訓詁、詞章之習，以希名射利，不復知有聖人之學，而又有異端之邪說以間之。不有眞儒者出，孰能有以明斯道於既晦，而振百代之沉迷乎。是以濂溪夫子不由師傳，默契道體，建圖而著書。二程夫子，見而知之，擴而大之，然後斯道復明於當世。至朱夫子，則求其所以用力於喜怒哀樂之未發者，而得乎所謂天下之大本，與夫古昔聖賢相傳之心。是以有以集周程三夫子之大成，而折衷之，而道以大明。既又以爲道之所以不明，由說經者之不足，以得聖賢之意。於是竭其精力以研，窮聖賢之經訓，作爲傳注，以著明之。至於一字未安、一詞未備，亦必沉潛反覆，或達旦

〔註183〕　（元）安熙《默庵安先生文集》卷三《記齋名》「歲丁亥，叔備始從容城劉先生受學。凡所授精微之言，某亦得與聞其一二。由是，始慨然有志於正學，而不迷於所向者，皆自先生之語發之也。」

不寐，或累日不倦，必求至當而後已。故章旨字義，至微至細，莫不理明詞順，易知易行，所以妙得古人本旨於數千載之上。使讀而味之者，如親見聖賢而面命之。其關於天命之微、人心之奧，入德之門、造道之閫者，可謂極深研幾，探賾索隱，發其旨趣而無所遺矣。至語學者入道之序，則又使之先讀大學，以立其規模，次及語孟，以盡其蘊奧，而後會其歸於中庸，尺度權衡之既定。由是以窮諸經，訂群史以及百代之書，則將無理之不可精、無事之不可處矣。此朱夫子之所以繼往聖開來學，而大有功於後世，獨以世衰道微，知德者鮮，俗生鄙儒，膠於見聞，安於陋習，是以不能有以與於此，而目之為邪說者也。

按：本段主旨陳述道學源本：上託伏羲、神農、黃帝、堯、舜、禹、成湯、文、武、皋陶、伊傅等君君臣臣心口相傳和孔子、曾子、子思、孟子錄之於經。孟子之後，無以為繼千餘年。宋代周敦頤、二程使得道學又見天日，最後朱熹竭精殫慮，成就繼往開來之學。

3、或曰：子之說誠美矣。然世之名卿，有自以文章為得計而謂不害兼通乎？道學者，又有自以為真得聖賢之意而謂朱子解經流於詖淫邪遁異端之說，惑世誤人而不自知著，為成書以辨之者，是皆學者靡然，向之此。又何耶？

余曰：皆非也。為前之說者，其害淺而小。為後之說者，其害深而大。彼自以文章為得計，而謂不害兼通乎。道學者，其意但出於恐知道者之議，已而，為是說以文之耳。其自以為真得聖賢之意，而輕視前賢，妄肆詆排，庸俗鄙陋，淺薄不經，而高談大論，旁若無人，藉是以濟其私，而為欺世取名之計。學者方以小聞淺識，未知所向，乃並與其心術而壞之，則其為害豈淺鮮哉。此予之所以日夕深懼，而莫知所以救之者，而子尚以是而為疑耶。

按：針對當時學界的兩種情況給與批判：一為自認已得聖賢之意而撰文述之，一為自認已得聖賢本意並認為「朱子解經流於詖淫邪遁異端之說」。後一種情況應為指責王若虛、陳天祥等人帶給道學的巨大危害，此二人推崇「蘇學」之類的詞章之學。

4、或曰：國朝自元統以來，大儒先生以此道相繼而為天下倡。或達而在上，以致君而行之。或窮而在下，以推明前聖後賢之意，

以淑諸人，以傳諸後，砥柱屹然，壁立萬仞者。今子以眇然之身，而區區焉。以是爲學，其不起謗議，而害身也，幾希矣。子其亦以是而思之乎。

余曰：不然。夫道固不以窮達而有加損。而人亦不以窮達賢愚而有異也。是其所以親承其心，授精微之旨而羽翼斯文者，其傳固有在矣。但人之爲學，則皆當以是爲的而求之，庶無差失，而可以造夫道之極致。是又安得顧世俗之譏議，畏迂儒之曲說，屈己徇物，顛倒迷惑，而昧於所從哉。

按：本段列舉元朝以來兩類大儒，一爲「達而在上，以致君而行之」（當指許衡）；一爲「窮而在下，以推明前聖後賢之意，以淑諸人，以傳諸後」（當指劉因）。安熙作爲一介凡夫反駁陳天祥的論說，勢必會招致有害於己。爲「造夫道之極致」，不會因爲「世俗之譏議、迂儒之曲說」而「昧於所從」。

5、或曰：彼之所疑，蓋必有以真見其失，而後爲之辨也。且子既不之許，曷不揚言於眾，以明曉之乎？

余曰：彼之爲學，我知之矣。蓋嘗得其書而讀之。見其於朱子之說多有不得旨意而妄疑之者，甚或不能知其句讀語脈之所在，而遂疑其平生爲學，始終之致，及其所論著，或未之見，故其所論掣肘矛盾，支離淺迫，殊不近聖賢氣象。以此推之，則朱子之語脈旨意尚不能知，又安能指其罅隙，而非議之也哉。原其本意，蓋欲藉是以取名，而率然立論，曾不知其爲害之甚也。使其年益高，而於天下之理玩之益熟，一旦幡然，盡棄其學而學焉，則吾知其必當憤然悔其前日之爲而火之矣。況君子之學，赤反經而已，固不當屑屑然輕與之角勝負於一日之間也。至於甚不得已而不能不辨焉，則亦有所不得而辭者矣。或者唯唯而退。時余方欲爲之剖其疑，而折其辨，以發明朱子所傳之微意，因悉次其語，以自警云。至元甲午臘月丁亥書於遠遊齋。

按：本段是辯論的中心。安熙從陳天祥因「不能知其句讀語脈之所在」而對朱熹學說理解偏差的角度出發，認爲陳天祥「藉是以取名」，並指出其以後會認識到自己的錯誤，甚至「火之」錯誤的著述。另外還陳述自己不得不辯的理由及辯論的手段。

縱覽《齋居對問》，安熙立足於自身的學習心得和道學思想演變，結合當時學界的學風和道學者們「造道之極致」，大力批駁陳天祥的立論。我們從字裏行間能夠感知：安熙對道學理念的刻意信奉和執著傳承。

上述文本之外，安熙所撰《慎獨箴》（《默庵集》卷四）也是其思想內涵的重要載體：「可尊者德，可畏者天，無處不有，無時不然。念慮之發，必有其幾，勿隱其隱，勿微乎微，從事於斯，是曰慎獨。自此精之，萬物並育。毫髮有間，天理弗存，利欲紛挐，厥心則昏。嗚呼戒哉，敬作此箴，書諸座隅，以警其心。」

安熙在內心反省道學思想的同時，還通過實際行動表達其道學精神，即「窮理盡性，循循有序，發軔聖途，以存諸心，以行諸己。以及於物，以化於鄉」〔註184〕，其最顯著的事件就是至大三年（1310）「考家禮為祠堂〔註185〕，以奉四世邑人，化之教人也。」〔註186〕安熙修建祠堂敬奉先人的行動，後繼有人。安熙故去之後，其門人蘇天爵修書於李士興，修建鄉先生祠堂，自安滔、安松，以至於安熙，均有其位。

三、安氏家族教育成就

為使民養成「出入有教，動靜有養」〔註187〕的良好風氣，歷代統治者多重視教育，有所謂「風俗，國家之元氣。學校，王政之大本」〔註188〕的認識。元朝統治者當然也在這一方面傾注精力。元代的學校除了國子監、路學、縣學等官辦學校以外，尚有大量的私學〔註189〕存在。類似眞定安氏家族「一家

〔註184〕　（元）安熙：《默庵安先生文集》卷四《封龍書院釋菜先聖文》，《元人文集珍本叢刊》本。

〔註185〕　按：《默庵安先生文集》卷四《建祠堂奉遷祖考文》「顯考石峰府君」，《神主入祠堂致告文》「先兄進士府君……中年隕世」「男熙」等語句判斷，則此兩文均為安松所撰。

〔註186〕　（元）袁桷：《清容居士集》卷三○《眞定安敬仲墓表》，四部叢刊本。另：蘇天爵所撰《默庵先生安君行狀》「建祠堂以奉四世神主，冠昏喪祭。一遵文公禮書。本之以愛敬明講而熟習，合宜而應節。鄉人觀感而化者居多。」可以看出其對朱熹（即「文公」）的推崇。

〔註187〕　（元）元好問：《遺山集》卷三二《令旨重修眞定廟學記》，四部叢刊本。

〔註188〕　（元）元好問：《遺山集》卷三二《令旨重修眞定廟學記》，四部叢刊本。

〔註189〕　關於元代中原地區私學，劉暢《元代中原地區私學探微》（《湖北教育學院學報》2006年第9期）曾對其興盛原因、辦學形式、教學和管理等方面加以研究。

父子兄弟自爲師友」〔註190〕且祖孫三代「授徒於家」〔註191〕的私學盛況，並不多見。在河北文化重鎮眞定，安氏家族「抑自先民石峰、恕齋兩先生，以學淑其鄉，蓋三世百餘年於茲矣」〔註192〕。另外，在理學北傳的過程中，無論是官學教育，還是私學教育，都是促成元代中期理學成就的重要介質。在河北地區的理學傳播過程中，安氏祖孫（尤其是安熙）居家授徒的私學，更是成爲這一方面的代表。這一部分通過對安氏家族教育成就的研究，探索元代河北地區的教育狀況，並兼論理學傳播。

1、安熙家族的教育經歷

安滔祖父安全廣蓄書幾萬卷，躬爲訓授其孫，此爲我們資料所見安氏家族最早的家塾教育記載。1232 年，安滔「至眞定之藁城，陳奴與之田宅使定居，而教其子焉」〔註193〕。定居眞定伊始，以坐身石抹氏家館〔註194〕的形式，安滔始以教育爲「治生」〔註195〕之本，此爲安氏家族在河北地區開展教育活動的肇始。1238 年，安滔中選詞賦科，「始以聚徒講授爲業」，由此開始居家授徒。中統二年（1261），安滔受聘於元初名臣張德輝，教授其孫。由於安滔的才能和名氣，「至元三年（1266），郡博士遂舉君貳其學事」。然不久即去世。關於安滔的教人方法和教學內容，其子安松記其「嚴以有禮，恂恂愷悌，得師之道。終日娓娓無倦色。少明於經學，其授讀率皆口誦焉。有生徒習舉業者，在席之久，必辭之曰：吾不經場屋，汝當別求先進而師之可也」。由於其教學有方，成就顯著，「貴游子弟，多出其門。」〔註196〕安滔之後，其子安松接替安滔的教育事業，「教授於家，嚴條要，以身先之。弟子從者多至百人。

〔註190〕　（元）蘇天爵：《滋溪文稿》卷二二《黙庵先生安君行狀》，陳高華、孟繁清點校，中華書局，1997 年，第 365 頁。

〔註191〕　（元）蘇天爵：《滋溪文稿》卷四《志學齋記》，陳高華、孟繁清點校，中華書局，1997 年，第 49 頁。

〔註192〕　（元）歐陽玄：《圭齋文集》卷五《安先生祠堂記》，四部叢刊本。

〔註193〕　（元）安松：《石峰府君行狀》，《黙庵集》卷五，《元人文集珍本叢刊》本。本段未注明的均出處於此。

〔註194〕　劉暢《元代中原地區私學探微》（《湖北教育學院學報》2006 年第 9 期）把元代的私學分爲以下幾種形式：「貴族家館、民間家塾和私塾、名儒傳授、義學和義塾、家傳等」。

〔註195〕　（元）許衡：《魯齋遺書》卷一三《國學事蹟》記載許衡言論：「爲學者，治生最爲先務。苟生理不足，則於爲學之道，有所妨」。

〔註196〕　（元）蘇天爵：《滋溪文稿》卷二二《黙庵先生安君行狀》，陳高華、孟繁清點校，中華書局，1997 年，第 362 頁。

動作悉有規矩，講解明白，不爲繳繞章句。」〔註197〕此時的教學規模已經「多
至百人」，其教學內容也悄然發生改變，「不爲繳繞章句」，已經開始出現向理
學轉化的傾向。

安熙作爲安氏家族教育集大成者，其教育成就大大超越其祖、其父，這
表現在不僅僅是教學方法、方式上的改進，更主要是的教學內容和培養人才
方面。安熙在傳承理學方面產生重要影響，「所貴乎處士者，能以一己之所守，
爲一國之所慕。雖當世英君誼辟，操其總攬豪傑、包舉宇內之柄，一旦遇夫
爵祿慶賞所不可致之人。於是，怡然企乎先王道德之懿，眞有貴於己之所負
挾者，而後上之趣向定，下之習俗成，斯人者功下韓、孟哉？」〔註198〕這裡
所言「上之趣向定，下之習俗成」的效果，雖有誇大之嫌，然一定程度上顯
示安熙的傳承作用。安熙講解經典細緻入微，並且要求學生從日常生活規範
實踐自己的學行。正如袁桷所言：「持敬爲本，解經必毫縷以析，果知之，必
驗其所行。弟子相從者，常百餘人，出入閭巷，佩矩帶規，知其爲君之弟子。」
〔註199〕當然，對於安熙的教學成就，其門生蘇天爵有詳細描述：

> 先生之教人也，師道卓然，科條纖悉，皆有法度。入學以居敬
> 爲本，讀書以經術爲先。其講說也毫分縷析，融會貫通。俾學者如
> 親聞聖賢之言，心開目明，釋然無疑。是時弟子去來者常至百人，
> 出入周旋，咸有規矩，望之，知其爲安氏弟子。其間，各以所學，
> 分教他邦，仕爲名卿才大夫者，不可勝紀。凡當世名公、巨儒，經
> 過宦遊於眞定者，請問無虛日。先生各隨所問而告之，莫不虛往實
> 歸。苟有饋遺而義不可受者，輒謝却之。〔註200〕

同其祖父相似，安熙也曾授業於官僚家塾，「故憲使中山王公、侍儀趙君
〔註201〕，以禮幣延於家塾，俾教諸子以及鄉人願學者」〔註202〕。另外，安熙

〔註197〕 （元）蘇天爵：《滋溪文稿》卷一四《安先生墓誌銘》，陳高華、孟繁清點校，
中華書局，1997年，第219頁。

〔註198〕 （元）歐陽玄：《圭齋文集》卷五《安先生祠堂記》，四部叢刊本。

〔註199〕 （元）袁桷：《清容居士集》卷三〇《眞定安敬仲墓表》，四部叢刊本。

〔註200〕 （元）蘇天爵：《滋溪文稿》卷二二《默庵先生安君行狀》，陳高華、孟繁清點
校，中華書局，1997年，第364頁。

〔註201〕 「憲使中山王公」可能爲王仁，蘇天爵《滋溪文稿》卷二十三《元故資政大夫
中書左丞知經筵事王公行狀》（陳高華、孟繁清點校，中華書局，1997年，
第383頁）有言「故憲使王公仁見而異之曰：公輔器也」，而此時的王結正家
居中山。「侍儀趙君」可能爲趙秉溫，趙秉溫跟隨劉秉忠、許衡創制朝儀，一

帶領學生到封龍山書院進行教學活動，「三月旦望，必帥諸生謁拜先聖祠下。暇日，則杖策登覽，攀危履險，以窮全山之勝」〔註203〕。安熙親自撰寫的《封龍書院釋菜先聖文》和《釋菜告李學士祠文》均見於《默庵安先生文集》卷四。

為促使居家教學，自安滔伊始，安氏家族就注意收藏書籍，名藏書之所曰「尊經堂」。時人稱道尊經堂：「六籍鳳峙，疇非雌伏。安父之嗣，伯仲叔季，稺子齠孫，繩繩繼繼。」〔註204〕尊經堂不僅惠及本族子孫，而且「採擷芳華，厭滿膏澤，有餘則推之以及其鄉之人焉。」〔註205〕柳貫為之賦詩頌之〔註206〕。

2、安熙後學人物

安氏家族的教育成就當然主要體現在人才的培養方面，然而由於資料所限，安滔、安松所培養的人才除後人安熙外，難以考證。茲僅以安熙培養的幾個人物為例淺析之。

楊俊民（1298～？），字士傑，眞定人。至順元年（1330）登進士第，歷任應奉翰林文字承事郎同知制誥兼國史院編修官〔註207〕、兵部員外郎〔註208〕、監察御史〔註209〕、國子司業〔註210〕、國子祭酒〔註211〕、集賢

直任職侍儀司，並且自其父趙瑨以來占籍中山。中山與薰城路途頗近，由王仁和趙秉溫共同出面邀請安熙至中山教授二位官宦家族子弟，比較符合情理。
〔註202〕（元）蘇天爵：《滋溪文稿》卷二二《默庵先生安君行狀》，陳高華、孟繁清點校，中華書局，1997年，第364頁。
〔註203〕（元）安熙：《默庵安先生文集》卷一《〈封龍十詠〉序》，《元人文集珍本叢刊》本。
〔註204〕（元）李朮魯翀：《安氏尊經堂銘》，蘇天爵：《元文類》卷一七，商務印書館，1936年，第223頁。
〔註205〕（元）柳貫：《柳待制文集》卷一《〈安氏尊經堂詩〉序》，四部叢刊本。
〔註206〕（元）柳貫：《柳待制文集》卷一《安氏尊經堂詩》，四部叢刊本。
〔註207〕（元）蘇天爵《滋溪文稿》卷一四《濮州儒學教授張君墓誌銘》、卷一六《楊氏東塋碑銘》、卷二四《祭張文在教授文》。值得一提的是卷十四和卷二十四的兩文均為記載濮州教授張文在，前者言其死於至順二年，後者祭文時間明確為至順元年。二者必有一錯，待考。
〔註208〕（元）蘇天爵《滋溪文稿》卷一四《内丘林先生墓碣銘》（陳高華、孟繁清點校，中華書局，1997年，第223頁）「辛之八年（至正四年），余友兵部員外郎楊君俊民」。
〔註209〕（元）蘇天爵《滋溪文稿》卷三《新樂縣璧里書院記》（陳高華、孟繁清點校，中華書局，1997年，第33頁）「（至正）七年五月，監察御史楊君俊民表以書院之號」。

直學士〔註212〕等職。與蘇天爵關係密切，「天爵少與俊民同門學，今又同執筆太史」〔註213〕。作爲劉因再傳弟子，楊俊民對劉因的著作加以續修，「楊俊民又得續集三卷。其中或有因所自焚者，未可知也，至正中官爲刊行，因其所居齋，名之曰靜修集」〔註214〕。因眞定的主要河流爲滹沱河（又稱滹川），楊俊民留有文集《滹川文集》（見：黃虞稷：《千頃堂書目》卷二十九《元》）。

　　李士興，眞定路藁城縣西管鎮人。與蘇天爵、楊俊民俱授業於安熙，大約未曾爲官，而講學於當地。爲紀念恩師安熙，蘇天爵致書李士興。蘇天爵的書信既是安氏家族在當地教育成就的概說，又是士大夫致力於民風形成的客觀反映。特錄文於下：

　　　　五月吉日，趙郡蘇天爵頓首再拜李君士興足下。蓋嘗聞之，同門曰朋，同志曰友，余與足下雖無一日之雅，然而同爲安氏弟子，則朋友也。夫忠告而善道之，朋友義也，余有一事，將爲足下道，足下試詳而聽之。夫古者，春祈秋報，皆祭於社。下至一鄉一里，莫不皆然。其祭也，則以鄉有道德先生配之。近世社祭之名僅存，然而大抵非所當祀之鬼，而配祭之禮又亡甚矣。古禮之廢壞也。嗟夫，不有講學之君子，其孰能復之哉。蓋西管名鎮也，社祭之禮，歲之所常行也。而足下又嘗講學者也。獨鄉先生之祀，又可不復之哉。鄉先生爲誰？安氏是也。安氏自石峰、恕齋、默庵子孫三世，或家於斯，遊於斯者，七十餘年矣。凡使是鎮之人誦詩、讀書、立身、行道，敬老而慈幼，善俗而化家，莫非安氏之教，使之然也。然則，安氏之功，詎淺淺哉？夫古者鄉無道德先生，猶將合而祭之。矧有如安氏者，舉而祀之，孰不曰宜。禮曰：豺祭獸，獺祭魚。夫

〔註210〕（元）迺賢《河朔訪古記》卷上「監察御史楊君俊民……楊君，字士傑。郡人舉進士　歷館閣。今爲國子司業，亦余之故人也」。

〔註211〕（清）黃虞稷：《千頃堂書目》卷二九《元》，《文淵閣四庫全書》本。

〔註212〕《元史》卷四四《順帝本紀七》（中華書局，1976年，第930頁）至正十六年（1356）二月「己卯，命集賢直學士楊俊民致祭曲阜孔子廟，仍茸其廟宇」。

〔註213〕（元）蘇天爵：《滋溪文稿》卷一六《楊氏東塋碑銘》，陳高華、孟繁清點校，中華書局，1997年，第255～256頁。

〔註214〕《欽定四庫全書總目》卷一六六《集部十九·別集類十九·靜修集》，《文淵閣四庫全書》本。

豺獺尚知報本，而況於人乎。足下試與里中長老議之，如果能行，
天爵亦將往觀古禮之復焉。足下其思之，勿忽。〔註215〕。

在蘇天爵、李士興的共同努力下，供奉安氏祖孫的鄉先生祠堂落成。該
祠堂的建立，優化當地民風，「以是知古道無難復，人患不為爾。繼自今西管
鎮之俗，日益以厚。其民敬學而賤利，其士樂學而遠勢。安氏之澤其有既乎。」
〔註216〕

蘇天爵（1294～1353），字伯修，真定欒城人。元代著名史學家，編纂《元
文類》（或稱《國朝文類》）和《元朝名臣事略》，著有《滋溪文稿》三十卷、
《詩稿》七卷、《松廳章疏》五卷、《治世高抬貴手》一卷、《劉文靖公遺事》
一卷等。同元代的很多其他史料一樣，安氏家族的諸多事蹟多憑藉蘇天爵賴
以保留下來。對於蘇天爵的事蹟，由於研究較多，這裡只就其從學安熙及其
學派流變簡要論及。「公（蘇天爵）世儒家。自其早歲，即從同郡安敬仲先生
受劉公（劉因）之學。既入胄監，又得吳公（吳澄）、虞公（虞集）、齊公（齊
履謙），先後為之師。故其清修篤志，足以潛心大業，而不惑於他岐。深識博
聞，足以折衷百氏，而非同於玩物。至於德已建，而閑之愈嚴。」〔註217〕由
此，在其進入國子監之前，蘇天爵受業於安熙，學劉因之學。後來，蘇天爵
又於國子監從學於吳澄、虞集、齊履謙等著名文人。由此，蘇天爵能夠較為
客觀的認識歷史，為其日後的諸多成就奠定了深厚基礎。

特別需要提及的是，還有蒙古勳貴跟隨安熙遊學，此即為魯古訥丁。此
人為奈曼和利氏，曾官至監察御史。安熙讚揚他「溫恭自虛，刻意清苦，吾
黨之士鮮能及之。」〔註218〕

〔註215〕（元）蘇天爵：《滋溪文稿》卷二四《與西管李士興書》，陳高華、孟繁清點校，
中華書局，1997年，第414～415頁。
〔註216〕（元）歐陽玄：《圭齋文集》卷五《安先生祠堂記》，四部叢刊本。
〔註217〕（元）趙汸：《東山存稿》卷二《滋溪文稿序》，《文淵閣四庫全書》本。
〔註218〕（元）安熙：《安默庵先生文集》卷四《御史和利公名字序》，《元人文集珍本
叢刊》本。

第六章　興和、順德、懷孟三路個案研究

　　元代直隸省部的特殊性，除了上述自然環境、行政統屬、軍事駐防、憲司監察、文化變遷等方面以外，因地域、管理以及汗廷的傾向等因素，具體路分也表現出比較明顯的職能所在，茲選擇興和、順德、懷孟三路，從個案的角度，窺視元代直隸省部地區特色。

第一節　北界連南界：興和路研究

　　興和路是介於蒙古高原和中原漢地的過渡地帶，所處位置爲農耕文明和游牧文明的交界地帶。按《大清一統志・蘇尼特》相關記載：「漢上谷及代郡北境，後漢，烏桓、鮮卑居之。晉爲拓跋氏地。隋及唐初爲突厥所據。遼置撫州。金因之，屬西京路。元爲興和路。」興和路堪稱中原王朝政權和北方民族政權的交界地帶，即所謂「北界連南界，昌州又撫州。」〔註1〕該地戰略地位極爲重要，故又稱爲「其陰控朔部，其陽接燕關。」〔註2〕興和路介於上都和大都之間，是元朝皇帝「東出西還」〔註3〕的必經之地。建立於此地的元中都，對元代政治有著十分重要的意義。1997 年學界曾對元中都進行集中研究〔註4〕。2009 年 11 月 21 日和 2010 年 7 月 21 日，元史研究會又與張北縣聯

〔註 1〕（元）楊奐：《還山遺稿》卷下《撫州》，《文淵閣四庫全書》本。
〔註 2〕（元）周伯琦：《近光集・扈從集・野狐嶺》，《文淵閣四庫全書》本。
〔註 3〕（元）周伯琦：《近光集・扈從集・後序》，《文淵閣四庫全書》本。
〔註 4〕主要有：陳高華《元中都的興廢》，周良霄《三朝夏宮雜考》，葉新民等《元代興和路與中都》，孟繁清《漫議元中都的興衰》，韓志遠《略論金撫州地區在蒙金戰爭期間的戰略地位及元武宗在撫州建立中都的軍事原因》，史衛民《元代都城制度的研究與中都地區的歷史地位》等，均載於《文物春秋》1998 年第 3 期。

合，分別召開「忽必烈與隆興路」和「元中都與元後期政治文化」學術研討會，進一步推動元中都和興和路的研究工作。此處結合前人成果，對元代興和路加以綜合考察。

一、興和路行政沿革

（一）南北政權的交界地帶

秦漢以來，中原王朝與北方民族政權交接線，基本上隨著長城的東西延伸而展開。兩種經濟形態支配下的兩個政權，彼此相連的地理格局和紛擾不斷的矛盾，造成了雙方爭鬥不已。雙方勢力消長和中原王朝都城變遷，又使得這一界線及其重心搖擺不定：雙方勢力消長大多出現界線南北向推移；都城的變遷往往造成界線東西方位移。一定程度上演繹出中國歷史發展南北向的主旋律。漢代北方主要勢力爲匈奴。都城長安、洛陽與匈奴龍庭之地的蒙古高原中部相連，使得以河套爲主的地區（包括今內蒙古、寧夏、陝西、甘肅、山西等省份）成爲聚焦點。其後的魏晉南北朝一直到隋唐時期，佔據蒙古草原的鮮卑、突厥、回紇等少數民族政權在陰山地區和中原王朝上演了不斷的紛爭，《敕勒川》因此聲名鵲起。唐朝後期，隨著契丹勢力的崛起，唐朝不得不造就雄健武力的「河朔三鎮」。唐朝之後，中原政權的相對式微使得北方民族政權節次推進，雙方界線也逐漸南移。因爲後梁及其後王朝的建都開封，更由於金、元、明定都於今北京地區，使得北方民族的目光轉移到東線。介於陰山山脈和燕山山脈之交的張北地區，由此憑恃升爲蒙古高原走向中原地區的重要通道。其戰略地位因契丹、女眞、蒙古等北方勢力著力經營，故對五代、北宋、金朝以及以後的明，均成爲戰略要地。

張北附近地區受到推崇，基本可以認定爲始於遼代。遼國有「捺缽」之制，即所謂「遼國盡有大漠，浸包長城之境，因宜爲治。秋多違寒，春夏避暑，隨水草，就畋漁，歲以爲常。四時各有行在之所，謂之捺缽。」〔註5〕《乘軺錄》稱該地「地寒涼，雖盛夏必重裘，宿草之下，掘深尺餘，有層冰，瑩潔如玉，至秋分則消失。」這裡成了遼朝皇帝夏季捺缽地，遼朝皇帝時期均

〔註5〕（元）脫脫等：《遼史》卷三二《營衛志中·行營》，中華書局，1975年，第373頁。

爲駐幕營帳。周良霄先生考證見於記載的地點有：王國崖〔註6〕、曷里獵、涼陘、胡土白山、燕子城、冰井、得勝口、鴛鴦濼、三義口、大魚濼〔註7〕。這些地點，對以後的金元也具有傳承意義。

（二）金元之際的撫州

金代撫州屬於西京路大同府轄境，處於北部邊境之地。金代界壕，西北跨慶、桓、撫、昌、淨州之北。對於定都於中都的金朝而言，撫州（今河北張北）的地理位置極爲重要。其重要性隨著金朝的經營西北和蒙古高原勢力的增強而愈發顯著。金朝初年，「於西北招討司之燕子城（即撫州）、北羊城之間，嘗置之（権場，可能爲蝦蟆山市場），以易北方牧畜。」〔註8〕金代著名文士寫詩描述畜牧業的繁榮：「燕賜城邊春草生，野狐嶺外斷人行。沙平草遠望不盡，日暮惟有牛羊聲」〔註9〕。撫州也是西京路的經濟中心。金代曾允許各路發行小額紙鈔，「西京則於西京、撫州」〔註10〕。金朝刻意經營該地，大定十年（1170），置燕子城，隸宣德州。明昌三年（1192）劃歸撫州，置撫州刺史，爲桓州支郡，治柔遠。明昌四年（1193）置司侯司。明昌六年（1195），設行尚書省於撫州。承安元年（1196）又於此地設立行樞密院。次年，升撫州爲鎮寧軍，撥西北路招討司所管梅堅必刺、王敦必刺、拿憐術花速、宋葛斜忒渾四猛安隸之，戶一萬一千三百八十。下轄四縣：柔遠、集寧、豐利、威寧。柔遠（今河北省張北縣）爲倚郭縣。〔註11〕由此可知，撫州爲金代西北地區重要的政治據點。這裡又是金朝著名的夏宮所在地。與遼代的宮帳建築不同，金朝已經開始出現固定的建築。《金史》記載此處有以下地名：燕子城（國言曰古勒達爾罕尼巴）、北羊城（國言曰和寧権場）、查刺嶺、沔山、大魚樑、雙山、七里河、石井、蝦蟆山、昂吉爾樑（又名鴛鴦濼）、得勝口（舊

〔註6〕　元代尚留傳此名稱。王惲《秋澗先生大全集》卷八〇《中堂事記》（上）：「次東北土樓下，群山糾紛，川形平易，因其勢而廣狹焉。泉流縈紆，揭衣可涉。地氣甚溫，大寒掃雪，寢以單章煦如也。沙草氄茂，極利畜牧。按地志濼野，蓋金人駐夏金連、涼陘一帶，遼人謂王國崖者是也。」

〔註7〕　周良霄：《三朝夏宮雜考》，《文物春秋》1998年第3期。

〔註8〕　（元）脫脫等：《金史》卷五〇《食貨五·権場》，中華書局，1975年，第1113頁。

〔註9〕　（金）趙秉文：《閑閑老人滏水集》卷八《撫州二首》，四部叢刊本。

〔註10〕　（元）脫脫等：《金史》卷四八《食貨志》，中華書局，1975年，第1079頁。

〔註11〕　（元）脫脫等：《金史》卷二四《地理志》，中華書局，1975年，第566～567頁。

名北望澱），還有名爲樞光殿的行宮。蒙金決戰時期，「大舉南入，擊雲中、九原諸郡，皆下之。進圍撫州，時金軍號四十萬，陳於野狐嶺之北」〔註12〕。韓志遠先生曾對撫州地區在蒙金戰爭期間的戰略地位做了詳細的考論。一定程度上，「撫州的得失，甚至關係到蒙金戰爭的成敗」。〔註13〕

　　蒙金戰爭伊始，金朝有志朝臣建議「昌、桓、撫三州，素號富貴，人皆勇健，可以內徙，益我兵勢，人畜貨財，不至亡失」〔註14〕。然而，蒙古軍的急速進軍，打亂了金朝的步伐。1211 年，成吉思汗率師攻破撫州，使其成爲最早被蒙古軍隊佔領的城池之一。習慣於游牧生活的蒙古人，此時還沒有進入經營城市的地步，成吉思汗「破撫州，以所獲物分賜軍中，馬牧於野。」〔註15〕經歷此劫的撫州遭到嚴重破壞。其後，兩軍對壘於野狐嶺，此次戰役成就了蒙古，而金朝卻一蹶不振。撫州地區遂歸蒙古佔領。1214 年金朝宣宗皇帝南下遷都汴梁，蒙古佔有漠南地區，成吉思汗遂著手調整左手諸王封地，將札剌亦兒等五部遷到漠南地區，稱爲五投下。據葉新民等先生考證，「上都路及其相鄰的興和路地區應是札剌亦兒、兀魯部的封地。」〔註16〕

　　撫州是中原地區通往漠北的重要通道。1221 年，丘處機應召北上覲見成吉思汗，即於撫州出發。從被蒙古人佔領到忽必烈經營撫州的時期，沒有多少資料讓我們描述撫州〔註17〕。1247 年張德輝應召忽必烈北上，「始見毳幕氈車，逐水草畜牧而已，非復中原之風土也。尋過撫州，惟荒城在焉。」〔註18〕此時經歷蒙金戰爭，撫州已成廢城。

　　蒙哥時代，忽必烈駐紮在桓、撫二州之間，「（1254）八月，（忽必烈）至自大理，駐桓、撫間，復立撫州。冬，駐爪忽都之地。歲乙卯（1255），春，

〔註12〕（元）蘇天爵：《元朝名臣事略》卷一《太師魯國忠武王》，姚景安點校本，中華書局，1996 年，第 2 頁。

〔註13〕韓志遠：《略論金撫州地區在蒙金戰爭期間的戰略地位及元武宗在撫州建立中都的軍事原因》，《文物春秋》1998 年第 3 期。

〔註14〕（元）脫脫等：《金史》卷九九《徒單鎰傳》，中華書局，1975 年，第 2189 頁。

〔註15〕《元聖武親征錄》，《王國維遺書》（第十三冊），上海古籍書店，1983 年。

〔註16〕葉新民、寶音德力根等：《元代興和路與中都》，《文物春秋》1998 年第 3 期。

〔註17〕按《元史·太宗本紀》和《元史·食貨志·歲賜》窩闊台時期的分封均未見西京路的相關記載，筆者認爲可能西京路和燕京等均爲大汗兀魯思的直屬領地。以後忽必烈常駐桓、撫二州，或爲蒙哥將此地給予忽必烈，令其總領漠南地區。

〔註18〕（元）王惲：《玉堂嘉話》卷八《紀行》，叢書集成本，中華書局，1985 年，第 84 頁。

復駐桓、撫間，冬，駐奉聖州北。」〔註19〕故此元朝人認爲：「隆興，世皇湯沐邑也。其長吏以下，皆上所親選。有司第制勑焉。」〔註20〕這一時期，忽必烈欲大作爲於天下，形成著名的「金蓮川幕府」，撫州與桓州成爲核心據點。潛邸時期，忽必烈修建開平城，按照劉秉忠「兩年塵跡撫桓間」〔註21〕的記載，開平城修建時，忽必烈應在撫州附近駐守。忽必烈「以（趙）炳爲撫州長，城邑規制，爲之一新」。蒙哥猝死之後，由於阿里不哥「括兵斂財」，而引起「燕薊騷動」。忽必烈北還，趙炳「追所括兵及橫斂財物，悉歸於民」，聽命於忽必烈〔註22〕。

（三）元代隆興路及其後的行政變化

隨著皇位爭奪戰爭的結束和兩都巡幸制度的確立，撫州作爲軍事物資基地的職能開始轉變，成爲皇帝出巡「供億之所」和中原物資向草原的中轉站〔註23〕。「興和路者，世皇所創置也。歲北巡，東出西還，故置有司爲供億之所。」〔註24〕中統三年（1262）十一月，「升撫州爲隆興府，以昔剌斡脫爲總管，割宣德之懷安、天成及威寧、高原隸焉」。同年十二月「建行宮於隆興路。」〔註25〕

〔註19〕《元史》卷四《世祖本紀一》，中華書局，1976年，第60頁。按《元史》同卷又言：1252年，授命於憲宗「總領漠南事務」的忽必烈駐守於桓、撫間。這一游牧生活方式的冬夏駐地更換，或許爲元代兩都制度的雛形。

〔註20〕（元）張養浩：《歸田類稿》卷一二《晉寧張氏先塋碑銘》，《文淵閣四庫全書》本。

〔註21〕（元）劉秉忠：《劉太傅藏春集》卷二《桓撫道中》。該詩全文如下：「老煙蒼色北風寒，驛馬驅程不敢閒。一寸丹心塵土裏，兩年塵跡撫桓間。曉看太白配殘月，暮送孤雲還故山。要趁新春賀正去，鬢頭能不愧朝班。」

〔註22〕《元史》卷一六三《趙炳傳》，中華書局，1976年，第3835頁。

〔註23〕元代著名文人張養浩曾以禮部侍郎的身份「監糴興和」（《歸田類稿》卷一二《晉寧張氏先塋碑銘》）。《元史·仁宗本紀》「遣官即興和路及淨州，發廩賑給北方流民」。

〔註24〕（元）周伯琦：《近光集·扈從集·後序》，《文淵閣四庫全書》本。

〔註25〕《元史》卷五《世祖本紀二》，中華書局，1976年，第89頁。按下文「至元四年，析上都隆興府自爲一路，行總管府事」，此處所言「建行宮於隆興路」或有誤。葉新民等《元代興和路與中都》（《文物春秋》1998年第3期）認爲「中統四年（1263年）五月，開平府升爲上都路，隆興府歸上都路管轄」。另，元代有兩個隆興路，除此處之外，尚有江西隆興府（路）總管府，因爲眞金封地，故後改爲龍興路。關於元代同名路府的研究，參見：吳冬梅：《元代同名路、府、州、縣考——兼考〈元史〉所載有誤路、府、州、縣》，《雲南師範大學學報》2003年第5期。

中統四年（1263）十月，於隆興路設置驛站〔註26〕。至元四年（1267）正月，
「析上都隆興府自爲一路，行總管府事。」〔註27〕至元十七年（1280）五月
又在附近的察罕腦兒建行宮。〔註28〕忽必烈近臣畏兀兒人八丹曾經擔任隆興
府達魯花赤，「事世祖爲寶兒赤，鷹房萬戶。……改隆興府達魯花赤，遙授中
書右丞，諭之曰：『是朕舊所居，汝往居之』。八丹又辭，帝不允。居三年。」
〔註29〕

　　大德十一年（1307）六月，剛剛即位的武宗皇帝下令：「建行宮於旺兀察
都之地，立宮闕爲中都。」〔註30〕當年民有災荒，然而行宮建設的步伐卻沒
有停止，「除行宮外，工役請悉停罷。」〔註31〕因工程浩大，給當地居民造成
很大的經濟壓力，朝廷下令「詔開寧路及宣德、雲州工役，供億浩繁，其賦
稅除前詔已免三年外，更免一年」〔註32〕。至大元年（1308）二月，調動上
都衛軍三千人，赴旺兀察都行宮工役。七月，旺兀察都行宮完工。八月，對
中都行宮建設有功者大加賞賜。十二月，「中都立開寧縣，降隆興爲源州，升
蔚州爲蔚昌府。省河東宣慰司，以大同路隸中都留守司，冀寧、晉寧二路隸
中書省。」〔註33〕此成爲元中期重要的都城制度變化。孟繁清、默書民兩位
先生指出：「上述行政建置和行政區劃的調整，目的就是將隆興路（即興和路，
治今河北張北）與大同路合併，擴大中都的統轄範圍，使中都轄區與其都城
地位大體相稱。」〔註34〕

　　武宗去世之後，仁宗廢除中都留守司的建制，重新設置隆興路，「凡創置
司存悉罷之」〔註35〕。中都的建制，實際上只存在了兩年零十個月。〔註36〕

〔註26〕 《元史》卷五《世祖本紀二》，中華書局，1976年，第94頁。

〔註27〕 《元史》卷六《世祖本紀三》，中華書局，1976年，第113頁。

〔註28〕 關於察罕腦兒行宮的位置，參見：陳得芝：《元察罕腦兒行宮今地考》，《蒙元史研究叢稿》，人民出版社，2005年，第44～54頁。

〔註29〕 《元史》卷一三四《八丹傳》，中華書局，1976年，第3262～3263頁。

〔註30〕 《元史》卷二二《武宗本紀一》，中華書局，1976年，第480頁。

〔註31〕 《元史》卷二二《武宗本紀一》，中華書局，1976年，第492頁。

〔註32〕 《元史》卷二二《武宗本紀一》，中華書局，1976年，第505頁。

〔註33〕 《元史》卷二二《武宗本紀一》，中華書局，1976年，第506頁。

〔註34〕 孟繁清等：《蒙元時期環渤海地區社會經濟發展研究》，天津教育出版社，2003年，第239頁。

〔註35〕 《元史》卷二四《仁宗本紀一》，中華書局，1976年，第541頁。

〔註36〕 史衛民：《元上都、中都的考古新發現與研究》，蕭啓慶主編《蒙元的歷史與文化》，臺灣學生書局，2001年，第111頁。

中都雖然已經廢罷，但其名義或仍然保存〔註 37〕，對以後的元朝皇帝依然還是較有影響的地點。至治三年（1223）十一月，南下登基的泰定帝「車駕次於中都，修佛事於昆剛殿。」〔註 38〕泰定三年（1326）八月，「次中都，畋於汪（火）〔兀〕察禿之地」〔註 39〕。值得一提的是，天曆二年（1329）八月，「明宗次於王忽察都。丙戌，帝入見，明宗宴帝及諸王、大臣於行殿。庚寅，明宗崩，帝入臨哭盡哀。燕鐵木兒以明宗後之命，奉皇帝寶授於帝。」〔註 40〕在武宗皇帝刻意營造的元中都，他的兩個兒子和世㻋和圖帖睦爾竟然為爭皇位而上演了兄弟相殘的鬧劇，演繹成為另一個版本「玄武門」。此後，或由於此事的影響，「大駕久不臨矣。」〔註 41〕

　　皇慶元年（1312）十月，元朝改隆興路為興和路，事在廢除中都留守司的十六個月之後，明顯為仁宗消除其兄對該地的政治影響而為。據《元史·地理志》：興和路，上〔註 42〕。戶八千九百七十三，口三萬九千四百九十五。下轄四縣一州：高原（興和路治所，今河北省張北縣）、懷安（今河北懷安縣南懷安城）、威寧（今內蒙古興和縣西臺基廟古城〔註 43〕）、天成（今山西天鎮縣）和寶昌州（寶昌州治為今河北省沽源縣城西南約 60 公里處九連城廢址〔註 44〕）。值得一提的是，寶昌州原為昌州，是金代邊疆州郡，延祐六年（1319）九月，「故昌州寶山縣置寶昌州，隸興和路。」〔註 45〕寶昌州產鹽，元代在此

〔註 37〕　周良霄：《三朝夏宮雜考》，《文物春秋》1998 年第 3 期。

〔註 38〕　《元史》卷二九《泰定帝本紀一》，中華書局，1976 年，第 640 頁。

〔註 39〕　《元史》卷三○《泰定帝本紀二》，中華書局，1976 年，第 672 頁。

〔註 40〕　《元史》卷三三《文宗本紀二》，中華書局，1976 年，第 737 頁。

〔註 41〕　（元）周伯琦：《近光集·扈從集·後序》，《文淵閣四庫全書》本。關於這一論斷，參見陳高華《元中都的興廢》，《文物春秋》1998 年第 3 期。

〔註 42〕　按：元制「十萬戶之上者為上路，十萬戶之下者為下路，當衝要者雖不及十萬戶亦為上路。」興和路戶僅八千九百七十三，然其為大都和上都的「內輔」，故為上路。另下文「興和號上郡」「路置二監一守，餘同他上郡」，均顯示興和路為上路。

〔註 43〕　戎莫勒：《金元威寧縣城考》，《內蒙古社會科學》1987 年第 6 期。

〔註 44〕　馮永謙《遼史地理志考補——中京道、南京道、西京道失載之州軍》（《北方文物》1998 年第 3 期）認為：「今河北省沽源縣九連城鄉九連城村遼代城址，即為遼昌州。金代復置昌州，已遷至狗濼（今內蒙古自治區太僕寺旗西南白城子）。」胡海帆《元〈寶昌州創建接官廳記〉雜考》（《內蒙古大學學報》2008 年第 3 期）轉引《察哈爾省通志》（宋哲元監修，梁建章纂，察哈爾省通志館印本，1935 年）記載：「1925 年在此地出土《寶昌州創建接官廳記》石碑一通，由此，基本可以證明元代寶昌州州治應位於此地。」

〔註 45〕　《元史》卷二六《仁宗本紀三》，中華書局，1976 年，第 591 頁。

設置鹽使司。作為兩都之間的重要地點，興和路和大都、上都受到元朝政府的賦稅優待，「因慶遇或行幸所過，恒賜差稅，由是密邇。如大興、開平、興和畿內諸縣，賦稅屢免，垂白之老，不識公吏。」〔註46〕興和路是北方勢力南下的重要落腳點，南坡之變後，「樞密院差貞從官長迎駕興和，還至大都」〔註47〕。興和路還享受大都、上都的佛教事務照顧，元統二年（1334）三月，「中書省臣言：『興和路起建佛事，一路所費爲鈔萬三千五百三十餘錠。請依上都、大都例給膳僧錢。節其冗費。』從之」〔註48〕。天曆元年（1328）十一月，「辛未，遣西僧作佛事於興和新內。」〔註49〕興和路的城池，「城郭周完闤闠叢夥可三千家。市中佛閣頗雄偉，蓋河東憲司所按部也。西抵太原千餘里，郡多太原人。郊圻地陂陀窊隩，便種藝。路置二監一守，餘同他上郡。」〔註50〕

　　綜合上述，撫州──隆興──開寧（元中都）──興和等行政建制名稱的變革〔註51〕，體現了金元時期該地政治風貌。

二、興和路地理、站赤交通、和糴供給及官手工業

　　對於元代隆興路的重要地理位置，周良霄先生從交通樞紐、中原政權與北方民族衝突、中原王朝都城變遷等角度作了精闢的分析：

　　　　元代的隆興是漠北通向大都最便捷的中間通道。自和寧南下，歷潔堅察罕、朵里伯眞、斡耳罕水東、必忒怯禿、探禿兒海、禿忽剌、禿忽剌河東、忽剌火失溫、坤都也不剌、撒里、兀納八、闊朵、撒里怯兒、哈里溫、闊朵傑阿剌倫、哈兒哈禿納、忽禿、勃羅火你、不羅察罕、小只、王忽察都，抵隆興地，南下野狐嶺入口，便可進至大都，比起驛路繞道上都，自然便捷得多。

〔註46〕 《經世大典・賦典總序・蠲免恩免差稅》，蘇天爵：《元文類》卷四〇，商務印書館，1936年，第543頁。

〔註47〕 （元）虞集：《書王貞言事》，蘇天爵《元文類》卷三九，商務印書館，1936年，第522頁。

〔註48〕 《元史》卷三八《順帝本紀一》，中華書局，1976年，第820～821頁。

〔註49〕 《元史》卷三二《文宗本紀一》，中華書局，1976年，第720頁。

〔註50〕 （元）周伯琦：《近光集・扈從集・後序》，《文淵閣四庫全書》本。

〔註51〕 對於該路行政建制名稱的意義，學界已有一些思考，但是結合元代政治變局從系統變化的角度加以思考的尚未見到。

……

到了唐代，在冀北地區主要是契丹、奚，他們都役屬於突厥、回紇。這段時期，中原王朝的都城主要在長安，匈奴、突厥與中原王朝雙方的爭戰也主要在西部蒙古及其相鄰省份（今山西、陝西、甘肅、寧夏）中進行，交通則取道代郡、雲中、靈武、甘州諸地。唐以後情況發生了重大的變化。在北族而言，契丹興起，甚至掩有燕雲十六州之地。漢族王朝則都城東遷汴梁。因此，蒙古草原與內地的交通，主要也轉到東部，同時北京也先是作陪都（遼南京），進而作爲首都而出現（金中都、元大都、明清北京）。這種地位上的變化，從根本上決定了一個以前名不見經傳的山隘野狐口成了內地與草原交通的要道。〔註52〕

其他學者也就張北地區的驛站及歷史地理地位做過研究〔註53〕。筆者擬在前人基礎上對該地地理、和糴供給、官手工業和交通幾方面進行考察。

（一）地理位置的重要性

興和路東南爲大都路，東北是上都路，西南鄰大同路，西北接集寧路。由前述可知，興和路一帶是農耕經濟和游牧經濟的分界線，自然而然地形成秦漢以至唐代南北政權的交界區域，政治、經濟的差異又形成了社會及文化風俗的不同。對此，丘處機曾給予鮮明的描述：

明日，北度野狐嶺，登高南望，俯視太行諸山，晴嵐可愛，北顧但寒沙衰草，中原之風，自此隔絕矣。道人之心，無適不可。宋德芳輩指戰場白骨曰：我歸，當薦以金籙，此亦余北行因緣之一端耳。北過撫州，十五日，東北過蓋里泊，盡丘垤鹹鹵地，始見人煙二十餘家。南有鹽池，迤邐東北去，自此無河，多鑿沙井以汲。南北數千里，亦無大山，馬行五日，出明昌界，以詩紀實云：坡陀折

〔註52〕　周良霄：《三朝夏宮雜考》，《文物春秋》1998 年第 3 期。
〔註53〕　默書民：《塞外元代驛道及其當代旅遊開發芻議》，《河北經貿大學學報》2008年第 4 期。董向英：《元中都的歷史地理地位及其在當前經濟建設中的作用》，《張家口師專學報》2003 年第 5 期。此外，陳高華、史衛民：《元上都》，吉林教育出版社，1988 年；葉新民：《元上都研究》，內蒙古大學出版社，1998年；孟繁清等：《蒙元時期環渤海地區社會經濟發展研究》，天津教育出版社，2003 年，等等，都涉及到興和路的地理交通問題。

迭路彎環，到處鹽場死水灣。盡日不逢人過往，經年時有馬回還。
地無木植惟荒草，天產丘陵沒大山。五穀不成資奶酪，皮裘氈帳亦
開顏。〔註54〕

從這段描述我們可以感知：「中原之風，自此隔絕」是因自然地理因素而導致的人文風俗變化。

興和路地理位置的重要性，通過以下兩個重要地點可以窺知。

一是野狐嶺。它是興和路在軍事方面重要的印證。關於野狐嶺最知名的當為太祖六年（1211）成吉思汗揮師南下，二月「敗金將定薛於野狐嶺」。〔註55〕「九月十四日，攻奉聖州。後二日，城破。進軍野狐嶺。上遣平章軍國獨吉毛吃合同烏林答將兵以禦之，相遇於野狐嶺下。喫合按兵不戰，日將夕，令諸軍下寨。大軍乘國兵不備，出谷衝突。又調一軍轉出其後。國兵腹背受敵，大恐，潰散。大軍逐之。遂大敗，死者蔽野塞川。」〔註56〕國外史學家也大肆渲染此次戰爭偉績：「蒙古人殺了許多人，整個原野都充滿了血腥氣。他們向逃兵追去，一直追到會河堡地方，在那裡遇上了統帥胡沙所率領的先頭部隊，蒙古人也將他們擊潰了。這是一次很大的仗，很出名；直到如今，成吉思汗野狐嶺之戰還為蒙古人所知，並引以為榮」。〔註57〕

野狐嶺又是通往漠北的重要路口，丘處機除上述「野狐嶺，登高南望，俯視太行諸山，晴嵐可愛，北顧但寒沙衰草，中原之風，自此隔絕矣」的感慨外，還賦詩，「此行真不易，此別話應長。北蹈野狐嶺，西窮天馬鄉。陰山無海市，白草有沙場。自歎非元聖，如何歷大荒」〔註58〕。野狐嶺後來成為元朝大都和上都兩都之間的西路最重要驛站。明代仍舊可以看出其地理位置之優勢，「回首野狐嶺，山川地勢高。中都開堡障，納缽隱堂坳。帝業雄三輔，王師蘊六韜。秋風淮海上，黎庶望旌旄。」〔註59〕

〔註54〕（元）李志常 述：《長春真人西遊記》卷上，《王國維遺書》（第十三冊），上海古籍書店，1983 年。

〔註55〕《元史》卷一《太祖本紀》，中華書局，1976 年，第 15 頁。

〔註56〕（金）宇文懋昭：《大金國志》卷二二《東海郡侯（上）》，王雲五主編，萬有文庫本，商務印書館，1936 年，第 158 頁。

〔註57〕（波斯）拉施特：《史集》第 1 卷，第 2 分冊，余大均、周建奇譯，商務印書館，1983 年，第 231 頁。

〔註58〕（元）丘處機：《寄燕京道友》，（元）李志常著；黨寶海譯注《長春真人西遊記》，河北人民出版社，2001 年，第 22 頁。

〔註59〕（元）鄭潛：《樗庵類稿》卷二《過野狐嶺》，《文淵閣四庫全書》本。

二是薔麻林。蒙古族名將怯烈亦氏哈散納，因從征王罕有功，受到成吉思汗的器重，有「同飲班朱尼河之水」之約，世代受到重用。曾管領阿兒渾軍，跟隨成吉思汗征西域。窩闊台汗時期，「仍命領阿兒渾軍，並回回人匠三千戶駐於薔麻林。」〔註60〕中統二年（1261），在與阿里不哥征戰中，忽必烈曾把薔麻林作為「備鞍馬甲仗」〔註61〕的據點。

明代薔麻林戰略地位依舊重要，不過明代薔麻林訛化為洗馬林，「丁酉至洗馬林，蓋去宣府西百八十里。洗馬林者舊名薔麻林，語襲訛也。」〔註62〕明成祖北征期間，曾率軍駐紮於洗馬林一帶，「丁酉至洗馬林，……時北邊阿嚕臺之眾為衛拉特摧敗，狼狽假息塞下，左右從臾。希合之臣多請掩捕之者。上曰：『朕知飭備耳。困人於厄非王者事』。不聽。」〔註63〕著名文臣楊士奇於此賦詩：「浩蕩山川氣象開，氛清多倚將臣才。平生不解談孫武，也到薔麻塞上來。渺渺良疇歲歲豐，清山清水澹兼濃。世人只說邊州苦，不識邊州樂趣同。」〔註64〕其中「渺渺良疇歲歲豐，清山清水澹兼濃」體現出作者感受到的「邊州樂趣」。明軍把此地作為征戰出發地，「四更零露衣濕，十里飄風帽斜。足底河流石澀，馬頭月色雲遮。」〔註65〕

當然，由於興和路連同中原和蒙古高原的特殊位置，該地又是作為重要的戰略物資基地使用的。中統元年（1260）六月，忽必烈為迎戰阿里不哥，「詔燕京、西京、北京三路宣撫司運米十萬石，輸開平府及撫州、沙井、（靖）〔淨〕州、魚兒濼，以備軍儲」〔註66〕。

（二）興和路的站赤交通

前四汗時期，蒙古高原經過撫州來往燕京等中原地帶是驛站正道〔註67〕。1221年長春真人丘處機北上觀見成吉思汗；1247年張德輝應詔北上觀見忽必烈；中統二年（1261）王惲跟隨諸相赴開平，均行走此路。丘處機為我

〔註60〕　《元史》卷一二二《哈散納傳》，中華書局，1976年，第3016頁。
〔註61〕　《元史》卷四《世祖本紀一》，中華書局，1976年，第75頁。
〔註62〕　（明）楊士奇：《東里續集》卷一四《西巡扈從詩序》，《文淵閣四庫全書》本。
〔註63〕　（明）楊士奇：《東里續集》卷一四《西巡扈從詩序》，《文淵閣四庫全書》本。
〔註64〕　（明）楊士奇：《東里續集》卷六一《至薔麻林 二首 近訛為洗馬林》，《文淵閣四庫全書》本。
〔註65〕　（明）楊士奇：《東里詩集》卷三《薔麻林早發》，《文淵閣四庫全書》本。
〔註66〕　《元史》卷四《世祖本紀一》，中華書局，1976年，第66頁。
〔註67〕　陳高華、史衛民：《元上都》，吉林教育出版社，1988年，第49頁。

們留下了經由燕子城（即撫州，後來的隆興路、興和路）北上的記載：

> 當時悉達悟空晴，發軔初來燕子城（撫州是也）。北至大河三月
> 數（即陸局河〔註68〕也，四月盡到。約二千餘里），西臨積雪半年程
> （即此地也，山常有雪，東至陸局河約五千里，七月盡到）。不能隱
> 地回風坐（道法有回風、隱地、攀斗、藏天之術），卻使彌天逐日行。
> 行到山窮水盡處，斜陽依舊向西傾。〔註69〕

元朝兩都之間的西路經由興和路。兩都之間還有便近直道望雲路，但因路途艱難，資源有限。為保證資源的合理利用，中統三年（1262）四月聖旨規定：「開平路達魯花赤管民官，並榆林管站官。節該，令後但有騎坐鋪馬使臣人等，仰照依已降聖旨，不得於望雲取直道上經行，奪要鋪馬。止令經由撫州宣德府正站，若有軍情急速公事、海青使臣，徑直望雲鴨窩路上經行。」〔註70〕此處「經由撫州、宣德府正站」即為兩都之間的西路。據周伯琦《近光集・扈從集・前序》所言，西路全長一千零九十五里，設置二十四處納鉢。從北到南的納鉢依次為：南坡店、六十里店（即桓州）、雙廟兒（即李陵臺）、泥河兒（即明安驛，又名昔寶赤驛、察罕腦兒驛，今河北省沽源縣馬神廟）、鄭谷店、蓋里泊、遮里哈落剌（平陀兒、石頂河兒）、苦水河兒、回回柴（蒙古語稱為忽魯禿）、忽察禿、興和路、野狐嶺、得勝口、沙嶺、順寧府（即宣德府）、雞鳴山、豐樂、阻車、統墓、懷來、嫣頭（即棒槌店）、居庸關、昌平、龍虎臺、皂角、皇后店（即皇埌店）、大口等處〔註71〕。

興和路不僅是兩都間西路的重要驛站，而且是從兩都到大同、太原等地必經之所。從興和出發，西南五十里至桃山，桃山東五里有虞臺嶺，即為建有鷹房的昔寶赤牧地。桃山西行至蕁麻林，再南行即為位於洋河北岸的夏永固站（今懷安北沙城附近）。向南經過洋河，距離夏永固九十里到天成縣（今

〔註68〕 王國維注曰：「陸局河者，元時怯魯連河，亦曰臚朐河。……陸局，臚朐之轉也。今為喀魯倫河。」王國維：《王國維遺書》第十三冊，上海古籍出版社，1983年。

〔註69〕 （元）李志常著，黨寶海譯注：《長春真人西遊記》，河北人民出版社，2001年，第38頁。

〔註70〕 《經世大典・站赤三》，《永樂大典》卷一九四一八，中華書局，1960年，第11頁A。

〔註71〕 參見：陳高華、史衛民：《元上都》，吉林教育出版社，1988年，第45～49頁。葉新民：《元上都研究》，內蒙古大學出版社，1998年，第145頁。孟繁清等：《蒙元時期環渤海地區社會經濟發展研究》，天津教育出版社，2003年，第267頁。

河北省懷安縣）。折向西出興和路界，經白登站（今山西省天鎮縣）、牛皮嶺
到大同。〔註72〕馬可波羅前往上都路過「申達州」，馮承鈞先生認爲此地即爲
興和城，那麼馬可波羅在此之前所見製造納失失等絲織物並崇拜摩訶末的契
丹城堡，應該就是蕁麻林一帶〔註73〕。《史集》中也提到兩都間有一條去往涿
州的道路，在此地附近有一名爲蕁麻林的城池。〔註74〕

　　興和路的站戶大體可以分爲兩類，即漢人站戶和達達（蒙古）貼戶，「隆
興府道立李老站。上都以南，望雲道立車站並馬站。隆興府以南望雲道，偏
嶺以南至燕京漢地，合設站赤，令漢人站戶應當。西路隆興府以北及南路，
偏嶺以上至上都，令達達貼戶應當，漢民津貼。據偏嶺以南，隆興府以南，
起移前來，立站戶三千七百戶。」〔註75〕因此地爲蒙漢分野之地，元朝依照
這一狀況，分別交由蒙漢民戶負責站赤事務。元朝於興和路設置馬站，「隆興
路所轄馬站三處。馬二百四十七匹。車三十輛。牛一百二十隻。本府站。元
設馬七十匹。車三十輛。牛一百二十隻。續添馬四十五匹。天城站。馬五十
二匹。懷安站。馬八十匹。」〔註76〕

　　由於氣候惡劣等因素，興和路站戶的負擔較平原地帶爲重，元朝有相關
規定給與照顧，「又據興和路脫脫禾孫申：苦鹽泊至燕只哥赤斤等四站，經值
霜雹。阿察火都至寬迭憐不剌等五站，自春至秋，旱暵無雨，禾草不生，站
戶消乏尤甚。皆請接濟。」〔註77〕

（三）和糴供給和官手工業

　　元代興和路地處兩都之間，更是華北平原通向漠北的重要通道。在興和
路，元朝不僅設置供應糧食轉輸的和糴所，還成立了納失失局等官手工業機

〔註72〕　孟繁清等：《蒙元時期環渤海地區社會經濟發展研究》，天津教育出版社，2003
　　　　年，第274頁。

〔註73〕　《馬可波羅行紀》第七三章《天德州及長老約翰之後裔》（馮承鈞譯本，上海書店
　　　　出版社，2001年，第173頁）：「考長城外有一要城，12世紀時已甚重要。初名
　　　　撫州，已見《長春眞人西遊記》著錄。金建一宮於此，1263年忽必烈亦於此建一
　　　　行宮，名其地曰隆興路，已而改名興和路。地距今張家口西北約五十公里，在今
　　　　昂古里淖爾（Angulinor）之東不遠，波羅之申達州，疑指此興和城也。」

〔註74〕　（波斯）拉施特：《史集》第二卷，商務印書館，1983年，余大鈞、周建奇中
　　　　譯本，第324頁。

〔註75〕　《經世大典·站赤一》，《永樂大典》卷一九四一六，中華書局，1986年。

〔註76〕　《經世大典·站赤七》，《永樂大典》卷一九四二二，中華書局，1986年。

〔註77〕　《經世大典·站赤六》，《永樂大典》卷一九四二一，中華書局，1986年。

構。以滿足汗廷、貴族的需要。

興和路是中原通往漠北的糧食等重要物資中轉站。早在至元元年（1264）正月，元朝就在興和路設置「和糴」所，「敕北京、西京宣慰司、隆興總管府和糴以備糧餉」〔註78〕。延祐六年（1319），又增置興和路預備倉。元代著名文人張養浩曾主政興和路和糴事務，並於此時發現驛卒佟鎖住〔註79〕。寓居興和路百餘日的張養浩以詩人的視角記載了興和景象：

> 延祐四年（1317）二月，余以事至興和，凡留百餘日。寓居城東隅。幽閒深迥，類隱者所居，因得詩十首，以爲他日歸田起本。

> 平昔嗜幽隱，未敢聞斯行。雖云縻以爵，雅負義皇情。兹來志頗愜，若遂林泉盟。城居況清寂，冲襟澹無營。開簾納南薰，庭草微波生。非因客相過，竟日無人聲。烏衣時往還，黃耳恬不驚。安得幅員廣，舉若此境清。時陝西小有警。嘉時恐易失，孰謂淹邊城。

> 日出未云起，枕上聞禽呼。緬思金馬門，萬騎爭先驅。而我幸免此，日與幽寂俱。所蒞惟一事，事已無餘拘。或杖陟城堞，或騎遊郊墟。或賞東鄰花，或閱西家書。歸來曲枕臥，旅窗亦明虛。優哉聊復爾，詎必山澤居。

> 鉤簾坐觀雨，濛濛散如絲。彼燕何所欣，往來經緯之。詹風爽毛骨，詎惟物蒙滋。餘洒寖迫人，却避榻屢移。從來幾風雨，今始有此怡。乃知寸心靜，萬象皆委蛇。人生故多事，安得恒如斯。〔註80〕

統攬全詩，我們可以看到，詩人通過對興和路的觀察，形成了與中原城市迥然不同的意境，「安得幅員廣，舉若此境清」的興和路，暗合了「隱者所居」，而此境遇恰恰迎合了作者一直以來的「歸田」情懷。

作爲糧食等物資的重要中轉站，興和路既是供應元朝皇帝兩都巡幸所需物資的場所，「興和路者，世皇所創置也。歲北巡，東出西還，故置有司爲供億之所。」〔註81〕還是解決北方流民和漠北蒙古饑民的重要基地。延祐四年（1317）十二月，「遣官即興和路及淨州發廩賑給北方流民」〔註82〕。天曆二

〔註78〕《元史》卷五《世祖本紀二》，中華書局，1976年，第96頁。
〔註79〕（元）張養浩：《歸田類稿》卷七《驛卒佟鎖住傳》，《文淵閣四庫全書》本。
〔註80〕（元）張養浩：《歸田類稿》卷一五《寓興和》，《文淵閣四庫全書》本。
〔註81〕（元）周伯琦：《近光集·扈從集·後序》，《文淵閣四庫全書》本。
〔註82〕《元史》卷二六《仁宗本紀三》，中華書局，1976年，第581頁。

年（1329）三月，「蒙古饑民之聚京師者，遣往居庸關北，人給鈔一錠、布一匹，仍令興和路賑糧兩月，還所部」〔註83〕。

　　後伴隨著元朝在興和路設置局院人匠的增多，糧食的消耗更是迫切的問題，對此元朝專門做出規定：

> 延祐元年（1314）九月，中書省奏：「興和路有的局院人匠，教你咱馬丁尚書等官分揀了，勾當都完備了來呵，久遠怎生，與糧的其間，定擬了奏者。」聖旨有來。「如今這分揀定的二十六局人匠每，每歲總支口糧貳萬肆仟佰餘石計，他每造作的工程呵，該支四千捌拾餘石糧有。當間為是支請口糧的上頭，僥倖的人每教不應的軍站民匠人的奴婢詭名入來的，多支糧的緣故是這般有。驗工支與糧呵，每年省減官糧貳萬餘石，匠人也不虧損有，又除了奸弊。」麼道，他每與了俺文書有。俺商量來，他每說的是有。依著他每定擬來的教行呵，怎生？奏呵，那般者。麼道聖旨了也。欽此。〔註84〕

　　興和路的「供億浩繁」還表現在居住此地的蒙古貴族眾多，他們巨大的開支無疑造成本地的經濟負擔。對此，元朝制定傾向性照顧措施。如：減免差稅，「大德十一年（1307）五月　日，欽奉登寶位詔書內一款：上都、大都、隆興三路，比年供給繁重。自大德十一年為始，百姓差稅全免三年。其餘路分，民戶差發免一年，稅糧十分中與免三分」〔註85〕。又如：增加劃撥錢物，「（大德元年，1297）十二月二十六日，奏准聖旨：除上都、大都、隆興、大同四處歲用錢糧數多，難以定額以下半年放支，其餘路分斟酌合增錢糧。自大德三年為額，於大德元年稅糧課鈔內支撥。若有不敷，差人赴都關取。仍委官從長規劃祗應，務在足用，毋致科斂擾民。官吏人等亦不得營求私利。若有諸王駙馬親行合用祗應等物，卻於各處支持錢內應付。」〔註86〕故而，《經世大典》有言「古者，府藏有積乃與民休息，或復其租。我朝治底隆平時因慶遇或行幸所過，恒賜差稅。由是密邇。如大興、開平、興和畿內諸縣，賦稅屢免，垂白之老，不識公吏，熙熙陶陶咸

〔註83〕《元史》卷三三《文宗本紀二》，中華書局，1976年，第732頁。

〔註84〕《通制條格》卷十三《祿令・工糧》，黃時鑒點校本，浙江古籍出版社，1986年，第148頁。

〔註85〕《元典章》卷三《聖政二・均賦役》，臺北故宮博物院影印元刊本。

〔註86〕《經世大典・站赤四》，《永樂大典》卷一九四一九，中華書局，1986年，第7228頁。

樂太平之世，籤亦盛矣。」〔註87〕

　　造成糧食緊張的上述二十六局是元代興和路的重要特色。此處僅就見於史書記載簡要論述。

　　因興和路佔據要衝，來往人員眾多，此處釀酒業也很發達。元朝曾於蕁麻林設置酒稅管理機構。或因當地糧食產量有限，蒙古大汗又常常駐蹕於此，鼓勵發展釀酒，遂「罷蕁麻林酒稅羨餘」〔註88〕。上述哈散納「領阿兒渾軍，並回回人匠三千戶駐於蕁麻林」，說明元朝在蕁麻林的工匠人數之眾。由此，蕁麻林還是元朝著名的人匠管理要地，「興和路蕁麻林人匠提舉司，提舉一員，同提舉一員，副提舉一員，照略案牘一員。」〔註89〕爲生產重要的絲織品納失失，元朝在蕁麻林設置納失失局，「弘州、蕁麻林納失失局，秩從七品，二局各設大使一員、副使一員。至元十五年，招收析居放良等戶，教習人匠織造納失失，於弘州、蕁麻林二處置局。十六年，並爲一局。三十一年，徽政院以兩局相去一百餘里，管辦非便，後爲二局。」〔註90〕

　　除了上述納失失局等供應皇室和貴族需要的民用手工業局以外，因爲興和路是重要的戰略要地，元朝還在此處經營軍事方面的官手工業。至元三十年（1294），元朝在此地設立軍器人匠局〔註91〕。

　　鑒於史料有限，我們無法對興和路的二十六局一一考證。儘管如此，我們認爲，正是有了元朝在此處設置的二十六局，才使得有元一代，元初撫州的重要性一直隨著其後隆興路、興和路（期間還有「中都」）稱謂的變革而繼續著。元朝後期的至正年間，時人歌頌興和郡（屬河東憲司按部，西抵太原千餘里）：「我行日旬浹，所歷皆朔漠。興和號上郡，陂陀具城郭。灤陽界東履，汾晉直西略。提封廣以遐，編民半土著。連甍結賈區，曾樓瞰寥廓。要會稱雄麗，勢壓諸部落。興王遠垂裕，百載承制作。北巡必西還，遠疑東邑洛。供億頗浩繁，撫循在恭恪。四鄰愼備虞，三輔嚴寄託。賢愚不同調，蟲沙與猨鶴。長願四海清，漢儀歲輝爍。」〔註92〕此首詩歌可知，興和路因「北巡必西還」的必經之

〔註87〕《經世大典序錄·賦典總序·蠲免恩免差稅》，蘇天爵：《元文類》卷四○，商務印書館，1936年，第543頁。

〔註88〕《元史》卷一九《成宗本紀二》，中華書局，1976年，第419頁。

〔註89〕《元史》卷八五《百官志一》，中華書局，1976年，第2152頁。

〔註90〕《元史》卷八九《百官志五》，中華書局，1976年，第2263頁。

〔註91〕《元史》卷九○《百官志六》，中華書局，1976年，第2288頁。

〔註92〕（元）周伯琦：《近光集·扈從集·興和郡》，《文淵閣四庫全書》本。

路，故有「供億頗浩繁，撫循在恭恪」的經濟負擔和「四鄰愼備虞，三輔嚴寄託」的政治重任，由此才體現出「遠疑東邑洛」的繁華城市。

三、興和路鷹房：兼論元代鷹房捕獵制度

早在南北朝的北齊，就出現了專門爲皇家服務的鷹師，說明這時皇帝就開始鷹獵活動。但從國家層面確立鷹獵制度的當爲元朝。元朝在興和路專門設置鷹房，專供蒙古大汗鷹獵活動。學者們從元代昔寶赤〔註93〕、皇帝的季節性遊獵生活〔註94〕、打捕鷹房戶〔註95〕、對野生動物的保護〔註96〕、文化解讀〔註97〕等角度，對此問題作了有益的探討。在前人基礎上，筆者結合興和路的鷹房，擬對元代的鷹房捕獵制度予以討論。

（一）興和路鷹房

作爲遼金時代的夏營地、忽必烈的駐蹕之所、元武宗的中都，興和路不僅具有優越的地理位置和便利的交通，而且賞心悅目的自然風情也是其受到垂青的原因。「土人名爲鴛鴦濼。其地南北皆水濼，勢如湖海，水禽集育其中，以其兩水，故名曰鴛鴦。或云水禽惟鴛鴦最多。國語名其地曰哲呼哈喇巴納，猶漢言遠望則黑也。兩水之間壤土隆阜，廣袤百餘里，居者三百餘家，區脫相比。諸部與漢人雜處，頗類市井，因商而致富者甚多，有市酒家貲至鉅萬而連姻貴戚者，地氣厚完可見也」〔註98〕。正是由於對此地「勢如湖海，水禽集育其中」的留戀，蒙古皇室每年光顧，才出現「頗類市井，因商而致富者甚多」的繁榮局面。

〔註93〕　（日）片山共夫：《論元代的昔寶赤——以怯薛的二重構造爲中心》，《北方民族史與蒙古史譯文集》，雲南人民出版社，2003年，第669～690頁。

〔註94〕　勞延煊：《元朝諸帝的季節性遊獵生活》，《遼金元史研究論集》，大陸雜誌史學書第二輯第三冊，第111～117頁。

〔註95〕　關於元朝打捕鷹房戶的研究，參見：胡務：《元代的打捕鷹房戶——兼對〈元史・兵志・鷹房捕獵〉補正》，《西南師範大學學報》，1992年第2期。海外學者也曾經注意到鷹房捕獵戶，參見：（日）岩村忍：《元代的戶計編成》，濤海譯，《蒙古學信息》，1999年第4期。

〔註96〕　王風雷：《元代的野生動物保護法》，《第二屆中國少數民族科技史國際學術討論會論文集》，社會科學文獻出版社，1996年。王風雷、張敏傑：《元代野生動物保護法再探》，《內蒙古師範大學學報》2005年第6期。

〔註97〕　王曉清：《「飛放」與「校獵」的文化解讀——元上都蒙古草原風俗略論》，《「元代漠南城市與經濟社會」學術研討會》會議論文，錫林浩特，2010年。

〔註98〕　（元）周伯琦：《近光集・扈從集・後序》，《文淵閣四庫全書》本。

　　元朝在興和路設有「打捕鷹房提領所」〔註99〕，「又作土屋養鷹，名鷹房」〔註100〕。忽必烈時期，康里人阿沙不花爲興和路昔寶赤，負責管理鷹房，「及乃顏平，阿沙不花以大同、興和兩郡當車駕所經有帷臺嶺者，數十里無居民，請詔有司作室嶺中，徙邑民百戶居之，割境內昔寶赤牧地，使耕種以自養。」〔註101〕忽必烈遂賜其居該地，「世祖皇帝入正大統，疇其勞績，給以土田人戶，俾居興和天城之大羅鎮」〔註102〕。此天城縣，「在府城北一百八十里。本雲中縣地，後魏置廣牧縣。遼改曰天城。金屬大同府。」〔註103〕需要指出的是，阿沙不花本傳所言「徙邑民百戶居之」，此處的「邑民」應指的是阿沙不花家鄉人民，跟隨其作元朝的「昔寶赤戶」。對此，片山共夫先生指出「供給鷹食之戶似並非另外又作爲打捕鷹房戶者。他們似是在放飛時供給必要的鷹食者。可以推測，阿沙不花所管轄的昔寶赤在附近使用牧地、飛放。阿沙不花所管轄的昔寶赤正是前節已曾探討過的散居在地方上的昔寶赤。」〔註104〕爲了完善此地的飛放事務，忽必烈曾打算「盡徙興和桃山數十村之民，以其地爲昔寶赤牧地。」因阿沙不花固請存三千戶鷹食戶，並得到忽必烈的允許，留下的昔寶赤戶遂奉阿沙不花爲使長，故有「民德德之，至今飲食必祭」〔註105〕的傳統。儘管留駐居民沒有受到遷徙之痛，但卻遭到加賦之苦，至元九年（1272）七月，「免徙大羅鎮居民，令倍輸租米給鷹坊」〔註106〕。

　　兩都巡幸過程中一項重要內容就是蒙古大汗捕獵。河北省沽源縣曾出土的一枚製造於至元十七年（1280）六月的印章，該印章刻有「昔寶赤八拉哈孫站之印」〔註107〕，按照蒙古語義，意爲「養鷹人城」。說明興和一帶設有專

〔註99〕　（元）虞集：《威寧井氏墓誌銘》，于逢春，厲聲主編：忒莫勒，烏雲格日勒分冊主編：《中國邊疆研究文庫・初編・北部邊疆卷》之《口北三廳志》，黑龍江教育出版社，2015年，第365頁。

〔註100〕　（元）周伯琦：《近光集・扈從集・前序》，《文淵閣四庫全書》本。

〔註101〕　《元史》卷一三六《阿沙不花傳》，中華書局，1976年，第3297頁。

〔註102〕　（元）黃溍：《文獻集》卷一〇上《勑賜康里氏先塋碑》，《文淵閣四庫全書》本。另見：黃溍：《金華黃先生文集》卷二八《康里世勳碑》。

〔註103〕　（明）李賢：《明一統志》卷二一《大同府》，明萬曆刻本。

〔註104〕　（日）片山共夫《論元代的昔寶赤——以怯薛的二重構造爲中心》，《北方民族史與蒙古史譯文集》，雲南人民出版社，2003年，第684頁。

〔註105〕　《元史》卷一三六《阿沙不花傳》，中華書局，1976年，第3297頁。

〔註106〕　《元史》卷七《世祖本紀四》，中華書局，1976年，第142頁。

〔註107〕　照那斯圖：《元八思巴字篆書官印輯存》印52，載《文物資料叢刊》1，文物出版社，1977年。另見：照那斯圖、薛磊：《元國書官印匯釋》，遼寧民族出

司皇室鷹房捕獵職能的機構。

　　作爲蒙古大汗每年光臨的捕獵之地，即使災荒之年，興和路也和上都、大同、大都等地一樣嚴禁鄉民捕獲獵物〔註108〕。爲了維護鷹房的正常需要，每當遭遇災禍時，鷹房又可以作爲單獨的賑濟受助對象。至順二年（1331年）九月，「發粟五千石賑興和路鷹坊。」〔註109〕十一月，「興和路鷹坊及蒙古民萬一千一百餘戶，大雪畜牧凍死，賑米五千石。」〔註110〕因元朝有專門針對鷹房的救濟性措施，有的鷹房往往虛報所需錢糧，從而套取國家物資，元朝有時候下令嚴禁「鷹房避役濫請錢糧」。〔註111〕

　　不僅皇家設有鷹房，元代中期權重大臣也受此殊榮。仁宗時期，燕鐵木兒、玥璐不花在興和路均建有鷹棚〔註112〕。

　　當蒙古勢力退出中原之後，明朝數次北伐，興和路風俗依舊，然而昔日因蒙古大汗「畋狩以閱武功」〔註113〕而出現「諸部與漢人雜處，頗類市井」〔註114〕的場面已經不再。明代討伐蒙古，「初二日駐蹕興和，賜食黃羊。初七日早發興和，行數里過封王陀。今名鳳凰山。山西南有故城，名沙城。西北有海子，駕、鵝、鴻、雁之類滿其中，遠望如人立者、坐者、行者謦欬者。白者如雪，黑者如墨。或馳騎逐之，即飛起。人去旋下，翩躚迴翔於水次。過此海子，又度數山岡，午次鳴鑾戍。上指示山謂幼孜三人曰：此大巴延山，其西北有小巴延山。指其東北曰：由此去開平。復曰：汝等觀此，方知塞外風景。讀書者但紙上見，未若爾等今日親見之。上又曰：適所過沙城，即元之中都，此處最宜牧馬。」〔註115〕明代文人在感歎此處「駕、鵝、鴻、鴈之

版社，2011年，第263頁。

〔註108〕《元典章》卷一《詔令·賑饑貧》：「詔書內一款：近年以來水旱相仍，缺食者眾。諸禁捕野物地面，除上都、大同、隆興三路外，大都周圍各禁五百里，其餘禁斷處所及應有山場、河泊、蘆場，詔書到日並行開禁一年，聽民從便採捕。」

〔註109〕《元史》卷三五《文宗本紀四》，中華書局，1976年，第790頁。

〔註110〕《元史》卷三五《文宗本紀四》，中華書局，1976年，第793頁。

〔註111〕《元史》卷二二《武宗本紀一》，中華書局，1976年，第493頁。

〔註112〕《元史》卷三五《仁宗本紀四》，中華書局，1976年，第778頁。

〔註113〕（元）蘇天爵：《滋溪文稿》卷一九《房山賈君墓碣銘》，陳高華、孟繁清點校，中華書局，1997年，第319頁。

〔註114〕（元）周伯琦：《近光集·扈從集·後序》，《文淵閣四庫全書》本。

〔註115〕（明）金幼孜：《北征錄》，陸楫：《古今說海》卷一，文淵閣《文淵閣四庫全書》本。

類滿其中」等風光的同時，只留下「元之中都最宜牧馬」的感慨。

（二）遼金元的鷹房捕獵生活

元代興和路鷹房作爲一個代表，可以反映遼金元北方民族社會風俗在政治制度方面的體現。對於北方民族而言，除了畜牧業以外，狩獵也是他們生活的主要產業。北方民族狩獵的方式分爲「飛放」與「校獵」〔註116〕。《元史・兵志》言「冬春之交，天子或親幸近郊，縱鷹隼搏擊，以爲遊豫之度，謂之飛放。」馬可波羅用單獨章節描述蒙古大汗用「鳥」飛放捕獵的情形〔註117〕。成吉思汗的遠祖孛端察兒就曾以飛放爲生，「到了春天，野鴨飛來了時，（孛端察兒）把自己餓著的鷹放了出去，捕捉到（許許多多）野鴨和雁，（吃也吃不完），掛在許多枯樹上，散發出臭氣，掛在許多乾樹上，腥氣難聞」〔註118〕。

對於狩獵生活習以爲常的遼、金、元等北方民族政權，甚至將其上升爲政治軍事行爲，成吉思汗就特別重視狩獵活動，《世界征服者史》有如下記載：

> 成吉思汗極其重視狩獵，他常說，行獵是軍隊將官的正當職司，從中得到教益和訓練是士兵和軍人應盡的義務，〔他們應當學習〕獵人如何追趕獵物，如何獵取它，怎樣擺開陣勢，怎樣視人數多寡進行圍獵。因爲，蒙古人想要行獵時，總是先派探子去探看有什麼野獸可獵，數量多寡。當他們不打仗時，他們老那麼熱衷於狩獵，並且鼓勵他們的軍隊從事這一活動：這不單爲的是獵取野獸，也爲的是習慣狩獵鍛鍊，熟悉弓馬和吃苦耐勞。〔註119〕

這一切爲他們的軍事行爲提供鍛鍊機會。遼朝有「禁漢人捕獵」〔註120〕的法律規定，他們視狩獵活動爲一種統治民族的政治活動。孛端察兒使用黃鷹應該算作北方民族慣用的狩獵方法。鷹最矯健者，當屬海東青〔註121〕，「海東青，

〔註116〕（清）胡鳴玉《訂訛雜錄》言「遮獸而獵取之，謂之校獵。」校獵之法，中原王朝古已有之。這裡以討論飛放爲主。

〔註117〕《馬可波羅行紀》第九二章《大汗之行獵》，馮承鈞譯本，上海書店出版社，2001年，第233～235頁。

〔註118〕《蒙古秘史》第二七節。余大鈞譯注本，河北人民出版社，2001年，第11頁。

〔註119〕（波斯）志費尼：《世界征服者史》，何高濟譯，翁獨健校訂，內蒙古人民出版社，1980年，（上冊）第29～30頁。

〔註120〕（元）脫脫等：《遼史》卷二二《道宗本紀二》，中華書局，1974年，第270頁。

〔註121〕彭善國：《遼金元時期的海東青及鷹獵》，《北方文物》2002年第4期。

鶻之至俊者也，出於女眞，在遼國已極重之，因是起變而契丹以亡。其物善
擒天鵝。飛放時，旋風羊角而上，直入雲際。能得頭鵝者，元朝官裏賞鈔五
十錠」〔註122〕。金代著名文人趙秉文形象記錄金朝皇室利用海東青捕獵頭鵝
的盛況：

> 光春宮外春水生，駕鵝飛下寒猶輕。
>
> 綠衣探使一鞭信，春風寫入鳴鞘聲。
>
> 龍旗曉日迎天仗，小隊長圍圓月樣。
>
> 忽聞疊鼓一聲飛，輕紋觸破桃花浪。
>
> 內家最愛海東青，錦韝掣臂翻青冥。
>
> 晴空一擊雪花墮，連延十里風毛腥。
>
> 初得頭鵝誇得雋，一騎星馳薦陵寢。
>
> 歡聲沸入萬年觴，瓊毛散上千官鬢。
>
> 不才無力答陽春，羞作長楊侍從臣。
>
> 聞與老農歌帝力，歡呼一曲太平人。〔註123〕

「頭鵝，天鵝也。以首得之，又重過三十餘斤，且以進御膳，故曰頭。」
〔註124〕初得頭鵝之後，需要將其送到皇家陵園，祭祀列祖列宗。對於類似趙
秉文一樣的漢族官員而言，無法融入其中，深入體會捕獵活動的樂趣。只好
與附近的老農談論社會太平帶給老百姓的快樂。

金朝皇帝們利用海東青捕獵的樂趣也被元朝皇帝享受著，「鷹房曉奏駕鵝
過，清曉鑾輿出禁廷。三百海青千騎馬，一時隨扈向涼陘」〔註125〕。元朝學
者吟誦海東青的不凡，「扶餘玉爪舊曾聞，青鳥猶沾海氣昏。掌上風標有如此，
眼中神駿更憐君。平蕪未灑頭鵝血，春水誰開獵騎門。過雁昏鴉莫回首，霜
拳高興在空雲。」〔註126〕元朝官員讚揚海東青的勇敢，「海東青鶻氣凌空，錦
臂條籠下九重。春水才溶千頃綠，頭鵝已落半天風。須知神物不易得，自是
聖皇酬有功。丞相黑頭誰與比，此心正要答宸衷。」〔註127〕元朝詩人記錄狩
獵的凱旋，「天朝習俗樂從禽，爲按名鷹出朔陰。立馬萬夫齊指望，平空鵝影

〔註122〕（明）葉子奇：《草木子》卷四下《雜俎篇》，中華書局，1959年，第85頁。
〔註123〕（金）趙秉文：《閒閒老人滏水集》卷三《春水行》，四部叢刊本。
〔註124〕（元）陶宗儀：《南村輟耕錄》卷一《昔寶赤》，中華書局，1959年，第19頁。
〔註125〕（元）宋本：《上京雜詩》，《永樂大典》卷七七〇二，中華書局，1986年。
〔註126〕（元）劉因：《靜修集》卷一六《白海青一名玉爪駿》，四部叢刊本。
〔註127〕（元）魏初：《青崖集》卷一《賜蒙固岱平章海青》，《文淵閣四庫全書》本。

雪沉沉」。〔註 128〕「元戎承命獵郊坰，敕賜新羅白海青。得雋歸來如奏凱，天鵝馳送入宮庭。」〔註 129〕

　　元朝設有專門管理鷹房事務的官員，稱其爲昔寶赤。「昔寶赤，鷹房之執役者，每歲以所養海青有獲頭鵝者，賞黃金一錠。」〔註 130〕昔寶赤在元代享有極高的地位，前述興和路昔寶赤康里人阿沙不花即爲此例。時人議論「朝廷嘗因畋狩以閱武功，鷹師所至威若神明，或旁緣爲奸，而下不勝其虐矣」。〔註 131〕上述興和路「三千戶以給鷹食」或即爲元代諸色戶計中的「鷹房戶」。元代名臣胡祇遹在論述「積貯」重要性時，強調「以今觀之，農者日消日減，食粟者日增日廣」，非農產業人員龐雜：「略具不農品類於左：儒、釋、道、醫、巫、工、匠、弓手、曳剌、祇候、走解、冗吏、冗員、冗衙門、優伶、一切坐賈行商、倡伎、貧乞、軍站、茶房、酒肆、店、賣藥、賣卦、唱詞貨郎、陰陽二宅、善友五戒、急腳廟官雜類、鹽灶戶、鷹房戶、打捕戶、一切造作夫役、淘金戶、一切不農雜戶、豪族巨姓主人奴僕。」〔註 132〕其中，鷹房戶、打捕戶和傳統行業明顯列爲一起。

　　忽必烈時代飛放陣勢鴻蒙，馬可波羅有如下詳細描述：

　　　君主駐蹕於其都城，逾陽曆 12 月、1 月、2 月共三閱月後，陽曆 3 月初即從都城首途南下，至於海洋，其距離有二日程。行時攜打捕鷹人萬人，海青五百頭，鷹鵝及他種飛禽甚眾，亦有蒼鷹（autours），皆備沿諸河流行獵之用。然君等切勿以爲所攜禽鳥皆聚於一處，可以隨意分配各所。每所分配禽鳥一二百，或二百以上，爲數不等，此種打捕鷹人以其行獵所獲多獻大汗。〔註 133〕

（三）元朝鷹房南北遷徙及其他管理制度

　　受季節變遷影響，元朝皇帝的鷹房捕獵還明顯具有南北遷徙特徵。冬春

〔註 128〕　（元）張昱：《可閒老人集》卷二《輦下曲》，《筆記小說大觀》三十三編第 10
　　　　　冊《天府廣記》，第 679 頁。

〔註 129〕　（元）柯九思：《宮詞十五首》，萬有文庫本，商務印書館，1935 年，第 325
　　　　　頁。

〔註 130〕　（元）陶宗儀：《輟耕錄》卷一《昔寶赤》，中華書局，1959 年，第 19 頁。

〔註 131〕　（元）蘇天爵：《滋溪文稿》卷一九《房山賈君墓碣銘》，陳高華、孟繁清點校，
　　　　　中華書局，1997 年，第 319 頁。

〔註 132〕　（元）胡祇遹：《紫山大全集》卷二二《論積貯》，《三怡堂叢書》本。

〔註 133〕　《馬可波羅行記》第九一章《管理獵犬之兩兄弟》，馮承鈞譯本，上海書店出
　　　　　版社，2001 年，第 230～231 頁。

季節飛放地點一般在柳林一帶；夏秋時期，飛放多在興和路一帶。冬春時節，興和路天寒地凍，植物無法生長，就連供應鷹食也成問題，更別說承載皇帝飛放時的大量隨從人口了。夏秋季節，興和路植物繁茂，並且氣候涼爽，是居住在大都的皇室貴族們避暑的美妙去處。

關於興和路的飛放情況，我們上面已做了交代。對於鷹房捕獵的向南遷徙到大都一帶，我們先看元朝《經世大典》中一段具體規定：

> 中統三年十月，有旨：依舊例，中都四面各五百里地內，除打捕人戶，依年例合納皮貨，野物打捕外，不以何人，不得飛放打捕雞兔，違者治罪。又奉旨：北口白馬甸、南口三道集圍獵，違者籍沒一半家產，斷罪，仍遷其鄉於真定之南。籍沒物賞告人。惟狼、熊、虎、狐、金錢豹可殺。景州之東二百里外，平灤州西南海邊，易州之北及武清、寶坻、霸州、保定、東安州亦禁。易州之南不禁。至元二十六年十二月二十八日奏：檀州禁地內，劉得成殺食野物，雖已詞伏，緣其因饑缺食，違禁救死，出不得已。其家有牛二十頭，若依例籍沒，何以為生。奉旨免之。明年，房山民亦以饑犯禁，依前例奏免之。皇慶元年正月，內參議中書省事禿魯哈帖木兒、阿里海牙等奏飛放之時至矣，丞相帖木迭兒令臣等奏取聖裁。上曰：今年田禾多不收，百姓饑困，朕不飛放。二年九月，奉旨：腹裏地今年田禾災傷，諸位下毋令昔寶赤、八兒赤前去。〔註134〕

通過上述記載，我們可以看出：

第一，保證飛放時有足夠捕獵資源。為保證皇帝飛放時，大都地區有充足的捕獵資源，早在中統年間，元朝就做出規定，除了打捕人戶以外，其他人不得「飛放打捕雞兔」。

第二，劃定飛放地理範圍。大約是考慮到大都周圍是農耕地區，再加上飛放本身也需要有固定範圍限制，元朝劃定了大都周圍的一些地方作為飛放的指定區域。如「景州之東二百里外，平灤州西南海邊，易州之北及武清、寶坻、霸州、保定、東安州亦禁。」

第三，直隸省部地區很多人民受到打捕鷹房南徙制度的影響。他們不僅要供應大量的鷹食，而且還要因違反捕獵的某些規定，有的要舉家遷移到真

〔註134〕《經世大典・政典總序・鷹房捕獵》，蘇天爵：《元文類》卷四一，商務印書館，1936年，第604頁。

定路以南地帶，有的籍沒家產。

第四，為維護統治，元朝統治者也會採取一些寬泛、人性化措施。如：對於容易傷人的「狼、熊、虎、狐、金錢豹」等類動物捕殺許可，對「以饑犯禁」人員的赦免。甚至出現，飛放時節，元朝皇帝考慮到「田禾多不收，百姓饑困」，而不再飛放的情況。

延祐元年（1314）八月，中書省就冬季馬駝草料一事上奏，這份文件也可幫助我們理解南北遷徙制度：

> 去年，「昔寶赤每，教十月裏入大都來者。」麼道，聖旨有呵，預先將鷹入來，教外頭拴的。又將入來了的，也多有來。今年，「教十月初一日入來者。」麼道，聖旨有來。如今昔寶赤每根底差人去，大都的入來的，十月初一日合裏頭拴的鷹，教將入來者。外頭拴的鷹，教外頭拴者。那裡拴呵，教昔寶赤官人每，度支監官每根底說將來，憑度支監文字，教各州城准備草料呵，怎生？奏呵，奉聖旨：「那般者。」〔註135〕

這份文件明確規定「昔寶赤每，教十月裏入大都來者」，還要求提前將鷹帶到大都。與這一要求相一致，中書省要求戶部度支監命令大都附近州城準備鷹食。

歷遼金至於元朝，北方民族對鷹房捕獵是極為重視的。現存元朝文本為我們說明這一問題提供了較詳細的資料。元人有言：「國朝大事，曰征伐，曰蒐狩，曰宴饗，三者而已。」〔註136〕此處所言蒐狩當指鷹房捕獵制度，可見蒙元對於鷹房捕獵的重視非同一般。中統三年（1262）四月聖旨規定「若有軍情、急速公事、海青使臣徑直望雲鵰窩路上經行」〔註137〕，此處代表鷹房捕獵事務的「海青使臣」居然與事關國家安危的「軍情、急速公事」相提並論。此種規定，在元代文獻很多，「至元十七年（1280）七月，行中書省准，中書省諮議得：今後差去江淮勾當，使臣人員除海青使臣及軍情勾當緊急公事，使臣人等只令乘騎

〔註135〕《至正條格·條格》卷二十四《廄牧·馬駝草料》，韓國學中央研究院編，校注本，2007年，第34頁。另見：《通知條格》卷一五《廄牧·擅支馬駝草料》，黃時鑒點校本，浙江古籍出版社，1986年，第182頁。兩者標點不同。

〔註136〕（元）王惲：《秋澗先生大全集》卷五七《大元故關西軍儲大使呂公神道碑銘》，《元人文集珍本叢刊》本。

〔註137〕《經世大典·站赤一》，《永樂大典》卷一九四一六，中華書局，1986年，第7194頁。

鋪馬前去，餘者緩慢使臣，自濟川水站爲始，乘船前去。」〔註138〕

　　上述文件赫然將鷹房事務放置於馬匹事務之前。當然，在元代制度文本中，完全可以找到對應。元代《經世大典‧政典總序》列舉出「政典」二十個類目：征伐、招捕、軍制、軍器、教習、整點、軍賞、責罰、宿衛、屯戍、工役、存恤、兵雜錄、馬政、屯田、驛傳、弓手、急遞、祗從、鷹房捕獵（其中，兵雜錄以下七項爲附錄「非兵而兵」）〔註139〕。其「鷹房捕獵」制度記錄如下：

　　　　國制，自御位及諸王皆有昔寶赤，蓋鷹人也。及一天下，又設捕獵戶，皆俾致鮮食以薦宗廟、供天庖，齒革羽毛以備用，而立制加詳。地有禁，取有時。違者，罪之。冬春之交，天子或親幸近郊，縱鷹隼搏擊，以爲遊豫之度，曰飛放。故類鷹房捕獵四卷。夫獵殺事也，而列聖之仁政存其間，殺胎者有禁，殺卵者有禁，歲饑而盜獵禁地者，赦。至皇慶間，有司奏出幸時至。我仁廟以穀不熟民困，曰：「朕不飛放。」且敕諸王位昔寶赤皆不聽出。嗚呼，萬世之下，其永法之哉。

　　　　乙未年（1235），哈罕（窩闊台）皇帝聖旨：籍打捕鷹房戶屬御位及諸王公主駙馬，置打捕鷹房官。今義辦雁、鴇、鶉入宣徽院生料庫，雜翎入武備寺，薦新活雁鴨進入太廟神廚局，狢皮入利用監，鷹隼戶進鷹，雉雞尾供光天、大明諸殿及影堂。憲宗五年（1255）正月，奉旨：正月至六月盡，懷羔野物勿殺，唯狼不以何時而見殺之，無妨。違者奪聽乘馬及衣服弓矢，（以）賞見而言者。見而不言者亦同罪。又喻諸打飛禽人，先帝聖旨有卵飛禽勿捕之。今後鷹房人春月飛禽勿殺，違者治罪。〔註140〕

〔註138〕《元典章》卷三六《兵部三‧驛站‧緩慢使臣與船轎》，臺北故宮博物院影印元刊本。

〔註139〕脫胎於《經世大典‧政典》的《元史兵志》所載分類與其基本一致。《元史》卷九八《兵志‧兵一》：「今其典籍可考者，曰兵制、曰宿衛、曰鎮戍，而馬政、屯田、站赤、弓手、急遞鋪兵，鷹房捕獵非兵而兵者，亦以類附焉」。與《經世大典》比較，《元史》把兵類分爲三大塊：兵制、宿衛、鎮戍。非兵而兵類，馬政、屯田、弓手、鷹房捕獵依舊抄錄，驛傳、急遞、祗從改爲站赤和急遞鋪兵。關於《經世大典‧政典》和《元史‧兵志》的關係，參見：王愼榮的《〈元史〉諸志與〈經世大典〉》（《社會科學輯刊》1990年第二期）。

〔註140〕《經世大典‧政典總序‧鷹房捕獵》，蘇天爵：《元文類》卷四一，商務印書館，1936年，第604頁。

　　從第一段記載，我們可以看出，一方面「鷹房捕獵」制度明顯是元朝繼承草原傳統的產物，既符合草原狩獵業生產的需要，其「殺胎者有禁，殺卵者有禁」又明顯具有維護草原生態、促進動物繁殖，從而使草原健康發展的保護措施。另一方面，《經世大典》畢竟是出自漢族文人之手，並且按照中原文化傳統編纂的制度典籍，其對鷹房制度的記述也明顯符合「聖王」的原則，如「列聖之仁政存其間」的表述和對元仁宗的歌頌。第二段主要是對第一段的解釋和詳細說明。前述元朝實行中都四面各五百里地內河附近指定地點的禁獵等政策，這些政策明顯是為保障皇家「鷹房捕獵」制度的有效推行而制定的，體現了蒙古大汗等的特權。而對「懷羔野物、有卵飛禽」的動物採取禁獵的保護，以及前述周密所言《大打圍》對遺種的考慮，凡此等規定都在一定程度上體現了維護草原生態的合理性。

　　建立在《經世大典》基礎上編纂的《元史‧兵志》當然也記錄著「鷹房捕獵」制度的相關內容：

> 元制，自御位及諸王，皆有昔寶赤，蓋鷹人也。是故捕獵有戶，使之致鮮食以薦宗廟，供天庖，而齒革羽毛，又皆足以備用，此殆不可闕焉者也。然地有禁，取有時，而違者則罪之。……故鷹房捕獵，皆有司存。而打捕鷹房人戶，多取析居、放良及漏籍孛蘭奚、還俗僧道與凡曠役無賴者，乃招收亡宋舊役等戶為之。其差發，除納地稅、商稅，依例出軍等六色宣課外，並免其雜泛差役。自太宗乙未年，抄籍分屬御位下及諸王公主駙馬各投下。及世祖時，行尚書省嘗復位其籍，厥後永為定制焉。

　　此段記載，除了反映一致的內容外，明確了「打捕鷹房人戶」的來源，「多取析居、放良及漏籍孛蘭奚、還俗僧道與凡曠役無賴者，乃招收亡宋舊役等戶為之」，元代「打捕鷹房人戶」「與係官匠戶的成立過程可以說是同出一轍」〔註141〕。

　　元朝為了保障鷹房捕獵制度，設有非常龐大的鷹房捕獵管理機構，即所謂「飼豹仍分署，韝鷹亦有房」〔註142〕。《元史‧百官志》羅列了有關該系統

〔註141〕 （日）片山共夫：《論元代的昔寶赤——以怯薛的二重構造為中心》，《北方民族史與蒙古史譯文集》，雲南人民出版社，2003年，第673頁。

〔註142〕 （元）周伯琦：《近光集》卷一《九月一日還自上京途中紀事十首》，《文淵閣四庫全書》本。

機構及其官員品級的詳細清單。此外，還設置：管領隨路打捕鷹房納綿等戶提舉司、管領諸路打捕鷹房民匠等戶總管府、管領大都河間等路打捕鷹房總管府、管領諸路打捕鷹房納綿等戶總管府。管領諸路打捕鷹房等戶總管府下設管領上都等處打捕鷹房納綿等戶大使司和順德〔註143〕、大都、固安、中山、濟南、德州、益都、大同、濟寧、興和、晉寧等處打捕鷹房納綿等戶提領所。上都大使司設大使、副使各一員，各提領所設置提領、副提領各一員。

　　由此可見，元代鷹房琯理體系之龐大、設置機構之複雜、官員品級之高（最高爲正三品，與六部尚書品級相同），元朝把鷹房等事務管理提高到這一層次，是傳統中原王朝無法比擬的。

　　除了機構設置方面表現元朝對鷹房的重視以外，元朝對傷害海青之人給以嚴懲。對此，王惲建議：飛放之時，有司「預期將一切禁忌違犯之事，重行嚴切省諭，使農民臨時又得曉然」。〔註144〕

　　蒙古大汗對打捕鷹房等管理機構的重視，再加上鷹房巨大的消耗和給農業生產造成的危害，引起「以農爲本」觀念下漢族官員的強烈反感。他們或上書取消打捕鷹房琯理系統，「官員數可爲限定，小處可合併，如樂人、打捕鷹房，諸科目名色官吏皆合罷歸」〔註145〕。或建言打破戶計差別，「凡佛、老、醫、儒、鷹房、打捕，百工技藝，繁名雜目，皆可散入民編，各歸於守土之有司。一而不雜，靜而不擾。權力歸於上而無科徵橫斂擅賞濫罰之禍」〔註146〕。或大加指責，「中原甫定，江左未下，朝廷嘗因畋狩以閱武功，鷹師所至，威若神明。或旁緣爲奸，而下不勝其虐。君間爲其官長言：『國家肇基百戰，始得中土，蒐畋閱武，本以服未服，豈宜病民若是乎』」〔註147〕。或耐心勸說，「每歲鷹房子南來，所經州縣，市井爲空。因官吏非理凌辱百姓，畏之過於營馬。及去，又須打發撒花等物，深爲未便，乞嚴行禁約，以安吏民」〔註148〕。或曉以利害，「其治樂陵也。鷹房數百

〔註143〕　只有此處設置達魯花赤一員，其他提領所均未設置，待考。
〔註144〕　（元）王惲：《秋澗先生大全集》卷八四《爲春秋時預期告諭事狀》，《元人文集珍本叢刊》本。
〔註145〕　（元）郝經：《陵川集》卷三二《便宜新政》，《北京圖書館古籍珍本叢刊》本。
〔註146〕　（元）胡祗遹：《紫山大全集》卷一二《上張左丞書》，《三怡堂叢書》本。
〔註147〕　（元）蘇天爵：《滋溪文稿》卷一九《房山賈君墓碣銘》，陳高華、孟繁清點校，中華書局，1997年，第319頁。
〔註148〕　（元）王惲：《秋澗先生大全集》卷九〇《便民三十五事·侵奪民利不便等事·禁約侵擾百姓》，《元人文集珍本叢刊》本。

人從旁縣來，糗肉滿馬尾，意樂陵可稱意。讀令論之，召其首曰：『使果犯，誠不貰汝。』卒避去」〔註149〕。對於圍獵、飛放造成的農業生產破壞，元朝也多次發文約束放鷹人等：「圍獵飛放，昔寶赤並餵養馬駝人等，如無省部明文，並不得於百姓處取要草料、酒食等物，縱令頭匹損壞田禾、樹株。如違，所在官司就便追斷，重者申聞。若有司不為理問，監察御史、肅政廉訪司並行糾治。」〔註150〕。當然，由於蒙古皇室對狩獵等生活的重視，漢族大臣也以伴隨皇帝狩獵為榮，如焦養直「從幸柳林，命講前史於幄殿，隨事諷諫。上親飲以御爵而重賜之。」〔註151〕

出現饑貧和災荒的年份，元朝統治者會在一定區域「開禁一年，聽民從便採捕」〔註152〕。但作為制度，上述漢族官員的不解和埋怨並沒有使蒙古貴族改變鷹房捕獵做法。相反，元朝的一些重大政治事件甚至特意選擇在鷹房捕獵制度保障下的「春蒐秋獮」期間進行，諸如忽必烈近侍怯薛徹里奏劾桑哥，居邊有功的晉王甘麻剌奉特旨「獵於柳林之地」，權臣伯顏在陪伴太子行獵之際遭貶，等等。捕獵期間重大政治事件的發生除了特定背景以外，或與蒙古政治文化對鷹房捕獵制度的政治認同有關。鷹房捕獵制度的政治效應還可以在蒙古貴族大臣身上得到體現。除了前述燕鐵木兒、玥璐不花的興和路鷹棚外，後至元四年（1338），元朝甚至「為伯顏立打捕鷹房諸色人戶總管府」〔註153〕。鷹房或鷹棚在給與蒙古皇室和貴族享樂機會的同時，更是一種政治地位及其相關聯的政治文化的表現。由此並結合遼金對雄鷹獵食的崇尚，我們認為：狩獵不僅是一種游牧經濟的補充，而其實質是北方民族文化傳承的重要載體，這種文化符號也是一種人性的表現，一定程度上，它既是對弱肉強食的自然生存法則的認同，又是對本民族成員推崇強勢的教育和鞭策。對蒙古民族的「蘊武功於狩獵之中」的政治行為，當時漢族有識之士也頗為認可，並從理性的角度加以分析：「國家草昧之初，南北未一，政教未洽，常因畋狩以講武功，故鷹師之職貴倖隆寵。承平既久，猶恐武備浸弛，或者不究

〔註149〕（元）袁桷：《清容居士集》卷二八《奉訓大夫昌平等處屯田總管贈亞中大夫永平路總管輕車都尉宣寧郡侯劉公墓誌銘》，四部叢刊本。

〔註150〕《元典章》卷二《聖政一·安黎庶》，臺北故宮博物院影印元刊本。

〔註151〕（元）虞集：《道園類稿》卷一八《焦文靖公（養直）彝齋存稿序》，《元人文集珍本叢刊》本。

〔註152〕《元典章》卷一《詔令·賑饑貧》，臺北故宮博物院影印元刊本。

〔註153〕《元史》卷三九《順帝本紀二》，中華書局，1976年，第845頁。

其意，馳騁豪縱，因爲奸利。民始不勝其困矣。」〔註154〕北方民族「崇尙武力和征服」與中原文化「以和爲貴」所形成的文化差異性或許可以看作中國南北衝突的誘因之一。

四、興和路主要特徵

綜合上述興和路的研究，我們可以看出元代興和路的一些特徵：

第一，興和路是農牧交接地帶。自秦漢以來直至明清，伴隨著農耕和游牧兩大傳統經濟形態的發展，中原王朝和北方民族政權之間的鬥爭成了中國歷史沿革重要部分。黃河中下游地區經濟的崛起和中原王朝在該地區政治中心的確立，使得河北地區的重要性日漸明顯。唐代後期逐漸成爲北方民族契丹雄踞之地。由此造成興和路「北界連南界」的鮮明地域特徵。

第二，興和路交通地位十分重要。蒙古高原經過撫州（興和路）來往燕京等中原地帶是驛站正道，撫州的野狐嶺又是通往漠北的重要路口。元代興和路不僅是兩都間西路的重要驛站，而且是從兩都到大同、太原等地必經之所。

第三，興和路是忽必烈等蒙古貴族的重要封邑和經營之地。忽必烈不僅重建撫州城，而且把此地作爲自己的根本之地加以經營。從而爲以後隆興路的確立，甚至元中都的興建奠定了基礎。元武宗海山在位期間，一直努力把興和路營造爲中都，從而使得該地成爲元朝的另一個都城所在。

第四，元朝在興和路設置了許多官手工業。金朝承繼遼朝的夏營地，並在此地大力經營，如設置榷場、修建行宮，從而形成金朝的所謂「素號富貴」之地。在興和路，元朝不僅設置供應糧食轉輸的和糴所，還成立了納失失局等二十六局人匠的官手工業機構，以滿足汗廷、貴族的需要。

第五，興和路是元朝著名的昔寶赤營地，更是元世祖等皇帝夏秋遊獵之地。元朝繼承遼金遺俗，變通原來草原打圍捕的狩獵生產方式，爲蒙古汗廷、貴族海青等飛放狩獵手段。元代鷹房捕獵的南北遷徙方式在很大程度上說明了元朝承繼北方民族的四時捺缽傳統。興和路，作爲兩都巡幸的「西還」必經之地，體現了元朝夏秋捺缽的典型特徵。

綜合而言，作爲「北界連南界」的元代興和路，具有重要的交通地位。

〔註154〕　（元）蘇天爵：《滋溪文稿》卷一五《元故鷹坊都總管趙侯墓碑銘》，陳高華、孟繁清點校，中華書局，1997年，第248頁。

自忽必烈以來，元朝在此地努力經營，不僅是該地成為夏秋鷹房所在地，而且設置眾多官手工業人匠局，以滿足其供應北方草原和夏秋捺鉢的需要。

第二節　天下樂郡：順德路研究

順德路是元代直隸省部重要路分之一，其重要性主要表現在三個方面：其一，此地頗受元朝統治者重視，元世祖忽必烈曾兩度親臨該地〔註155〕。順德路與元代兩度行使「漢法」關聯密切：既是忽必烈「潛藩新政」的成效之地，也是「延祐儒治」時期王結「化導閭里」〔註156〕之處。其二，這裡出現了以「邢州術數家群體」為主的元朝精英群體，如「一代太保」〔註157〕劉秉忠，「世豈易得」〔註158〕郭守敬，還有「一語立活萬家命」〔註159〕的鄭景賢和「診治調護、宣力為多」〔註160〕的顏天翼，等等，時人表達的「順德之有古良相風」〔註161〕是對此很好的注釋。其三，邢州和順德兩個行政建制名稱在元朝相交接，並且它們成為該地使用最久的名稱，在元代直隸省部地區極具典型。關於郭守敬、劉秉忠等問題，學界成果較多〔註162〕，此處不再涉及。在前人基礎上，下面側重從元代邢州建制、邢州大治和《善俗要義》文本研究三個方面探討順德路。

一、元初邢州建制考略

邢州（今河北省邢臺市）曾以國都、州治、路治、府治等多種行政形態出現在中國歷史上，其名稱曾多次變化：邢、襄都、信都、邢州、順德。邢

〔註155〕 一為「己未（1259年）春二月會諸王於邢州」（《元史》卷四《世祖本紀一》）；一為「世祖南征還，至順德」（程鉅夫《雪樓集》卷七《信都常忠懿王神道碑》）。

〔註156〕《欽定四庫全書總目》卷一百六十七《集部二十別集類二十·王文忠公集》，《文淵閣四庫全書》本。

〔註157〕 白鋼：《建一代成憲的太保劉秉忠》，《文史知識》1985年第3期。

〔註158〕 （元）齊履謙：《知太史院事郭公行狀》，蘇天爵：《元文類》卷五〇，商務印書館，1936年，第723頁。

〔註159〕 （元）同恕：《榘庵集》卷三《奉元王賀公家廟記》，《文淵閣四庫全書》本。

〔註160〕 （元）王鶚：《重修鵲王廟記》，《（成化）順德府志》卷九「內丘·碑記」，2007年邢臺市地方志辦公室翻印本，第171頁。

〔註161〕 （元）歐陽玄：《元朝名臣事略序》，蘇天爵《元朝名臣事略》，姚景安點校本，中華書局，1996年，序2頁。

〔註162〕 陳美東：《郭守敬評傳》，南京大學出版社，2003年。拙著《元朝重臣劉秉忠研究》，人民出版社，2014年。

州〔註163〕和順德（1262～1911）在邢臺發展歷史上都是長時間使用，邢州歷隋、唐、宋、金、蒙古，順德歷經元、明、清。一定程度上，邢臺歷史由隋、唐、宋、金時期的邢州向元、明、清時期的順德路（府）的行政建制演變，可以看作蒙元對直隸省部地區行政變革影響的一斑。

（一）元以前邢州建制沿革

邢之見著於史籍最早可以追溯到殷商時代的祖乙遷都。殷商時代前期由於水患、游農、去奢行儉、內訌爭位、軍事等諸種或諸種之一的原因〔註164〕，屢屢遷都，有所謂「前八後五」之說：商湯之前八次徙居，立國之後五次遷都。其中第四次爲祖乙遷都於邢〔註165〕。公元前十一世紀，周滅亡商朝。大約在周初的周成王二十年左右，周公旦的第四子被封爲邢侯。〔註166〕邢國的北部爲戎狄之國，從這時候起邢臺的歷史就開始與北方民族的交往。公元前662年～公元前658年，曾經出現過齊桓公「存邢救衛」的戰爭，邢國的勢力一蹶不振。魯僖公二十五年（前635）邢被衛所滅，後晉文公伐衛，收復邢地，邢復爲晉地。戰國時期，韓、趙、魏三國分晉，這一地區又歸屬趙國。趙國第二代國王趙襄子曾在邢立都。秦朝統一後，劃歸邯鄲、鉅鹿兩郡管轄。秦二世二年（前208）農民起義的烽火中，張耳、陳餘立趙王歇爲趙王，以信都（今邢臺市）爲都城。自公元前208年開始至公元前198年（漢九年）張敖被廢止，爲王都凡十年。〔註167〕十六國時期石勒建立後趙，定都於襄國（今邢臺市）。從312年石勒定居襄國到335年石虎遷都到鄴城，後趙立都襄國23年，再加上其後一直到350年冉閔滅後趙建大魏止的陪都時間，共計38年之久。這一時期，後趙政權統治了「南至盟津，西達龍門，東至於河，北至於

〔註163〕　邢州建制主要存在於596年至1265年，期間唐天寶元年（742）改爲鉅鹿郡，至德二年（757）復邢州，宋宣和元年（1119）改稱信德府，金改邢州。

〔註164〕　李民：《〈尚書·盤庚〉所反映的商代貴族和平民的鬥爭》，《鄭州大學學報》，1978年第2期。

〔註165〕　關於祖乙遷都主要有耿、邢、庇三種說法，分別出自《尚書序》《史記·殷本紀》和《竹書紀年》，造成眾說紛紜，成爲歷史學界的一件公案，現在基本認定爲祖乙遷都爲邢，但邢的地望問題還存在爭議。《邢臺歷史文化論叢》（河北人民出版社，1990年）有多篇論文對此加以考證。

〔註166〕　楊文山：《邢國歷史綜合研究》，《邢臺歷史文化論叢》，河北人民出版社，1990年，第138～141頁。

〔註167〕　王明信：《秦漢之際的趙王都和常山王都》，《邢臺歷史文化論叢》，河北人民出版社，1990年，第230頁。

塞垣」〔註168〕的北方大部分地區，是當時最大的割據政權。

隋開皇十六年（596）置邢州。隋唐時代這一地區多數時間稱邢州。邢州是著名的陶瓷生產地，唐三彩的燒製地之一，「唐代白瓷藝術乃有史以來至唐的高峰，而唐代白瓷又主要指邢州白瓷」。〔註169〕宋代宣和元年改爲信德府。金代改爲邢州，屬河北西路。自唐以來，歷宋、金，邢州均領八縣：邢臺（隋唐爲龍崗）、沙河、南和、任縣、鉅鹿、平鄉、堯山、內丘。

（二）元代順德路行政建制沿革雜考

邢州演變爲順德路，既表現了元代路級地方政權延續宋金、肇始明清的歷史繼承，更體現了蒙古草原因素和中原王朝制度交融的特殊性〔註170〕。邢州節度使、邢州安撫司、順德府、順德路等行政機構的更迭，是其具體演變程式。

十三世紀初，隨著蒙古帝國的建立和金國政權內部矛盾局面的出現，穩定的社會秩序被打破。「（蒙古）大軍分爲三路，攻取河北、河東、山東諸郡邑。……韃靼盡驅其家屬來攻，父子兄弟往往遙相呼認。由是人無固志，所至郡邑皆一鼓而下。自貞祐元年多（1213）十一月至二年春正月，凡破九十餘郡。所過無不殘滅，兩河山東數千里，人民殺戮幾盡，金帛、子女、牛羊、馬畜皆席捲而去，屋廬焚毀，城郭邱墟矣」〔註171〕。其中的一支由術赤、察合臺、窩闊台率領的右路軍循太行山東麓南下，搶掠河北西路、河東南北路，直抵黃河北岸。河北西路的保、遂、中山、邢、磁、洺等州皆被攻下。此時蒙古軍隊以擄掠爲主，蒙古軍隊撤退後，金軍又復佔領。金蒙在中原地區的拉鋸戰爭，催生了南宋政府覬覦之心，「以京東路、河北諸州守臣空名告身，付京東、河北節制司，以待豪傑之來歸者。」〔註172〕受南宋政策影響，紅襖軍首領李全、益都張林、長清嚴實等均投宋。這些受宋節制諸軍紛紛攻取金

〔註168〕（唐）房玄齡等：《晉書》卷一〇四《載記》第四《石勒》，中華書局，1974年，第1825頁。

〔註169〕王舒冰：《隋唐邢窯遺址考察實錄》，《邢臺歷史文化論叢》，河北人民出版社，1990年，第368頁。

〔註170〕李治安師：《元代分封制度研究》（天津古籍出版社，1992年，第90～110頁）以「中原投下食邑置路州問題」爲題，專門討論蒙古分封制對中原地區地方行政制度影響。

〔註171〕（宋）李心傳：《建炎以來朝野雜記》乙集卷一九「韃靼款塞」，中華書局，1985年，第590頁。

〔註172〕（元）脫脫等：《宋史》卷四〇《寧宗》，中華書局，1977年，第774頁。

蒙佔領區域，大名、彰德、邢州等太行以東諸府州均受嚴實控制。這樣，邢州成為三個政權勢力交織影響的區域。成吉思汗十五年（1220），原金朝邢州節度使武貴降蒙，木華黎「復其職」〔註173〕。其後隨著其兄武仙的叛亂，武貴亦叛。木華黎派遣何實率軍佔領邢州。何實遂為邢州元帥。

其後順德路的行政建制，《元史·世祖本紀》記載為：中統三年（1262）九月「改邢州為順德府，立安撫司，洺、磁、威三州隸焉。」《元史·地理志》又言：「順德路……元初置元帥府，後改安撫司。憲宗分洺水民戶之半於武道鎮置司總管，五年以武道鎮置廣宗縣並以來屬。中統三年升順德府。至元元年以洺州、磁州來屬，二年洺磁自為一路。……廣平路……元太宗八年置邢洺路總管府，以邢、磁、威隸之。憲宗二年為洺磁路，止領磁、威二州。至元十五年升廣平路總管府。……威州，中。舊無此州，金始置。元太宗六年割隸邢洺路，以洺水縣來屬。」這些文獻表明邢、洺、磁、威合併的事實，但是對其沿革脈絡卻沒有表述清楚，造成這一現象主要是元初蒙古分封制和政局變遷影響所致。金朝滅亡之後，蒙古實行丙申分封。從此開始，邢州就與附近的洺、磁、威三州交織在一起，這一狀況隨著至元二年（1265）順德路的建立乃至至元十五年（1278）廣平路的確立才得以收尾。茲依據相關史料，對此考證如下。

《元史》「太宗本紀」和「食貨志」都留下了丙申五戶絲食邑分封的相關資料，基本一致的情況下，又有相互矛盾之處，最牴牾的當為邢州（後改順德路）和洺州、磁州、威州（後改洺磁路、廣平路）的記載。分別如下：「中原諸州民戶分賜諸王、貴戚、斡魯朵：……古與，大名府；孛魯帶，邢州；果魯干，河間府……」；「八答子，五戶絲，丙申年，分撥順德路一萬四千八十七戶。右手萬戶三投下：孛羅臺萬戶，五戶絲，丙申年，分撥廣平路洺水縣一萬七千三百三十三戶。……忒木臺駙馬，五戶絲，丙申年，分撥廣平路磁州九千四百五十七戶。……斡闊烈闍里必，五戶絲，丙申年，分撥廣平路一萬五千八百七戶。」

兩相比較，「食貨志」具體記載了順德路和廣平路分封者和戶數，而「太宗本紀」沒有記載分封戶數，更主要的是對廣平路的分封缺載。兩處記載的紛亂當為「太宗本紀」和「食貨志」的記載本體不同，再加上《元史》編纂

〔註173〕　（元）蘇天爵：《元朝名臣事略》卷一《太師魯國忠武王》，姚景安點校本，中華書局，1996年，第6頁。

的倉促，沒有認眞核對。世祖時期編纂的「太宗實錄」是概要羅列蒙古汗國事蹟的傳記，簡單列舉分封人物和戶數；文宗時期編纂的《經世大典》是詳細記載制度淵源的彙編，全部表述了分封人物和戶數。針對這一不同記載，前輩學者作了一定研究。〔註174〕然而從自窩闊台至忽必烈統治時期該地區行政建制幾度分合，仍可看出一些端倪。

1236 年，窩闊台丙申分封，「歲乙未（1235）武成大定皇帝受群臣朝，割茅土以賜勳親，邢洺等四州隸右壁萬戶」〔註175〕，邢、洺、磁、威〔註176〕四州分給以孛羅臺（也就是孛欒帶〔註177〕，即「太師廣平王」玉昔帖木兒之父，當即「太宗本紀」之「孛魯帶」）為首的「右壁三萬戶」封地，邢州分給答剌罕啓昔禮之子博理察的封地〔註178〕（錢大昕據「孛魯帶，邢州」認為：孛魯帶，或即博理察），而從行政建制上又把二者合為一路，稱為邢州路（抑或邢洺路、洺邢路）。邢洺路的最大封戶為孛羅臺。由此，《元史・太宗紀》出現「孛魯帶，邢州」，而沒有關於洺、磁、威三州的分封紀錄。這一時期元代相關典籍的表述也可以證明這一點。（太宗）八年（1236）七月簽軍詔書「眞定、河間、邢州、大名、太原等路」〔註179〕，未出現介於邢州與大名之間的洺磁路，或從側面可以證明其時洺磁路歸屬邢州。這一狀況一直持續到邢州安撫司的設立。

1251 年蒙古在邢州設立安撫司，「以近故太師廣平王從祖脫兀（妥）〔脫〕與公（趙璧）為斷事官」〔註180〕。這與蒙古「達魯花赤的任命由投下提名，

〔註174〕 錢大昕：《廿二史考異》卷八六《元史・太宗紀》「孛魯帶・邢州」，商務印書館，1937 年，第 1417 頁。韓儒林：《蒙古答剌罕考增補》「邢州兩答剌罕」。見氏著《穹廬集》，河北教育出版社，2000 年，第 56～57 頁

〔註175〕 （元）胡祗遹：《紫山大全集》卷一六《大元故元帥左都監曲周縣令杜公神道碑銘》，《三怡堂叢書》本。

〔註176〕 這裡的威州也是一個特殊的地方。除了上述地理志中的記載外，劉基《大明清類天文分類之書》卷一一《趙分野》也有相當的陳述：「威縣，金天會七年始置，治於井陘縣，曰威州，屬眞定府。元甲午年，剖屬邢□路，以洺水縣□屬。壬子□屬洺磁路，徙州治於洺水縣，屬廣平路。」至於這裡的甲午年（1234），筆者認為大約是金朝滅亡以後，孛羅臺等萬戶已經有了上述分地的既成事實，1236 年，丙申分封時給與確認。

〔註177〕 （元）閻復：《太師廣平貞憲王碑》，蘇天爵《元文類》卷二三，商務印書館，1936 年，第 285 頁。

〔註178〕 （元）劉敏中：《丞相順德忠獻王碑》，《元文類》卷二十五，商務印書館，1936 年，第 311～312 頁。

〔註179〕 《元史》卷九八《兵志一》，中華書局，1976 年，第 2510 頁。

〔註180〕 （元）姚燧：《牧庵集》卷二七《提刑趙公夫人楊君新阡碣》，四部叢刊本。

須經朝廷批准」〔註181〕的分封制原則一致，「國朝諸宗戚勳臣食采分地，凡路府州縣，得薦其私人以爲監，秩祿受命如王官，而不得以歲月通選調」〔註182〕。因爲此時的邢州包括洺、磁、威三州，才出現派遣廣平王一支親屬來此治理的現象。1252 年，由於邢州治理中蒙漢官員的矛盾，「脫兀脫以斷事官鎮邢，其屬要結罪廢者，交構嫌隙，動相沮撓。世祖時征雲南，良弼馳驛白其事，遂黜脫兀脫，罷其屬」〔註183〕。這裡所言脫兀脫的被罷黜，當主要是由於蒙哥汗的「壬子分封」對於蒙古宗親利益的重新調整。在這次分封中，邢州和洺、磁、威州分離〔註184〕，也就是上述《元史・地理志》所謂的「憲宗二年爲洺磁路，止領磁、威二州。」由於洺、磁、威的分離，脫兀脫不再管理邢州事宜，造成被罷黜的說法。

中統三年（1262）九月，因「邢州大治」等因素，元朝改邢州爲順德府，「洺、磁、威三州隸焉。」〔註185〕洺、磁、威三州暫時劃歸順德府管轄。同年，忽必烈討伐李璮，命令「眞定、順天、河間、平灤、大名、邢州、河南諸路兵皆會濟南」〔註186〕，此處羅列河北地區的大名、邢州、河間等相鄰各地，而洺磁一地未見記錄，或因其時洺磁受邢州（順德府）節制。至元二年（1265），元朝省併州縣，順德府改爲順德路總管府，洺磁不再受其節制。牛兒年（1277）陝西省盩厔縣清陽宮只必帖木兒大王令旨碑有「眞定府裏洺州里肥鄉縣馬固」〔註187〕的記載，此處牛兒年即至元十四年，按此推斷，從至

〔註181〕　陳高華、史衛民：《中國政治制度通史・元代卷》，人民出版社，1996 年，第173 頁。關於「達魯花赤等食邑投下官」，參見：李治安師：《元代分封制度研究》，天津古籍出版社，1992 年，第73～90 頁。

〔註182〕　《經世大典序錄・賦典總序・宗親歲賜》，蘇天爵：《元文類》卷四十，商務印書館，1936 年，第 542 頁。

〔註183〕　《元史》卷一五九《趙良弼傳》，中華書局，1976 年，第 3743 頁。

〔註184〕　元大德九年（1305）所立《廣宗縣新修廟學兩廡碑》載：「廣宗，漢縣，治今洺水，隋仁壽初改曰宗城，金避諱更爲洺水。皇元開國，括郡縣戶，以邢洺磁威分錫功臣千夫長答剌罕爲分地。歲在壬子，割洺水戶四千五百隸邢，乃以道武鎮復置廣宗縣。」李修生：《全元文》（20），江蘇古籍出版社，2000年，第 544 頁。

〔註185〕　《元史》卷五《世祖本紀二》，中華書局，1976 年，第 87 頁。這裡還有一種可能是：至元元年（1264）順德府升爲路時，洺磁歸屬，即上述地理志「至元元年以洺州、磁州來屬。」

〔註186〕　《元史》卷五《世祖本紀二》，中華書局，1976 年，第 82 頁。

〔註187〕　祖生利：《元代白話碑研究》，中國社會科學院博士論文，2000 年，下篇，第63 頁。

元二年（1265）以後洺州應受眞定府管轄。

　　至元十五年（1278）八月「升洺磁爲廣平府路」〔註188〕。同年九月二十四日，元代著名文人廣平路永年縣人王磐寫下《改洺州爲廣平路記》〔註189〕。對於洺磁升爲廣平路的原因，時人有詳細的描述，「始邢與洺均州，及升邢爲順德府。君則白侯：邢洺均功臣封邑。由邢嘗開安撫司，故洺受其節度。今邢已府，而洺猶州。求諸地志，洺實古廣平郡，領邢、洺、磁、威四州，洺獨不能引爲比耶。事聞，升廣平府各爲路，始不相一。」〔註190〕此處之「君」爲順德府書表令史毛憲。毛憲，另名順，字吉父，廣平肥鄉人。毛憲父親與竇默遊學，毛憲因得以受知於姚樞。此處的「侯」應該指的是玉昔帖木兒。至元十二年（1275），玉昔帖木兒拜御史大夫，其後一直以元代重臣資格掌握大權。廣平路一直爲其家族封地，無論是洺磁升爲廣平路，還是因洺州城中井泉鹹苦而引滏水分灌洺州城，玉昔帖木兒都加以關照。另，按《元史‧地理志》「威州，中。舊無此州，金始置。元太宗六年（1234），割隸邢洺路，以洺水縣來屬。憲宗二年（1252），隸洺磁路，徙州治於洺水。領二縣：洺水，中。倚郭。太宗八年，隸洺州。定宗二年（1247），改隸威州。憲宗二年，徙威州治此。井陘。下。威州本治此，憲宗二年，移州治於洺水縣，井陘爲屬縣。」〔註191〕由此可知，威州爲金朝所設置，治所在眞定路井陘縣（今河北省井陘縣），則此處所言「領邢、洺、磁、威四州」應爲前述丙申分封的後果。

　　由此看來，因設置安撫司等偶然因素，邢州或順德路的建制明顯具有臨時性的特點，邢、洺、磁、威四州或者說順德、廣平兩路的行政建制在元朝前期一直處於比較混亂的分分合合時期，這種狀況一直持續到至元十五年（1278）廣平路的正式確立，此後，才穩定下來並延續到其後的明、清兩朝。

　　需要說明的是，順德路行政建制變革的複雜與中統至元年間元朝政局變動密切相關。先有中統年間眞定順德宣慰司的設置〔註192〕，至元年間因罷世

〔註188〕《元史》一〇《世祖本紀七》，中華書局，1976年，第204頁。
〔註189〕《（嘉靖）廣平府志》卷二《郡縣譜》，《天一閣藏明代方志選刊》本，第16～17頁。
〔註190〕（元）姚燧：《牧庵集》卷二七《鄢陵主簿毛府君阡表》，四部叢刊本。
〔註191〕此處所記與上述劉基《大明清類天文分野之書》卷11《趙分野》所言威州事實相當一致，並且劉基的記述沒有「定宗二年，改隸威州」之語，或二者不爲同一史源。如此，則所述事實應屬實。
〔註192〕《元史》卷五《世祖本紀二》、卷一二五《布魯海牙傳》、卷一六〇《王磐傳》，《元朝名臣事略》卷一二《內翰王文忠公》。

侯而易置其地，又有「南京、河南、大名、順德、洺磁、彰德、懷孟等路行中書省」〔註193〕的建制。

　　元代順德路由金邢州一州演變而來，故而未領府、州，下轄邢臺、鉅鹿、內丘、唐山、平鄉、廣宗、沙河、南和、任縣九縣。值得一提的是，與金朝邢州八縣相比，多出一個廣宗縣。廣宗縣始有蒙哥汗分洺水民戶之半，置司武道鎮。蒙哥汗五年（1255），於武道鎮設廣宗縣，隸屬於邢州安撫司。出現這一情況，「原因或許是丙申分封之際，『右壁萬戶』孛魯帶、八答子、啓昔裏等曾經一併封授洺州洺水一帶民戶。蒙哥朝邢洺路分割爲順德路和洺磁路，洺水一帶的封戶就需要在孛魯帶、八答子、啓昔里等封君投下進行相應的劃屬分離了。」〔註194〕

　　元代順德路還曾設有織染局〔註195〕、稅課所（後爲轉運司）〔註196〕、鐵冶都提舉司〔註197〕等機構管理當地及周圍地區的經濟事務。

順德路官員狀況表

姓名	官職	籍貫	任職時間	前職務	後職務	出　　處
布魯海牙	順德等路宣慰使		中統、至元年間	眞定路宣撫使	參議中書省事	《元史》卷一二五《布魯海牙傳》、《南村輟耕錄》卷二《以官爲氏》
王磐	眞定順德等路宣慰使	廣平永年	至元初期	益都等路宣撫副使，翰林直學士	翰林學士	《元朝名臣事略》卷一二《內翰王文忠公》
武貴	邢州節度使	眞定威州	太祖十五年～			《元朝名臣事略》卷一《太師魯國忠武王》
何實	便宜行元帥府事	北京	大蒙古貴國時期	元帥、左監軍	御用局人匠達魯花赤	《元史》卷一五〇《何實傳》

〔註193〕（元）姚燧：《牧庵集》卷十三《湖廣行省左丞相神道碑》，四部叢刊本。另見：《元史》卷六《世祖本紀三》。

〔註194〕李治安師、薛磊：《中國行政區劃通史・元代卷》，復旦大學出版社，2009年，第35頁。

〔註195〕《元史》卷八五《百官志一》，中華書局，1976年，第2151頁。

〔註196〕《元史》卷六《世祖本紀三》，中華書局，1976年，第121頁。

〔註197〕《元史》卷二三《武宗本紀二》，中華書局，1976年，第521頁。

姓名	官職	籍貫	任職時間	前職務	後職務	出　處
劉潤	副都統、都統、邢州錄事	瑞州	大蒙古貴國時期			《藏春集》卷六《故光祿大夫太保贈太傅儀同三司諡文眞劉公行狀》
	鉅鹿提領					
	內丘提領					
張英	軍資庫使	順德沙河				《元文類》卷五八《中書左丞張公神道碑》
蘇仲毅	節度副使					《成化順德府志》卷九「內丘・碑記・重修鵲王廟記」一七一頁
脫兀脫	斷事官		憲宗朝			
趙瑨	斷事官	蔚州飛狐		監中山府	眞定路宣慰使	《牧庵集》卷二七《故提刑趙公夫人楊君新阡碣銘》。
李惟簡	安撫副使	順德唐山		行總六部同議官		《順德府志》卷一五《改邢州爲順德府記》
趙良弼	幕長	趙州贊皇	憲宗朝	趙州教授	陝西宣撫司郎中	元朝名臣事略卷一一《樞密趙文正公》
張耕	安撫使	眞定	憲宗二年～中統二年〔註198〕		吏部尚書	《元朝名臣事略》卷七《太保劉文正公》、《秋簡集》卷八二《中堂事記（下）》
劉肅	安撫副使	汴州洺水	憲宗二年～中統元年	嚴實幕官	眞定安撫使	《元朝名臣事略》卷七《太保劉文正公》、卷十《尚書劉文獻公》
	商榷使〔註199〕					
	安撫使					
張鵬翼			中統二年～			《元史》卷四《世祖本紀一》
王明	節度判官	澤州高平（壬辰				《牆東類稿》卷一四《總管王公行狀》

〔註198〕　按《元史》卷四《世祖本紀一》：「（中統二年九月）癸亥，邢州安撫使張耕告老，詔以其子鵬翼代之。」然而《元史》卷五《世祖本紀二》又言：「（中統三年四月）庚寅，命怯烈門、安撫張耕分邢州戶隸兩答剌罕」。則兩處所言矛盾，待考。

〔註199〕　《元史》卷四《世祖本紀一》，中華書局，1976年，第58頁。

姓名	官職	籍貫	任職時間	前職務	後職務	出　處
	邢州節度副使	（後）避地邢臺				
王顯祖	邢州節度判官	澤州高平（壬辰後）避地邢臺	戊申（1248）～中統年間		衛州判官	《牆東類稿》卷一四《總管王公行狀》
	順德府判官					
毛憲	書表令史	廣平肥鄉		鄢陵主簿		《牧庵集》卷二七《鄢陵主簿毛府君阡表》
王忱	錄事判官	濟南章丘	至元年間	朝城縣主薄	河間臨邑主薄	《中庵集》卷一七《濟南王氏先德碑銘》
劉秉恕	安撫副使	順德邢臺	中統元年～中統三年		彰德路總管	《元史》卷一五七《劉秉恕傳》
	安撫使		中統三年～至元元年			
周良佐	順德等處鐵冶提舉司吏					《成化順德府志》卷八「唐山縣·孝子」一四五頁
常在	節鎮		至元中期			《成化順德府志》卷七「鉅鹿縣」一一一頁
	節度副使兼元帥、左將軍					
董文進	總管府判官	眞定藁城				《元文類》卷七十《藁城董氏家傳》。
李英	路判官	滑州白馬	至元二年			《清容居士集》卷二劉《武略將軍裕州知州李公神道碑銘》
	南宮尹					
王遵	路總管	平州遷安	至元六年～至元九年	彰德路總管	太原路總管兼府尹、本路諸軍奧魯總管	《秋澗先生大全集》卷五五《大元故昭勇大將軍北京路總管兼本路諸軍奧魯總管王公神道碑銘》
謝仲溫	路總管	豐州	至元九年～至元十六年	西京路宣撫使	湖南宣慰使	《元史》卷一六五《謝仲溫傳》
張文煥	總管		～至元十五年			《元史》卷一〇《世祖本紀七》

姓名	官職	籍貫	任職時間	前職務	後職務	出　處
董孝良	路同知	寶坻	至元十七年	蘆越鹽使司提舉		《秋澗先生大全集》卷五五《順德路同知寶坻董氏先德碑銘》
袁裕	路總管	洛陽〔註200〕	至元十九年～至元二十一年	刑部侍郎		《元史》卷一七〇《袁裕傳》
張震	路總管	保定				《道園類稿》卷四三《順德路總管張公神道碑》
趙*	邢州安國軍節都事				歸德知府	《紫山大全集》卷一一《趙侯勳齋記》
霍嵩	邢州孔目官	唐山				《紫山大全集》卷一五《霍僉事世德碑銘》
張鑒	鐵冶提舉					《元史》卷一七〇《袁裕傳》
劉鄘	路總管府判官	渾源		工部主事	監察御史	《秋澗先生大全集》卷五八《渾源劉氏世德碑銘》
王結	路總管	易州定興	皇慶年間	集賢直學士	東昌路總管	《元史》卷一七八《王結傳》、《滋溪文稿》卷二三《元故資政大夫中書左丞知經筵事王公行狀》
劉紹祖	路總管	洛陽				《懷麓堂集》卷六二《洛陽劉氏族譜序》
禿監	郡同	高昌	至順年間			《萬曆順德府志》卷一「官師志」一〇六頁
散得迷失	郡同					
孔天鐸	管軍千戶兼邢州學校提舉	曲阜				《萬曆順德府志》卷一「官師志」一〇七頁
希愷	治中		至元二年	順天治中	河中知府	《元史》卷一五一《希愷傳》
劉鈞	邢臺知縣	琢州				《萬曆順德府志》卷一「官師志·邢臺縣」一五五頁

〔註200〕　按：（元）王惲《中堂事記》（上）（《秋澗先生大全集》卷八十）有言「袁裕，字仲寬，孟州孟津人。終順德總尹」。則袁裕應爲懷孟路人。

姓名	官職	籍貫	任職時間	前職務	後職務	出　處
趙輔國	知府〔註201〕		至正七年			《萬曆順德府志》卷一「建置志」〇三四頁
田恂	廣宗縣主簿					《待制集》卷十《元贈太中大夫東平路總管輕車都尉鴈門郡侯田公墓碣銘》
莊溥	路同知	彰德安陽				《至正集》卷五八《贈朝列大夫秘書少監騎都尉安陽郡伯莊公墓誌銘》
雷肇	總管府判官	渾源				《元史》卷一七〇《雷膺傳》
羅吉	路經歷	歸德				《至正集》卷六二《故奉議大夫同知廣平路總管府事致仕羅公墓碑》
李滋榮	沙河縣主簿		至元年間			《成化順德府志》「沙河縣·名宦」〇六三頁
張從仕〔註202〕	綦陽鐵冶提舉司從仕郎同提舉					《秋澗先生大全集》卷九二《保舉提舉張從仕狀》
顏仲德	沙河知縣	楚丘	元統年間			《成化順德府志》「沙河縣·名宦」〇六二頁、「知縣顏仲德去思碑」〇九三頁～〇九六
陳伯祥						《萬曆順德府志》卷一「官師志·沙河縣」一六五頁
楊樸	沙河令					
劉均	任縣尹	大都路涿州				《成化順德府志》「名宦」〇一五頁
郭天祿	沙河縣經歷					《成化順德府志》「沙河縣·碑記」〇九三頁
李公儀	錄事司判官		至正年間			《密庵集》卷八《故縣尹李公墓誌銘》

〔註201〕　按：元代順德爲路，路置總管，此處待考。
〔註202〕　一爲張從裕，《（成化）順德府志》，邢臺市翻印本，2007 年，第 62 頁。

姓名	官職	籍貫	任職時間	前職務	後職務	出　處
趙世美	順德總管					《巴西集》卷下《故朝散大夫同知饒州路總管府事史公墓銘》
董世傑	提領順德等處雜戶	趙州柏鄉				《石田文集》卷一五《贈亞中大夫順德路總管董君行狀》
蕭處仁	內丘尹	彰德清平		益都路嶧州判官		《至正集》卷五二《故征南千戶蕭公神道碑銘》
多羅帶	監郡（當指達魯花赤）					《滋溪文稿》卷一○《故河東山西道肅政廉訪使贈禮部尚書王正肅侯墓誌銘》
張*	總管	趙州寧晉			都漕運使	《滋溪文稿》卷一六《寧晉張氏先塋碑銘》
宋令	鉅鹿尹		至正五年～			《成化順德府志》卷七「鉅鹿縣」一○一頁、「縣尹宋公功德碑」一二六～一二九頁
張時中	鉅鹿令					《成化順德府志》卷七「鉅鹿縣」一○一頁
和思	唐山尹	陵川	至元年間			《成化順德府志》卷八「唐山縣・名宦・元」一四○頁
張從信	唐山尹	樂陵	至順年間			
范壽昌	唐山尹	朝城	至正年間			
李道裕	唐山尹	義州	至正年間			
完者不花	蓬山驛站官					《成化順德府志》卷九「內丘・仕宦」一六六頁
何德岩	總管					《成化順德府志》卷九「內丘・題詠」一八八頁
劉文禮	任縣尹		至大年間			《成化順德府志》卷

姓名	官職	籍貫	任職時間	前職務	後職務	出　處
李載	任縣尹		延祐年間			十「任縣・名宦」一九五頁
王貢	任縣尹		延祐年間			
孫璿	判任縣事	交河	延祐年間			《成化順德府志》卷十「任縣・碑記・重修儒學記」二〇二頁
趙惟誠	任縣教諭		延祐年間			
德華	任縣管軍千戶		至大年間			《成化順德府志》卷十「任縣・碑記・靈慧齊聖廣祐王碑」二〇四頁
周瑞卿	南和尹	順德任縣	至正二年			《成化順德府志》卷十「任縣・人物・元」一九八頁
尹泰	南和尹	趙州柏（人）〔仁〕	至正年間	順德經歷		《萬曆順德府志》卷一「官師志・南和縣」一七四頁
周弼	南和令	趙州隆平				
朱文英	平鄉尹	開州	至元年間			《萬曆順德府志》卷一「官師志・南和縣」一八六頁
湯執中	平鄉令	盤陽		福山令		
宋承德	鉅鹿令		至正年間			《萬曆順德府志》卷一「官師志・鉅鹿縣」二〇二頁
韓將	鉅鹿主薄					《萬曆順德府志》卷一「官師志・鉅鹿縣」二〇七頁

二、元初「邢州大治」

　　「邢州大治」，作爲忽必烈「潛藩新政」之一，被記錄於多種史籍，僅《元史》的直接記載達六處之多〔註203〕。這一活動既有漢族官員的提議和參與，也蘊含了蒙漢官員政治交流和文化衝突。前輩學者從不同的角度做了一些研究：蕭啓慶先生立足於邢臺集團促成漢化，陳得芝先生著眼於劉秉忠的貢獻，

〔註203〕　分別見：《世祖本紀》《劉秉忠傳》《張文謙傳》《姚樞傳》《趙良弼傳》《劉肅傳》。

周清澍先生側重於忽必烈潛藩新政〔註 204〕。茲以邢州新政本身作爲探討主旨，從邢州新政的背景、過程、意義三個方面加以論述。

（一）邢州大治背景

自金末以來，蒙古軍隊橫掃華北地區。給邢州等地帶來了巨大戰爭創傷。1217 年，木華黎負責華北地區軍事事務，蒙古攻金策略發生轉變：由單純的軍事掠奪改爲強化地方歸服。「天倪說王曰：『今中原已粗定，而所過猶縱抄掠，非王者弔民伐罪意也。且王爲天下除暴，豈復效其所爲乎。』王曰：『善。』下令：敢有擅剽掠者，以軍法從事，所得老幼咸歸遣之。軍中肅然，吏民大悅。」〔註 205〕受這一政策影響，「知中山李明、趙州李瑀、邢州武貴、威州武振、磁州李平、洺州張立等望風皆下。」〔註 206〕木華黎針對來降的各種人士，根據其實力的強弱授予官職。這類官職可以世襲、軍民統管、自辟幕僚。金朝邢州節度使武貴「聞大軍至，棄城遁。繼聞王仁厚不殺，乃詣軍門降，復其職。」〔註 207〕

1220 年蒙古軍隊聯合河北地方豪右史天倪部攻陷眞定並招降了武仙。史天倪被蒙古軍任命爲河北西路兵馬都元帥，武仙爲副元帥，負責河北西部的軍政事務。1225 年，武仙殺死史天倪，叛離蒙古。武貴隨即響應其弟的叛亂。後被蒙軍驅逐出眞定的武仙引兵佔領邢州。「武仙復叛，據邢。實帥師五千圍之。立雲梯，先士卒，登堞，橫稍突之，城破，武仙走，逐北四十里，大破之，斬首二百餘級，是夜，仙黨遁去。」〔註 208〕由於武仙叛亂的影響，蒙古設在這裡的織匠局也不得不遷走。〔註 209〕南宋也插手其中，宋嘉定十三年（1220）七月，「以京東、河北諸州守臣空名官告付京東、河北節制司，

〔註 204〕 蕭啓慶：《忽必烈潛邸舊侶考》，《元代史新探》，新文豐出版公司，1983 年，第 285～287 頁。周清澍：《忽必烈潛藩新政的成效及其歷史意義》，《HISTORICAL AND CULTURAL STUDIES OF INNER ASIA》，南京大學出版社，1996 年，第 99～105 頁。陳得芝：《耶律楚材、劉秉忠、李孟合論——蒙元制度轉變關頭的三位政治家》，《元史論叢》第九輯，中國廣播影視出版社，2004 年，第 9～10 頁。

〔註 205〕 （元）蘇天爵：《元朝名臣事略》卷一《太師魯國忠武王》，姚景安點校本，中華書局，1996 年，第 5～6 頁。

〔註 206〕 《元史》卷一四七《史天倪傳》，中華書局，1976 年，第 3480 頁。

〔註 207〕 （元）蘇天爵：《元朝名臣事略》卷一《太師魯國忠武王》，姚景安點校本，中華書局，1996 年，第 6 頁。

〔註 208〕 《元史》卷一五○《何實傳》，中華書局，1976 年，第 3551 頁。

〔註 209〕 《元史》卷一五○《何實傳》，中華書局，1976 年，第 3552 頁。

以待豪傑之來歸者。」〔註210〕名義上歸順宋朝的紅襖軍首領彭義斌，由山東攻取邢、洺、磁等州。

官方軍隊以外，其他戰亂也禍及邢州，「自是而後，連易數節度，皆故將部曲，擅自廢置，而繼以胲割之政，遂不能復州，爲盜區者及二十餘年。」〔註211〕邢州也成爲農民起義地域，金朝政府「命侯摰招邢州賊程邦傑以官，不從則誘其黨圖之。」〔註212〕貞祐三年（1215），程邦傑被金兵招降。另外還有趙大王的動亂，「癸巳（1233）秋，邢州土賊僞號趙大王聚衆數千人，據任縣固城水寨。眞定五路萬戶史公（史天澤）集諸道兵攻之，逾年不下。公（王義）一鼓拔之，獲趙大王、侯縣令數十人。公白史公曰：脅從者非賊也，宜免死。即釋歸鄉閭，一境遂安。」〔註213〕

除了蒙古、金朝、南宋三方官軍勢力和紅襖軍、趙大王農民軍隊造成的戰火頻仍。另外的一些災害也給邢州人民帶來苦難。

元朝時期漢地驛站上的負擔也往往由科斂站戶以外的民戶負擔，「每使臣經從，調遣軍馬糧食器械及一切公上之用，又逐時計其合用之數科率民戶。諸亡國之人甚以爲苦，怨憤徹天。然終無如之何也。」〔註214〕邢州「西帶上黨，北控常山，河北之襟要，而河東之藩蔽也。」〔註215〕處於南北軍事行動的必經之地，大軍的經過所需要的物資供應和官吏耗費大多派遣在當地百姓身上。「戊寅（1218）、己卯（1219）後，大兵頻發南出，邢爲之衝，驛使絡繹，穹帳迁卓，郡或不能供」〔註216〕。驛傳供應是邢州人民的一個主要經濟負擔。

1236 年，丙申分封，邢州分給「兩答剌罕」。投下封君派往邢州的長官達魯花赤，「邢州九縣，爲戶凡一萬五千，皆屬達剌罕部。每城置達魯花赤一員，譯言監視之人也。其人武弁，不習吏事，重以求取爲念。故奸吏乘之，肆爲

〔註210〕　（元）脫脫等：《宋史》卷四○《寧宗》，中華書局，1977 年，第 774 頁。
〔註211〕　（元）宋子貞：《改邢州爲順德府記》，徐韶光主編，張家華等編輯：《邢臺文物名勝》，河北人民出版社，1988 年，第 153 頁。
〔註212〕　（元）脫脫等：《金史》卷一四《宣宗本紀》，中華書局，1975 年，第 311 頁。
〔註213〕　（元）胡祇遹：《紫山大全集》卷一八《龍虎衛上將軍安武軍節度使兼行深冀二州元帥府事王公行狀》，《三怡堂叢書》本。
〔註214〕　（宋）彭大雅 撰，徐霆 疏證：《黑韃事略》，王國維：《王國維遺書》13 冊《黑韃事略箋證》，上海古籍書店，1983 年。
〔註215〕　（清）顧祖禹：《讀史方輿紀要》卷一五《直隸六・順德府》，萬有書庫本，商務印書館，1937 年，第 664 頁。
〔註216〕　（元）劉百熙：《萬安恩公塔銘並序》，光緒續修《邢臺縣志》卷七《古蹟》，地方志人物傳記資料叢刊・華北卷，第 36 冊。

腴割，始於貧民下戶，次則中人富家，末則權貴勢要，剝膚椎髓，唯恐不竭。至無所與取，則求貸於賈胡，以供日用。累息既多，乃質民以償之，束縛笞榜，無所不至。百姓始大駭，散而之四方矣。」〔註217〕達魯花赤與當地奸吏的盤剝豪奪，致使邢州百姓四散。

從 1213 年蒙古軍隊攻破邢州到 1251 年蒙哥上臺、忽必烈主持漠南事務，在上述諸種災難下，邢州大量人丁或死亡，或轉徙，在籍人口銳減，由「承平時，登版籍者，恒不下十萬戶」，竟然至於悲慘狀況，「千里蕭條，爲之一空。城中才百餘家，皆以土塞門，穴地出入，望見軍馬則匿之叢蒲間矣，過而後敢出。行人過客，雖欲求之勺飲，亦不可得。爲官吏者，亦晝伏夜出，以理訴牒，人謂之鬼衙，甚者或棄印而去」〔註218〕，「政馳民散，最號弗治」〔註219〕。

憲宗元年（1251）七月，蒙哥授命忽必烈管理漠南中原漢地行政軍事事務並負責討伐南宋。同其他蒙古諸王不同，忽必烈早就開始留心中原政治事務。在他的藩府中集聚了一批漢人精英。邢州的劉秉忠是忽必烈身邊最早的漢人謀士，1242 年就已追隨忽必烈。邢州的張文謙於 1247 年也進入幕府，成爲忽必烈比較信任的漢人幕僚。受漢人謀士的影響，忽必烈逐漸傾向於學習漢法治理中原事務。恰在此時，邢州沙河縣達魯花赤呂誠和金朝進士馬德謙等人不遠千里，奔赴忽必烈的金蓮川幕府，經劉秉忠、張文謙引薦，向忽必烈陳訴邢州「人不堪命、赤地千里」的悲慘境況。忽必烈正打算「大作爲於天下」，於是治理邢州就成爲忽必烈及其主要幕僚劉秉忠、張文謙政治上的當務之急。

（二）邢州大治實施過程

對於邢州新政的實施過程，《元史・世祖本紀》記載爲：「邢州有兩答剌罕言於帝曰：『邢吾分地也，受封之初，民萬餘戶，今日減月削，才五七百戶耳，宜選良吏撫循之。』帝從其言，承制以脫兀脫及張耕爲邢州安撫使，劉肅爲商榷使，邢乃大治。」縱觀邢州新政的各種史料，我們發現事實並非如此簡單。現結合相關史料，對其脈絡加以梳理。

〔註217〕 （元）宋子貞：《改邢州爲順德府記》，徐韶光主編，張家華等編輯《邢臺文物名勝》，河北人民出版社，1988 年，第 152 頁。

〔註218〕 （元）宋子貞：《改邢州爲順德府記》，徐韶光主編，張家華等編輯《邢臺文物名勝》，河北人民出版社，1988 年，第 152 頁。

〔註219〕 （元）姚燧：《牧庵集》卷二七《故提刑趙公夫人楊君新阡碣銘》，四部叢刊本。另見：蘇天爵：《元文類》五五，商務印書館，1936 年，第 794 頁。

　　邢州新政當發端於劉秉忠、張文謙的提議：「今民生困弊，莫邢爲甚。救焚拯溺，宜不可緩。盍擇人往治，要其成效，俾四方諸侯取法於我，則天下均受賜矣。」〔註220〕忽必烈聽從了他們的建議，呈報蒙哥大汗批准，在邢州設置邢州安撫司，專門實施邢州新政事宜。

　　大體而言，按照安撫司官員的設置變動情況，邢州新政可以分爲兩個時期：蒙漢官員共同參與時期和漢族官員單獨領導時期。

　　第一任邢州安撫司由以下人員組成，忽必烈身邊侍臣脫兀脫爲大斷事官，行總六部同議官李惟簡爲邢州安撫使，趙州教授趙良弼爲幕僚長。

　　邢州安撫司經過整頓吏治、減免賦稅、召集逃民、發展經濟，「不期月，戶增十倍」〔註221〕。然而，不久安撫司內部開始出現矛盾。蒙古貴族脫兀脫與漢族官員的政治文化差異，由此造成「脫兀脫以斷事官鎮邢，其屬要結罪廢者，交構嫌隙，動相沮撓」〔註222〕的局面。幕長趙良弼爲促使新政得以順利進行，「請諸王府，再閱歲，凡六往返，所請率賜俞允，邢賴以治」〔註223〕。

　　後又經劉秉忠推薦，「邢州破壞如此，當得良二千石如眞定張耕、洺水劉肅者治之，猶可完復如故。上從之，請於憲宗，以耕爲邢州安撫使，肅副之。」〔註224〕忽必烈報經蒙哥大汗批准，調整了邢州安撫司的領導成員：罷免了脫兀脫的大斷事官職務，李惟簡、趙良弼被調離邢州，張耕爲邢州安撫使，劉

〔註220〕（元）蘇天爵：《元朝名臣事略》卷七《左丞張公宣公》，姚景安點校本，中華書局，1996年，第143頁。另《元史·世祖本紀》言「邢州有兩答剌罕言於帝曰：『邢吾分地也，受封之初，民萬餘戶，今日減月削，才五七百戶耳，宜選良吏撫循之。』帝從其言，承制以脫兀脫及張耕爲邢州安撫使，劉肅爲商榷使，邢乃大治。」筆者認爲：對於記載「邢州大治」，《元史》本紀與列傳和元人文集的不一致，正爲我們理解元代蒙漢二元體制及蒙漢官員的鬥爭多了一個思路。一方面，邢州已經作爲封地分給答剌罕家族，即使作爲蒙古大汗的蒙哥家族想要在此地進行新政試點，也必須經過答剌罕家族的同意，並往往由他們家族派出官員（即脫兀脫），故此《元史》本紀才有「答剌罕建言」的記載，這和蒙古早期草原分封制原則是一致的。另一方面，漢人記載下的本傳和文集往往突出漢人官員的作用，因1252年蒙哥大汗進行「壬子分封」，邢洺路分治，脫兀脫家族不再插手邢州，故此，脫兀脫順理成章地被調整，但在造就了漢人「被罷黜」的認識。

〔註221〕《元史》卷一五七《張文謙傳》，中華書局，1976年，第3695頁。

〔註222〕《元史》卷一五九《趙良弼傳》，中華書局，1976年，第3743頁。

〔註223〕（元）蘇天爵：《元朝名臣事略》卷一一《樞密趙文正公》，姚景安點校本，中華書局，1996年，第225頁。

〔註224〕（元）蘇天爵：《元朝名臣事略》卷七《太保劉文正公》，姚景安點校本，中華書局，1996年，第112頁。

肅爲安撫副使。

張耕、劉肅都善於安撫人民，實行「選人以居職，頒俸以養廉，去污濫以清政，勸農桑以富民」〔註225〕的儒家策略，時人歌頌他們治邢「兩人皆儒者，廉平向正。既至，蘇枯弱強，爬蠹剔荒，由是流民四集，宅爾宅，畋爾田」〔註226〕。

對於邢州新政經濟方面內容，劉肅墓碑記載較詳：「興鐵冶，以足公用，造楮幣以通民貨，車編甲乙，受領而傳，馬給圉戶，恒養而驛，官舍既修，賓館有所，川梁倉庾，簿書期會，群吏法守惟謹，四方傳其新政焉」〔註227〕。

概括起來，張耕、劉肅採取的富民、利民等政策主要是以下方面：第一，推行楮幣，便利市貨流通。第二，大興冶鐵等產業。針對邢州久負盛名的冶鐵業，積極開發，以適應公私生產發展的需要。在張耕、劉肅的積極運作下，元初邢州的冶鐵業有了長足的發展，慕陽的冶鐵戶達到了二千七百六十四戶〔註228〕。後元朝專門設立「順德路鐵冶提舉司」（後改爲順德都舉司）總管周邊幾個路的冶鐵業。第三，設置驛館，規範驛站管理。專門制定了驛站管理規定，「車編甲乙，受顧而使，馬給圉戶，恒養而驛，官舍即修，賓館有所。」防止驛卒擾民事件的再生。第四，積極建設水利事業，發展農業生產。爲做好水利建設工作，張耕、劉肅「思欲爲經久計，尋訪耆舊，行視地脈，久乃得之」〔註229〕。聘請郭守敬負責水利工程。經過四十天的勞苦，河流的疏濬工作得以完成。著名詩人元好問高度讚揚張耕、劉肅、郭守敬等人：「擇可勞而勞，因所利而利。」〔註230〕

經過李惟簡、張耕、劉肅、趙良弼等人的刻意經營，戶籍人口由原來五七百戶發展到三萬餘戶，出現了「老幼熙熙，遂爲樂郡，鄰郡望之，如別一國土也」〔註231〕的景象。

〔註225〕《元史》卷一五八《姚樞傳》，中華書局，1976年，第3715頁。

〔註226〕（元）蘇天爵：《元朝名臣事略》卷七《太保劉文正公》，姚景安點校本，中華書局，1996年，第112頁。

〔註227〕（元）蘇天爵：《元朝名臣事略》卷一○《尚書劉文獻公》，姚景安點校本，中華書局，1996年，第198頁。

〔註228〕（元）王惲：《秋潤先生大全集》卷八九《論革罷撥戶興煽爐冶事》，《元人文集珍本叢刊》本。

〔註229〕（元）元好問：《遺山先生文集》卷三三《邢州新石橋記》，四部叢刊本。

〔註230〕（元）元好問：《遺山先生文集》卷三三《邢州新石橋記》，四部叢刊本。

〔註231〕（元）宋子貞：《改邢州爲順德府記》，徐韶光主編：張家華等編輯《邢臺文物名勝》，河北人民出版社，1988年，第153頁。

（三）邢州大治的歷史意義

「邢州大治」提高了忽必烈聲望，使他成爲眾多漢族士人心目中的英明君主，「陛下天資仁聖。自昔在潛，聽聖典、訪老成，日講治道。如邢州、河南、陝西皆不治之甚者，爲置安撫、經略、宣撫三司，其法選人以居職，頒俸以養廉，去污濫以清政，勸農桑以富民。不及三年，號稱大治。諸路之民望陛下之治，已如赤子之求母。」〔註232〕由此看來，邢州大治的社會影響相當巨大，具體分析如下：

從政治方面看，邢州安撫司的設立，是對木華黎時代以來漢人地方歸漢人世侯管理模式的改觀，對原來中原漢地世侯各自爲政的否定，由中央直接任命官吏的非世襲化管理模式。在制度史上具有一定的示範效應，其後的經略司、宣撫司都是對這一機構模式的繼續。邢州安撫司官員們成爲元初地方官員的樣板，「世祖嘗與太保劉秉忠論一時牧守。秉忠曰：若邢之張耕、懷之譚澄〔註233〕，何憂不治哉。」〔註234〕太子眞金也曾感慨「安得治民如邢州張耕者乎。誠使之往治，俾江南諸郡取法，民必安集。」〔註235〕當時著名大文豪元好問對此大發感慨：「二君之奉承者亦如此。猶之陋巷有敗屋焉。得善居室者居之，必將正方隅、謹位置，修治杞梓，崇峻堂構，以爲子孫無窮之傳。豈止補苴罅漏，支柱斜傾而已乎。僕知石樑之役特此邦百廢之一耳。異時過高明之壤，當舉酒落之。二君勉哉。」〔註236〕

〔註232〕（元）姚燧：《中書左丞姚文獻公神道碑》，蘇天爵：《元文類》卷六〇，上海商務印書館，1936年，第878頁。

〔註233〕「譚澄」或作「覃澄」。錢大昕先生對此有詳細的考證（陳文和主編《嘉定錢大聽全集》第六冊，江蘇古籍出版社，1997年，第479頁）：「右《中書省公據》：『付交城縣萬卦山天寧禪寺，准此。』年月間亦鈐省印。後列朝省、使省、都事、書記諸人及太原府西三縣宣差都總管謝末歡、交城縣長官覃資榮名。覃資榮，《元史》有傳。資榮子澄又見《良吏傳》，皆書作『譚』，此碑乃作『覃』。予又得濟源縣濟瀆廟中統元年、五年兩石刻，並列『總管覃澄』名。又王惲《中堂事紀》載『中堂事紀』言『懷孟總管覃澄』，《元史・世祖紀》『至元十一年，副元帥覃澄』，亦皆作『覃』，因據以正史文之誤。」

　　然而，筆者發現姚燧所撰《譚公神道碑》（《牧庵集》卷二四）對譚姓起源作了說明，「譚在周千七百國之一子爵，幽王之譚大夫，衛碩人之私，譚公皆其遺苗，後世子孫，遂以國姓。」周代有譚國，而無覃國。此點待考。

〔註234〕《元史》卷一九一《良吏・譚澄傳》，中華書局，1976年，第4357頁。

〔註235〕《元史》卷一一五《裕宗傳》，中華書局，1976年，第2891頁。

〔註236〕（元）元好問：《遺山先生文集》卷三三《邢州新石橋記》，四部叢刊本。

　　對於經濟方面，邢州地方官所實行的新政措施歷練了他們的才能，並影響元代的一些政策。正是由於劉肅在治理邢州的過程中，發行楮幣措施的實踐，才助推其經濟才能，「中統新鈔將行，銀鈔之價頓虧，公私囂然，不知措手。公（劉肅）言救之之術有三：舊鈔不行，下損民財，上廢天子仁孝之名，依舊用行，一也；新舊兼用二也；必欲全行新鈔，直須如數收換，庶幾小民不致虛損，三也。省議嘉之，從其第三策。」〔註237〕邢州推行紙幣或許也影響了元代貨幣政策，「世皇嘗以錢幣問太保劉文貞公秉忠。公曰：『錢用於陽，楮用於陰。華夏，陽明之區；沙漠，幽陰之域。今陛下龍興朔漠，君臨中夏，宜用楮幣，俾子孫世守之。若用錢，四海且將不靖。』遂絕不用錢。迨武宗，頗用之。不久，輒罷。此雖術數讖緯之學，然驗之於今，果如所言。」〔註238〕儘管這一說法未必屬實，但元代紙幣的大量流通卻是不爭的事實。郭守敬邢州治水的成功，為其治水六策和通惠河的開鑿提供了實踐基礎。

　　由於邢州大治等因素，忽必烈對順德路恩寵有加，不僅兩度親臨其地，並且在至元十三年（1276）設資戒大會於邢州開元寺。至元十四年（1277）秋，「奉御脫烈傳旨本院，定撰順德資戒碑及普門塔碑銘。鹿庵曰：『老夫作資戒文。』乃令不肖撰塔銘。惲謝不敏。先生曰：『但作，吾深意存焉。』及畢，聞奏頗稱旨。今日乃悟先生其誘掖成就後生如此。」〔註239〕從這段記述可以看出，忽必烈命令翰林院專門為順德路大開元寺撰寫資戒碑和普門塔碑銘，王磐和王惲又做了分工，王磐撰寫資戒（壇）碑〔註240〕，王惲撰寫了《順德府大開元寺重建普門塔碑銘》〔註241〕。今邢臺市開元寺現存石碑一通，上書「爾俸爾祿，民膏民脂，下民易虐，上天難欺。」落款為至元十五年（1278），此碑不見於元代他處記載，也是彰顯邢州重要性的關鍵文本。

〔註237〕　（元）蘇天爵：《元朝名臣事略》卷一○《尚書劉文獻公》，姚景安點校本，中華書局，1996年，第198～199頁。

〔註238〕　（元）陶宗儀：《南村輟耕錄》卷二《錢幣》，中華書局，1959年，第26頁。

〔註239〕　（元）王惲：《玉堂佳話》卷三，中華書局，1985年，第29頁。

〔註240〕　冀金剛、趙福壽主編《邢臺開元寺金石志》，國家圖書館出版社，2013年，第150～153頁。

〔註241〕　（元）王惲：《秋澗先生大全集》卷六十七，《元人文集珍本叢刊》本。另見：冀金剛、趙福壽主編《邢臺開元寺金石志》，國家圖書館出版社，2013年，第142～143頁。

三、「惠安黎庶」之文：《善俗要義》

如果說「邢州大治」是蒙元早期劉秉忠等傳統士人在中原地區實行漢法的成功實踐，那麼順德路總管王結撰寫的《善俗要義》就是元代中期理學士人地方治理的重要文本。王結曾爲元仁宗賞識的參知政事，並致力於理學，《善俗要義》可謂其治國理念的藍本，爲元仁宗「延祐儒治」〔註242〕增加注腳。

與唐「以郡領縣」不同，元代地方設路府州縣，路總管府作爲管民官之首，是行省之下的地方管理機構。在路總管府中，路總管地位僅次於達魯花赤，是「庶政的主持者」〔註243〕，「郡長吏帥其僚佐，奉詔令，出教條，入而聽政，出而退食，屬吏民庶之受事，使命賓客之送迎，小大莫不由之」〔註244〕。順德路總管王結與邢州大治時期邢州安撫使張耕的角色、權限較爲一致。王結「少通經學，晚尤邃易，有易說若干言，臨川吳公澄讀而善之」〔註245〕。能夠得到當時著名理學家的賞識，可知王結的才學甚高。作爲官員的王結，在順德路任總管之際，推行理學治國理念。《善俗要義》可以看做這一理念的依託。

（一）《善俗要義》文本研究

作爲元仁宗潛邸侍臣第二號人物〔註246〕，王結「入則盡論思獻納之誠，出則效承流宣化之職」〔註247〕。在仁宗皇帝登基伊始，王結就出職順德路總管，《善俗要義》則是王結任此職時〔註248〕「惠安黎庶」〔註249〕的地方治理

〔註242〕 孫克寬：《江南訪賢與延祐儒治》（《元代漢文化之活動》，臺北中華書局，1968年，第355頁）對此有如下分析：「元史仁宗本紀所記他的仁政，很有點宋仁宗的風度。由於他接近儒臣，因此恢復了停罷已久的科舉，並且訂定了以道學經義爲主的考試科目，一直行之於明清兩代。在這方面看來，文治的績效，實在不亞於世祖忽必烈的中統及至元初年之治，所以我名之曰『元代二期儒治』。」
〔註243〕 李治安師：《元代政治制度研究》，人民出版社，2003年，第113頁。
〔註244〕 （元）虞集：《道園學古錄》卷三七《撫州路重建譙樓記》，四部叢刊本。
〔註245〕 （元）蘇天爵：《滋溪文稿》卷二三《元故資政大夫中書左丞知經筵事王公行狀》，陳高華、孟繁清點校，中華書局，1997年，第386頁。
〔註246〕 楊金榮：《潛邸侍臣與元代的「二期儒治」》，《江漢論壇》1998年第8期。
〔註247〕 （元）陳旅：《安雅堂集》卷六《王文忠公文集序》，《文淵閣四庫全書》本。
〔註248〕 《善俗要義》未注撰寫時間。按王結「至大四年爲順德路總管」和其行狀「公下車，教民務農興學、孝親弟長、輯奸禁暴，悉登於書。俾民朝夕閱」等推斷，則《善俗要義》應寫於至大四年（1311），但考慮到需要經過總管府討論和上報朝廷等程序，其發佈的時間應該稍晚。
〔註249〕 （元）王結：《文忠集》卷六《善俗要義》，《文淵閣四庫全書》本。

文本。《四庫全書・提要》稱其「以化導閭里。凡教養之法，纖悉必備。雖瑣事常談，而委曲剴切，謀畫周密，如慈父兄之訓子弟。循吏仁愛之意，藹然具見於言表，尤足以見其政事之大。」

王結編纂《善俗要義》的目的既然是「化導閭里」，所以內容上為「教養之法，纖悉必備」，方法上如「瑣事長談」，形式上似「慈父兄之訓子弟」，進而，足見其「政事之大」。從發佈程序和對象方面來看，具有較為明顯的特性：與《通制條格》和《元典章》國家層面針對性相比，《善俗要義》表達上層意志的同時，又體現地方事務的具體性；與王惲《便民三十五事》〔註250〕上書言政文體相較，《善俗要義》主要是面向下層民眾的文本；與唐兀崇喜的《民約》〔註251〕相比，它又是官方發佈。類似文本在元代並不多見。

首先，我們著眼其發佈的程序。關於此點，《善俗要義》開篇云：

1.皇帝聖旨裏，順德路總管府准，本路總管王太中關會驗先欽奉詔書一款：內外官吏，自今公勤奉職，廉慎律身，遵行詔條，惠安黎庶，以副委任之意〔註252〕。欽此。伏睹累降詔書、聖旨、訓敕，在位之人，勸課農桑，興舉學校，宣明教化，肅清風俗〔註253〕，德至渥也。凡在官守，各務遵行。2.竊詳當職猥以庸虛叨膺承流宣化之寄，仰祗恩命，俯慚吏民。夙夜憂惶，罔知所措。治簿書，嚴期會，恐不足以塞責。是用仰遵明詔訓敕臣下之旨，竊取古人富而教之之意，定擬到人民合行事理，名曰《善俗要義》。凡三十三件，蓋將使之勤農桑，正人倫，厚風俗，遠刑罰也。3.謹已繕寫成帙，合行移關請照驗，更為講究可否，行下合屬。仰各處正官、教官及社長、社師人等，照依備去事理，以時訓誨社眾，務要據行，共求實

〔註250〕 （元）王惲：《秋澗先生大全集》卷九〇《便民三十五事》，《元人文集珍本叢刊》本。作者自陳：「條陳切時便民三十五事，開列於後，伏乞御史臺備呈中書省，照詳施行」。

〔註251〕 焦進文、楊富學：《元代西夏遺民文獻〈述善集〉校注》，甘肅人民出版社，2001年。

〔註252〕 此詔書未見於它處記載。

〔註253〕 此處所言詔書聖旨主要指至元六年（1269）四月的一道聖旨：「中書省御史臺呈：欽奉聖旨條畫內一款節該：提刑按察司官所至之處，勸課農桑，問民疾苦，勉勵學校，宣明教化。……不（副）〔負〕朝廷肅清風俗、宣明教化之意。」見《元典章》卷三一《禮部四・學校一・儒學・朔望講經史例》和《通制條格》卷五《學令・廟學》。

效。所在士民茍能講明而遵用之，其於敦本抑末之術，遷善遠罪之

道，亦未必無小補云。所定善俗名件，開列於後。准此。

　　按其行文，大體可以分爲三個部分（筆者用自然數標出）：第一部分主要

從符合皇帝詔書、聖旨等指導思想角度說明；第二部分在自謙語句以後，介

紹《善俗要義》主要內容；第三部分向朝廷申請該公文在順德路傳播的途徑

和方式。此處題頭所列「皇帝聖旨裏」顯示該公文的重要性，對下層而言無

疑具有一種震懾作用。另外，它反映出類似地方公文發放的辦公程序。緊接

其後，是地方總管府的批文：

　　　　總管府議得：郡守縣令，民之師帥，非止辦賦稅、理詞訟而已。

　　務要課耕桑以厚民生，明教化以正民俗，方稱朝廷委任之意。總管

　　王太中定擬到《善俗要義》，甚得撫宇教養之方。今繕寫成帙，隨此

　　發去，合下仰照驗，仍令本縣依上錄寫，遍下各社，須要正官、教

　　官、社長、社師人等，照依備去，諭民事理，以時讀示訓誨。務令

　　百姓通知，勸之遵用舉行，將來漸有實效。若有頑悖之人，訓導不

　　從，亦仰依法懲治施行。

與上段相比，本段較爲簡明。強調地方官的職責是：「非止辦賦稅、理詞訟而

已。務要課耕桑，以厚民生；明教化，以正民俗。」此處明顯突出的是「民

之師帥」的郡守、縣令等地方官不僅要解決「辦賦稅、理詞訟」的當務之舉，

還要考慮「課耕桑，以厚民生；明教化，以正民俗」的長遠利益。在該公文

的落實方法上，除了上述「要正官、教官、社長、社師人等，照依備去，諭

民事理，以時讀示訓誨。務令百姓通知，勸之遵用舉行，將來漸有實效」教

化手段以外，又添加了「若有頑悖之人，訓導不從，亦仰依法懲治施行」的

法律強制措施。

　　其次，我們來看《善俗要義》的內容及其來源。

　　全文共 6435 字。按照王結的思路分爲兩類：農桑類、教化類，亦即開篇

所云「敦本抑末之術、遷善遠罪之道」。前者即勸課農桑，後者又可以分爲興

舉學校、宣明教化、肅清風俗。農桑類居三分之一：一曰務農桑、二曰課栽

植、三曰廣儲蓄、四曰育牝牸、五曰畜雞豚、六曰養魚鴨、七曰興水利（防

水患附）、八曰殖生理、九曰治園圃、十曰辦差稅（軍站錢附）、十一曰聚義

糧。教化類居三分之二：十二曰勤學問、十三曰敦孝悌、十四曰隆慈愛（訓

子弟附）、十五曰友昆弟、十六曰和夫婦、十七曰別男女、十八曰正家室、十

九日尊官長、二十日親師儒、二十一曰睦宗族、二十二曰敬耆艾、二十三曰正婚姻、二十四曰致勤謹、二十五曰擇交遊、二十六曰賑饑餒、二十七曰恤鰥寡（助死喪附）、二十八曰息鬥訟、二十九曰禁賭博、三十曰弭盜賊、三十一曰明要約、三十二曰罷祈享、三十三曰戒遊惰。教化類又大體可以分爲三種：第十二條勤學問從興舉學校的角度出發，強調自身修養提高及其影響的重要性；自十三條敦孝悌至二十三正婚姻，重在家庭、家族和宗族等方面事務的處理；第二十四條致勤謹至三十三條戒遊惰，要在強調社會風氣。

綜覽之，《善俗要義》的內容主要有以下幾個來源：

第一是傳統經史。王結經學造詣深厚，《善俗要義》引經據典較爲突出，「古者三年耕，必有一年之食；九年耕，必有三年之食」「與善人居，如入芝蘭之室，久而與之俱化；與不善人，居如入鮑魚之肆，久而不聞其臭矣」以及《論語》曰、孟子曰、陶朱公曰，等等，均出自傳統經籍。有的經典句子被拆開使用，如「十年之計，種之以木；百年之計，種之以德」〔註254〕分別使用在第二條課栽植和第二十六條賑饑餒。爲增強說服力，補充經典論義，王結使用史書言事，第九條治園圃「龔遂守渤海」出自《漢書·龔遂傳》。第十一條聚義糧所言「義倉」始見於《隋書》。

第二是元代法律法規。既有常規性的聖旨條畫，如第三條關於義倉糧食存放標準的條畫，第一條務農桑「所以累奉條畫，勸民敦本抑末，勤修農業者」，第六條養魚鴨〔註255〕，第七條興修水利〔註256〕；又有補充性的暫行規定，如第二十六條賑饑餒「著令：如所在人戶能施米賑饑、減價准糶者，量其多寡賞以官爵」，另外諸如「條畫許令舉行」等語句也是依照當時法律。

第三是元代及以前農書。元代是中國古代農書編纂成果最顯著的朝代，既有官方的《農桑輯要》《農桑衣食撮要》，又有民間王禎的《王氏農書》。《善俗要義》的前十一條均爲有關農桑的規定，王結在第一條務農桑即指出「蠶桑之事，自收種、浴川、生蛾、喂飼，以至成繭、繰絲，皆當詳考農書所載」。

〔註254〕（金）趙秉文：《閒閒老人滏水集》卷十三《種德堂記》（四部叢刊本）「傳曰：十年之計，樹之以木；百年之計，種之以德」。

〔註255〕《通制條格》卷一六《田令·農桑》，黃時鑒點校本，浙江古籍出版社，1986年，第190頁。

〔註256〕至元二十三年（1286），張文謙主持司農司工作，制定相關農桑措施，元朝遂頒佈相關聖旨條畫。見《至正條格·條格》卷二五《田令·農桑事宜》，韓國學中央研究院編，校注本，2007年，第45～46頁。《善俗要義》有關農業的很多內容，均取材於此。

　　第四是元以前傳說，主要是第九條「治園圃」關於崇陽令張忠定公張詠的故事〔註257〕。

　　第五是本地文獻和見聞，《善俗要義》是專門針對順德路而下發的，故此因地制宜有所表現：第二條課栽植關於當地植桑；第六條養魚鴨關於鯉魚、鴨的養殖和蓮藕、蒲葦、菱角、雞頭的栽種；第七條興水利「邢臺南和等縣瀕澧河鄉村從前分引溝渠澆灌稻田」和「又聞其餘縣分附近沙、洺河及漳、澧舊河」；第九條治園圃「韮之為物，一種即生，力省味美，尤宜多種，其餘瓜、茄、蔥、蒜等物，隨宜栽植，少則自用，多則貨賣。如地畝稍多，人力有餘，更宜種芋及蔓菁、苜蓿，此物收數甚多，不惟滋助飲食，又可以救飢饉度凶年也」；第二十三條正婚姻「又聞府中人家亦有苟貪財賄，甘與異類為婚者，此乃風俗薄惡，家法污穢之極，可羞可賤，而他處所無有也。」我們知道：《善俗要義》撰寫之時，王結初來乍到，所以有關地方的具體性事務並不佔據主導地位。

　　最後，分析《善俗要義》的價值所在。

　　第一，思想價值。王結「深於性命道德之蘊，故其措之事業，見之文章，皆悉有所本」。〔註258〕在順德路總管的職位上，作為地方大員，把地方建設事業的理念貫穿於文本當中。再加上這一時期，為元代「儒者可尚」〔註259〕的仁宗時期，而王結又是其潛邸舊臣，所以其思想價值很有代表性。如「勤學問」論修身要義，「敦孝悌、隆慈愛（訓子弟附）、友昆弟、和夫婦、別男女、正家室」談治家良方，「尊官長」「親師儒」分析人際關係處理，「睦宗族、敬耆艾」強調鄉里關係處理。凡此種種，我們又可以把《善俗要義》看作仁宗時代北方地區地方官員推行傳統儒家文化模式的文本。從這點著眼，對於理解「延祐儒治」更有意義。

　　第二，經濟價值。只有「課耕桑，以厚民生」，才能夠建立民之立身根本。王結深諳於此。雖然名為《善俗要義》，但由前述內容分析可知，農桑類也佔

〔註257〕　這一故事始見於宋代朱彧所撰《萍洲可談》卷二「（張乖崖）初為崇陽令，……嘗逢村氓市菜一束出郭門，問之則近郊農家。乖崖笞之四十，曰：『爾有地而市菜，惰農也。』」（王結或引於此書）。明代彭大翼《山堂肆考》卷四十六《笞民惰力》加以收錄：「宋張詠為崇陽令。嘗坐城門下，見里人有負菜而歸者，問何從得之，曰買之市。詠怒曰：『汝居田里不自種而食，何惰耶！笞而遣之。』」

〔註258〕　《元史》卷一七八《王結傳》，中華書局，1976年，第4143頁。

〔註259〕　《元史》卷二六《仁宗本紀三》，中華書局，1976年，第594頁。

有一定篇幅。對民戶家庭經濟計劃指導，「如此上可以辦納差稅，下可以一家溫飽。苟有蓄積，雖遇凶年，亦免飢寒之患也。」蘊國富於民富之中，於國於民的利好。對河流附近鄉里產業分析，「栽種蓮藕、蒲葦、菱角、雞頭去處，亦仰多廣栽植，亦治生之良法也。」對推行桑蠶絲織業的論證，「廢其蠶織」導致「民之殷富不及齊魯」。對城郭居民工商業的提倡和不良風氣的制止，「工商工作器用，商通貨財亦人生必用之事。……父兄當嚴加訓導防制。常使勤修本業，勿令無故飲宴，及遊行非理之地。以致奢侈，淫放費用貲財」。他如「辦差稅、聚義糧」對元代賦稅繳納的方式、義糧收集和存放的社制管理，「興水利、治園圃」對研究元代北方地區水稻等作物種植、韭菜等蔬菜栽培，等等，都具有經濟方面參考價值。

第三，史料價值。《善俗要義》既反映了順德路地方史方面重要的內容，又是仁宗登位伊始地方官員推行儒家治國觀念的重要文本，其史料價值較爲突出。

按《元史‧世祖本紀》「廣濟河渠司王允中請開邢洺等處漳、滏、灃河、達泉，以溉民田」「以彰德、洺磁路引漳、滏、洹水灌田，致御河淺澀，鹽運不通，塞分渠以復水勢」，結合《畿輔通志》「朱文英知平鄉縣。至元七年奉命開南和之灃河，將通漕渠。文英相視地形，曰：此濡濕之地，農事方殷，安可奪有用之功，以興無益之務乎。慨然言之於總府，遂罷役。去官後，邑人思之。刻石頌德」的記載，順德路治水中有先開後堵的水利建設實踐，但是這一循環並沒有結束。第七條興水利在強調水田多產的基礎上，提出「邢臺、南和等縣瀕灃河鄉村，從前分引溝渠，澆灌稻田，近水農民久蒙利益。然聞南和、任縣之境，灃河上下，尚有水勢可及之處，居民憚於改作」，仍然是前一循環的繼續。爲我們認識「趨利避害」理念指導下官民的水利思想及其對自然世界的主客觀影響提供了較爲系統的材料〔註260〕。

正如時人所言「王公受知仁宗於東宮，及踐大統而已在外服」〔註261〕，仁宗皇帝甫一即位，王結就被任命爲順德路總管。按前述筆者所推斷《善俗要義》的撰寫時間「至大四年」，則作爲仁宗近臣，王結出職地方，或許有改

〔註260〕 明代仍然在此處修建閘堤，張廷玉等《明史》卷八八《河渠志六》（中華書局，1974 年，第 2172 頁）「邢臺達活、野狐二泉流爲牛尾河，百泉流爲灃河，建二十一閘、二堤，灌田五百餘頃。」

〔註261〕 （元）虞集：《道園類稿》卷二五《順德路魏文貞公、宋文貞公祠堂記》，《元人文集珍本叢刊》本。

變原來武宗及其以前時代政策的性質。結合《善俗要義》所強調「經學教化」，一定程度上，可以說王結的《善俗要義》或許是仁宗重儒措施的前奏，從這一角度來看《善俗要義》更具有歷史意義。他如「正婚姻」對婚姻家庭史，「賑饑餒」對捐官制度〔註262〕，「禁賭博」對賭博方式〔註263〕，「罷祈享」對於元朝對早期白蓮教的態度，等等，都有可資利用之處。

（二）「吏民頗相憐」〔註264〕：順德路總管王結

如果《善俗要義》是王結任職順德路總管時撰寫「惠安黎庶」〔註265〕的地方治理文本，那麼《上中書宰相八事書》則是其關於「天下治安」〔註266〕方面的建樹立言。它基本反映了元代中期中原士人的治國方略。下面結合王結的生平，簡要分析其思想。

王結（1275～1336），字儀伯，易州定興人。其祖逖勤以質子軍從成吉思汗西征，後戍守秦隴，又徙家於中山。其父名德信。〔註267〕王結自小即從董樸受經，打下良好的思想基礎，即其本傳所謂「深於性命道德之蘊，故其措之事業，見之文章，皆悉有所本」。因王結人品端正，故「非聖賢之書不讀，非仁義之言不談」〔註268〕。二十餘歲時，王結遊京師，撰寫《上中書宰相八事書》，大體從以下幾個方面談論治國方略：「立經筵以養君德，行仁政以結民心，育英材以備貢舉，擇守令以正銓衡，敬賢士以屬名節，革冗官以正職制，辨章程以定民志，務農桑以厚民生。」此處即顯示其政治思想的初端。

〔註262〕《善俗要義》記載「（朝廷）常著令：如所在人户能施米賑饑、減價准糶者，量其多寡，賞以官爵。當時江南山東之人，已有能奉行者，隨即受命作官人矣。若不幸遭遇飢饉，富實多田之家，或廩有餘粟，果能賑施平糶，不惟仰承德意，榮取官爵，而冥冥之中又積陰慶，古人所謂百年之計，種之以德也。」此處所謂「如所在人户能施米賑饑、減價准糶者，量其多寡，賞以官爵」對於研究捐官制度或有裨益。

〔註263〕《善俗要義》記載「凡交易諸物不肯依理貨賣，輒行用錢賭博。妄意一勝以圖獲利之多，而買物之人亦思僥倖，共爭勝負。」

〔註264〕（元）王結：《文忠集》卷二《郡齋偶成》，《文淵閣四庫全書》本。

〔註265〕（元）王結：《文忠集》卷六《善俗要義》，《文淵閣四庫全書》本。

〔註266〕（元）王結：《文忠集》卷四《上中書宰相八事書》，《文淵閣四庫全書》本。

〔註267〕孫楷第：《元曲家考略》，上雜出版社，1953年，第78～79頁。王實甫，名德信。蘇天爵：《滋溪文稿》卷二十三《元故資政大夫中書左丞知經筵事王公行狀》（陳高華、孟繁清點校，中華書局，1997年，第387頁）「父德信，治縣有聲，擢拜陝西行臺監察御史，與臺臣議不合，年四十餘即棄官不復仕途」。關於王結為王實甫之子，筆者進一步發現了另外兩個旁證，因篇幅所限，此處不再展開。

〔註268〕《元史》卷一七八《王結傳》，中華書局，1976年，第4146頁。

遊京師期間，王結被推薦爲愛育黎拔力八達宿衛〔註269〕。武宗海山即位，愛育黎拔力八達被指定爲皇太子。至大四年（1311）七月，愛育黎拔力八達登基伊始，王結即被任命爲順德路總管。〔註270〕

王結既是一名正直的官員，又是元中期聞名的士人；既主政地方事務，又參與朝政管理；既注重傳統，又關心時政〔註271〕。這可以從其官職情況看出：地方行政長官：順德路、揚州路、東昌路等路總管，遼陽行省、陝西行省參知政事；監察系統官員：兩度任職浙西廉訪使、刑部尙書；中書省任職：參議中書省事、中書參知政事、中書左丞；文職：集賢直學士、集賢侍讀學士、翰林學士。作爲元代中期著名士人，除了與張起岩、歐陽玄編修泰定、天曆兩朝實錄外，他與虞集一起從事經筵，「天子幸上都，以講臣多高年，命集與集賢侍讀學士王結執經以從。自是歲嘗在行，經筵之制，取經史中切於心德治道者，用國語、漢文兩進讀」〔註272〕。後至元元年（1335）三月，王結以中書左丞的身份再次被任命爲知經筵事。〔註273〕「登其門者多知名於時」〔註274〕，與當時朝野名士馬祖常、袁桷、劉岳申、吳澄、許有壬、范梈、胡助、宋褧等多有詩唱和。「皇慶、延祐之世，文治蓋彌盛矣。公（王結）於此時，賓賓然與諸賢行其所學」。〔註275〕眞定名士安熙頗爲賞識王結，稱其「好學不倦，作文字亦可觀。」〔註276〕王結去世後三年，蘇天爵輯錄其著作，名爲《文忠集》〔註277〕。其中《與臨川吳先生問答》五條內容是其與吳澄往來書信對答，「或闡儒理，或

〔註269〕 按《元史》卷九九《兵志二》：「怯薛者，猶言番直宿衛也。……怯薛之職而居禁近者，分冠服、弓矢、食飲、文史、車馬、廬帳、府庫、醫藥、卜祝之事，悉世守之。雖以才能受任，使服官政，貴盛之極，然一日歸至內庭，則執其事如故，至於子孫無改，非甚親信，不得預也。」結合王結的生平，我們判斷王結應該是負責「文史」事務的怯薛。

〔註270〕 （元）虞集：《道園學古錄》卷九《順德路魏文貞公宋文貞公祠堂記》，四部叢刊本。

〔註271〕 蘇天爵所撰王結「行狀」有言：「公領經筵，扈從上都。公援引古訓，證以時政之失。反覆詳盡，覬上有所感悟。」

〔註272〕 《元史》卷一八一《虞集傳》，中華書局，1976年，第4176～4177頁。

〔註273〕 《元史》卷三八《順帝本紀一》，中華書局，1976年，第826頁。

〔註274〕 （元）蘇天爵：《滋溪文稿》卷二三《元故資政大夫中書左丞知經筵事王公行狀》，陳高華、孟繁清點校，中華書局，1997年，第386頁。

〔註275〕 （元）陳旅：《安雅堂集》卷六《王文忠公文集序》，《文淵閣四庫全書》本。

〔註276〕 （元）安熙：《默庵安先生文集》卷三《與烏叔備書》，《元人文集珍本叢刊》本。

〔註277〕 《元史》本傳記其十五卷，現存僅六卷。

明經義」〔註278〕。王結任職順德路期間，不僅向朝廷推薦理學名士林啓宗〔註279〕，而且「教民務農興學、孝親弟長，輯奸禁暴，悉登於書俾民朝夕閲習。久之，郡政大治。屬邑鉅鹿、沙河，唐宰相魏徵、宋璟墓存焉。乃祠二公於學，表其論風旨風勵多士」。〔註280〕此處所言「民朝夕閲習」之書當爲《善俗要義》。

四、順德路主要特徵

綜合上述，我們可以得出元代順德路的幾個特徵：

第一，從長時段看，元代順德路是邢臺歷史上行政變遷中最關鍵的一環。曾以國都、州治、路治、府治等多種行政形態現身歷史的順德路，是由金元之際的邢州變遷而來。邢州和順德作爲邢臺市使用最悠久的名稱在元朝交接，這一程序與河北和直隸的建制歷史有著極爲一致的表現。

第二，順德路曾有過兩次元代革新政治的試點。第一次爲忽必烈推行漢法，第二次爲順德路總管王結踐行「二次儒治」，此次革新或爲王結借助於元仁宗而展開。「邢州大治」給予忽必烈潛藩新政的歷練，也樹立了中原士人立業的信心。《善俗要義》或可以看做王結走上政壇的立身之本。這兩次革新政治，體現了蒙元對順德路的治理路徑的變遷，即由答剌罕自治，經由忽必烈潛邸代治，進而由漢族儒臣治理的發展趨勢。

第三，順德路的行政建制代表了元代爲數不多的路、縣兩級制。元朝中原地區置路、州，明顯受到蒙古分封制度的影響。邢州、邢洺路以及順德府、順德路等的行政演變，既體現了蒙古分封因素，又體現了漢法新政的影響。

第四，元代順德路，既湧現了劉秉忠、郭守敬、張文謙等國家棟樑，也造就了張耕、劉肅、王結等地方官員精英。劉秉忠等人登上了忽必烈時代的第一漢人集團的地位。張耕、劉肅等人也受到了「邢之張耕，何憂不治」的美譽。

總之，元代順德路是直隸省部地區極具特色的路分，其特色性既表現在其名稱的確定和忽必烈第一漢人集團的居地，而且元朝在此地的兩次試點也明顯具有典型「天下樂郡」的示範作用。

〔註278〕《四庫全書提要》。

〔註279〕 林啓宗是理學大家劉因弟子，詳見：蘇天爵：《滋溪文稿》卷一四《內丘林先生墓碣銘》，陳高華、孟繁清點校，中華書局，1997年，第222～224頁。

〔註280〕 （元）虞集：《道園學古錄》卷九《順德路魏文貞公宋文貞公祠堂記》，四部叢刊本。

第三節　河內山陽：懷孟路研究

懷慶路（治所在今河南省沁陽市）是元代直隸省部特殊的路級行政區劃。其特殊性主要在以下方面：首先，特殊的地理狀況和地理位置，懷慶路爲太行山之南端，黃河之北岸，佔據直隸省部西南一隅。其次，懷慶路對蒙古汗廷也具有重要意義，前有忽必烈受封懷孟州爲湯沐邑，後有元仁宗愛育黎拔力八達即位前和答己太后出居於此。最後，懷慶路的濟源是濟水發源地，而濟水與長江、黃河、淮河一起被尊爲中國古代著名的「四瀆」，濟瀆祭祀是元朝國家祭祀的重要場所。

一、懷慶路沿革雜考

（一）懷慶路的地理狀況及歷史沿革

元代懷慶路北依太行山爲依靠，南有黃河爲憑藉，東與華北平原接壤，西和晉南山地、王屋山爲鄰，境內平原、丘陵、山地錯綜在一起。懷慶路境內山水相間，《重修希玄觀記》曾言「其地膏腴，其泉甘美，田宜禾麥。地富桑麻，村落連延，民物殷庶。太行居其北，黃沁俯其南，東揖淇川、蘇門之秀，西據天壇、盤谷之雄，宜乎異人貞士棲眞嘉遁者有之。」〔註281〕修武縣吳澤鎮張六村《重修功德記》所記「其修武之北二十餘里，陸眞山之東首，俯臨於古城一座，名曰隤城。號曰吳澤鎮。……此處東接蘇門，西臨眞谷，面觀沁水，背浹太行。其間勝景相連，靈泉並出，佳氣恒藹於山川，清風多寄於松竹。」〔註282〕凡此種種，均表現了懷孟路地理境況之一斑。此處的黃河、沁水、淇水等水，太行、蘇門等山，無不各具風姿。再加上濟水、王屋山等山水，「勝景相連、靈泉並出」〔註283〕，引人嚮往。太行山南端發端於懷慶路境內，起於濟（原）〔源〕邑界孔山〔註284〕，「太行在今懷州河內。今懷

〔註281〕《元·希玄觀碑》，郭建設、索全星：《山陽石刻藝術》，河南美術出版社，2004年，第117頁。值得一提，此碑所載女冠安守淨「本邑焦家作里人」，被譽爲迄今焦作市最早的名源。

〔註282〕《金·隤城寨石幢錄文》，郭建設、索全星：《山陽石刻藝術》，河南美術出版社，2004年，第42頁。

〔註283〕《金·隤城寨石幢錄文》，郭建設、索全星：《山陽石刻藝術》，河南美術出版社，2004年，第42頁。

〔註284〕（元）《群書通要》辛集《方輿勝覽·上州郡門·腹裏·直隸省部·懷孟路》，清嘉慶宛委別藏本。

孟路。」〔註285〕「太行陘，在縣西北三十里。連山中斷曰陘。《述征記》曰：
『太行山首始於河內，自河內北至幽州，凡百嶺，連互十二州之界。有八陘。』」
〔註286〕懷孟地區南濱黃河與河南省洛陽一帶對望，使得這裡成爲南渡黃河的
重要地點。

懷孟路交通發達，是忽必烈封地、元仁宗愛育黎拔力八達的潛邸所在，
並且還是重要戰略要地。元朝設有大都直達懷孟的驛道〔註287〕。這條驛道路
線爲：大都，西南七十里至良鄉，六十里至涿州；涿州分爲兩路，西南一路，
七十里至定興，六十里見白塔（今河北徐水縣北白塔鋪），六十五里至保定；
保定又分爲兩路，西南一路，九十里至慶都（今河北望都），六十五里至中山
（今河北定州），五十五里至新樂，然後至眞定；眞定再分爲兩路，正南一路，
七十五里至欒城，四十五里至趙州（今河北趙縣），七十五里至柏鄉，七十里
至內丘；正南偏西五十五里至順德（今河北邢臺），七十五里至臨洺（今河北
永年），七十里至邯鄲，七十里至磁州（今河北磁縣），七十里至彰德（今河
南安陽），七十里至宜溝（今河南湯陰南宜溝），七十里至淇州（今河南淇縣），
六十里至衛輝（今河南汲縣）；自衛輝正西至獲嘉，九十里至承恩（今河南焦
作恩村），九十里至懷孟。另外，自眞定路繞道河東山西地區的冀寧路、平陽
路，也有驛道通往懷孟。該路線爲：自眞定正西八十里至獲鹿，然後，至井
陘、柏井（今山西陽曲縣東），七十五里至平潭（今山西陽泉），七十里至芹
泉，七十五里至太安（今山西壽陽附近），八十里至鳴謙（今山西榆次），然
後至冀寧（今山西太原）；由冀寧正南偏西，七十里至同戈，七十五里至洪善，
七十里至賈令，八十里至義棠，八十里至靈石；正南至仁義；東南六十里至
霍州；西南至苗村，然後至平陽（大德九年以地震改晉寧路，今山西臨汾）；

〔註285〕 （元）陳師凱：《書蔡氏傳旁通》卷二《禹貢》，《文淵閣四庫全書》本。

〔註286〕 （唐）李吉甫：《元和郡縣圖志》卷一六《河北道一·懷州·河內》，中華書局，
1983 年，第 444 頁。

〔註287〕 元代驛道路線主要存在於《析津志·大都東西館馬步站·天下站名》，本部分
據此而來。相關研究成果，參見：李之勤：《〈析津志·天下站名〉校正——
大都通河南和陝西行省部分》，中國古都學會編《中國古都研究》第 3 輯，浙
江人民出版社，1987 年，第 146、147、149 頁；賈洲傑：《河南元代站赤交
通及意義》，《鄭州大學學報》1988 年第 5 期；默書民：《中書省所轄大都以
南地區站道研究》，《元史論叢》第十一輯，天津古籍出版社，2009 年，第 235
～243 頁；白少雙、馮瑞建、劉春燕：《元代眞定路交通淺探》，《青海師專學
報》2008 年第 2 期。

平陽正東二百三十里至冀氏；東南三百三十里至潞州（今山西長治）；正南偏東二百三十里至澤州；正南偏東一百四十里到達懷孟。懷孟路還可以通往陝西地區，由懷孟西南七十里至孟州，正南八十里至河南，然後再通往陝西。

懷孟路「土壤腴潤」〔註288〕，元朝政府在這裡興修的水利工程頗有成效。早在中統二年（1261），元朝「引沁水以達於河。……經濟源、河內、河陽、溫、武陟五縣，村坊計四百六十三處。渠成甚益於民，名曰廣濟」〔註289〕。地方官吏譚澄「教民植業，桑疇麥陂，稻塍茭湖，果圃芋區，水輪步船，無有遺利，或用致饒，民其藏穫」〔註290〕。這些措施使得懷孟路成為富饒之鄉，元人有詩讚譽其地：

> 千頃膏腴壤，群峰紫翠嵐。人言大河北，此是小江南。
>
> 竹樹深亭館，岩泉響澗潭。客衣塵土滿，晚路屢停驂。
>
> 掘金仍表地，哭弟尚名坊。孝烈神明感，綱常日月懸。
>
> 閭閻安俗樸，城郭樂時康。書塾尊先輩，河汾未易忘。〔註291〕

懷慶路也留下了許多優美傳說，孟津神龜負圖出洛之所，〔註292〕「其里有郭巨得金之所，表曰天賜孝子黃金之地，又刺客聶政所居曰烈士坊。」〔註293〕

懷慶路在中原地區的特殊位置，決定了其特有歷史地位，這一地位可以通過其中心地區懷州的沿革得到表現。懷州屬《禹貢》冀州之域。周為畿內及衛、邢、雍三國。春秋時屬晉。戰國時屬韓、魏二國。秦兼天下，滅韓為三川郡，滅魏為河東郡。此地為三川郡之北境，河東郡之東境。漢初，以其地為河內郡，領縣十八。東漢光武帝劉秀曾告誡部下寇恂：「河內殷富，吾將因是而起。昔高祖留蕭何鎮關中，吾今委卿以河內。」〔註294〕此地鑄就東漢

〔註288〕（元）札馬剌丁、虞應龍、李蘭盼、岳鉉等：《元一統志》卷一二二《孟州》，趙萬里輯佚本，中華書局，1966年，第24頁。

〔註289〕《元史》卷六五《河渠志二·廣濟渠》，中華書局，1976年，第1627～1628頁。

〔註290〕（元）姚燧：《牧庵集》卷二四《譚公神道碑》，四部叢刊本。

〔註291〕（元）周伯琦：《近光集》卷三《過懷慶（即懷孟改名）》，《文淵閣四庫全書》本。

〔註292〕（元）《群書通要》辛集《方輿勝覽·上州郡門·腹裏直隸省部·懷孟路》，清嘉慶宛委別藏本。

〔註293〕（元）周伯琦：《近光集》卷三《過懷慶（即懷孟改名）》，《文淵閣四庫全書》本。

〔註294〕（唐）李吉甫：《元和郡縣圖志》卷一六《河北道一·懷州·河內》，中華書局，1983年，第443頁。

大業。西晉仍爲河內郡。隋朝開皇三年（583），罷河內郡，置懷州。唐朝天寶元年（742），改爲河內郡；乾元元年（758），復爲懷州。〔註295〕金朝時期屬於河南路，「天會六年（1128）曰南懷州，置沁南軍節度。天德三年（1151），仍曰懷州。大定五年（1165），置行元帥府，屬河東南路。」〔註296〕

元代懷慶路的孟州，「冀、豫之域，即武王伐紂師會孟津是也」〔註297〕。因位居黃河要衝，唐朝在此地設置河陽三城節度使。宋代爲河陽軍節度。〔註298〕金大定年間，州城受到河水的侵害，遂於故城以北十五里築建新城，徙州治於新城，故城謂之下孟州，新城謂之上孟州。

（二）元代懷慶路建制變遷

金元之際，蒙古大軍長驅直入，懷孟地區戰火頻仍，「長官趙公自貞祐天兵渾洞懷孟之境，秋冬，鳩民廬於山堡。趙公從懷孟長官劉侯保聚溫峪。壬辰，天兵渡河，郡邑版蕩」〔註299〕。戰爭帶給中原地區巨大災難，懷孟地區也曾出現大量人口逃離。李代，「金叔世兵亂，族屬流亡。大父播在草野，晝匿夜出，採拾以代食。邂逅寇掠，鄰死者數。大兵南渡，轉客河內。河南平定，還視故里。焚毀殆盡，田宅入勢。家度不能復有，乃返河內。時土曠人稀，固可厚植恆產，而大父猶豫者，猶心於洛也。久而，始占籍覃懷定居，授田數十畝」〔註300〕。

太宗三年（1231），於懷州設錄事司，歸平陽路管轄。太宗四年（1232）行懷孟州事，改屬河東南路。太宗七年（1235），又更名懷州，隸屬河東路。太宗八年（1236），又改隸河東南路；不久，設懷孟路總管府，改隸河南路。憲宗六年（1256），蒙哥以懷、孟二州賜予忽必烈爲湯沐邑。或因懷、孟兩州

〔註295〕（元）《群書通要》辛集《方輿勝覽・上州郡門・腹裏直隸省部・懷孟路》，清嘉慶宛委別藏本。

〔註296〕（清）洪亮吉：《（乾隆）府廳州縣圖志》卷一八《河南布政使司・懷慶府》，嘉慶八年刻本。

〔註297〕（元）劉應李原編，詹有諒改編，郭聲波整理：《大元混一方輿勝覽》，四川大學出版社，2003年，第76頁。

〔註298〕（元）劉應李原編，詹有諒改編，郭聲波整理：《大元混一方輿勝覽》，四川大學出版社，2003年，第76頁。

〔註299〕《元・趙顯墓銘》，郭建設、索全星：《山陽石刻藝術》，河南美術出版社，2004年，第118頁。

〔註300〕（元）宋褧：《燕石集》卷十四《河內李氏新塋碑銘》，《北京圖書館古籍珍本叢刊》本。

比鄰，且均爲忽必烈封地，憲宗七年（1257）改懷孟路總管府〔註301〕。中統元年（1260），懷孟路等地歸屬張文謙主政的大名宣撫司管轄，「惟皇踐祚之元，祀分天下而爲十路，置宣撫使。以大名、懷孟、衛輝、相、磁、邢洺，實中夏之腹心，可擇望崇位重者鎮撫之。特命內相左丞張公涖焉。」〔註302〕中統三年（1262）二月，宣撫司改爲宣慰司，「以中書左丞闊闊、尙書怯烈門、宣撫游顯行宣慰司於大名，洺滋、懷孟、彰德、衛輝、河南東西兩路皆隸焉」〔註303〕。至元二年（1264）閏五月，忽必烈進行改並府、州、縣等大規模區劃調整，下詔：「諸路州府，若自古名郡，戶數繁庶，且當衝要者，不須改並。其戶不滿千者，可並則並之，各投下者，併入所隸州城。其散府州郡戶少者，不須更設錄事司及司候司。附郭縣止令州府官兼領。括諸路未占籍戶任差職者以聞。」〔註304〕正是在這次調整中，「以平章政事趙璧行省於南京、河南府、大名、順德、洺磁、彰德、懷孟等路。」〔註305〕同年六月，將淇州劃歸懷孟路。大約是按照合併政區的原則，以懷孟路隸彰德路〔註306〕。至元六年（1269）

〔註301〕 錢大昕認爲此處所謂「懷孟路」存在問題，見氏著《廿二史考異》卷八十八《元史卷三》（商務印書館，1937 年，第 1446～1447 頁）。茲錄如下：「按中統五年《重立孟州三城記》稱：『河南甫定，孟猶邊鄙，版籍仍希爲懷所併』。蓋太宗初定中原，以孟州地並於懷。故有行懷孟州事之稱。曷思麥里傳云：『歲壬辰授懷孟州達魯花赤。乙卯卒。子密里吉復爲懷孟達魯花赤，是其證也。』予家藏中統元年《祭濟瀆記碑》後列宣授懷孟州達魯花赤蜜里及即密里吉、宣授懷孟州總管覃澄、提領懷孟州課稅所官石伯濟名。碑立於世祖初，尚稱州而不稱路，然則憲宗之世但置總管，未嘗改爲懷孟路也。《中堂事紀》『中統二年奉聖旨道與眞定路宣撫司，據懷孟達魯花赤蜜里吉、總管覃澄奏告管下地分多有屯住蒙古頭目，遇有關涉詞訟公事不肯前來對證，往往不服句追。以致遲滯公事。准奏，仰遍諭諸路宣撫司：今後各州城管民官遇有關涉蒙古軍人公事理問時，分管軍官一員，一同聽斷施行，毋得偏向，准此。』是中統以前懷孟隸眞定路宣撫司，非別立一路審矣。」

〔註302〕 （元）胡祗遹：《紫山大全集》卷一四《滴漏銘》，《三怡堂叢書》本。

〔註303〕 《元史》卷五《世祖本紀二》，中華書局，1976 年，第 82 頁。

〔註304〕 《元史》卷六《世祖本紀三》，中華書局，1976 年，第 107 頁。

〔註305〕 《元史》卷六《世祖本紀三》，中華書局，1976 年，第 107 頁。對於這裡所謂「行省」，李治安師稱爲「元世祖朝臨時處理軍政事務的行省與半固定化行省」。《行省制度研究》，南開大學出版社，2000 年，第 7～10 頁。

〔註306〕 《元史·地理志》言：「至元元年，以懷孟路隸彰德路。二年，復以懷孟自爲一路。」然按《元史·地理志》則言：「彰德路，……至元二年，復立彰德總管府，領懷、孟、衛、輝四州。」另據姚燧《牧庵集》卷二四《譚公神道碑》「至元二年，罷世侯，省懷孟、衛輝兩總管入彰德」。則《元史·地理志》所言：「至元元年，以懷孟路隸彰德路。二年，復以懷孟自爲一路」有誤。

復以懷孟自爲一路。〔註307〕延祐六年（1319），元仁宗愛育黎拔力八達以潛邸曾居住於此，改懷孟路爲懷慶路。

懷慶路戶三萬四千九百九十三，口一十七萬九百二十六，下轄一州三縣，即孟州和河內、修武、武陟。孟州州治在元初治下孟州，憲宗八年（1258）復立上孟州〔註308〕，下設河陽、濟源、王屋、溫四縣。至元三年（1266）省併州縣，王屋縣併入濟源縣。此後孟州領三縣：河陽、濟源、溫縣。其中濟源縣曾於太宗六年改爲原州，次年廢州復爲縣。溫縣原來歸屬孟津管轄，「按今懷孟路孟州有溫縣，又有河陽縣，則知溫即河陽。蓋古孟津，本畿內之地。襄王以賜晉文公」〔註309〕。

值得一提的是，河東山西和燕南河北的重要分界線是太行山，而太行山在懷孟路地區則向西南綿延，再加上元代直隸省部和河南江北行省的重要分界線是黃河，懷慶路位於黃河之陽。由此造成懷孟地區背山面河的位置，也出現了其行政建制的錯綜複雜。唐代以來，這一地區一直屬於河北道、河南道、河東山西道三個地區交界之處。元代懷孟路一度屬於河東山西道，「覃懷，地名，今懷州也。今爲懷孟路，屬河東山西道。」〔註310〕「懷州，今改懷孟路，與孟（川）〔州〕皆隸今河東山西道。」〔註311〕河南行省河南府路的孟津縣一度歸屬懷孟路，「今河東山西道懷孟路孟州之孟津，周武王伐紂，師會盟

〔註307〕　按《元史‧地理志》「彰德路，……至元二年，復立彰德總管府，領懷、孟、衛、輝四州。……四年，又割出懷、孟、衛、輝，仍立總管。」王輝祖據《元史‧世祖本紀》「至元六年十二月，析彰德、懷孟、衛輝爲三路」記載，推斷，「分路在六年」，志誤。見氏著《元史本證》，中華書局點校本，1984年，第70頁。

〔註308〕　錢大昕認爲孟州設置的年代有誤，《廿二史考異》卷八十八《元史卷三》（商務印書館，1937年，第1447～1448頁）有言：「按：元初並孟州於懷，曷思麥里父子三人相繼爲懷孟州達魯花赤。蓋中統紀元以前，孟未嘗別爲州也。考元《重立孟州三城記》碑稱：『中統二年，欽奉聖旨宣授孟州長官並降到立城民戶，至中統四年二月宣差孟州達魯花赤阿里理任新附之民，而並治之。』是孟州之設實在中統間，志不載並省及復置本末，可謂疏而舛矣。然史稱憲宗八年復立上孟州者，其誤亦有因。據碑稱丁巳年欽奉恩命復立新孟。丁巳即是憲宗七年與志復立上郡，則縣而非州也。其所謂復立者，移縣治於新孟州城，非即立爲州也，而史遂以爲州，所治不亦謬乎。」

〔註309〕　（元）汪克寬：《春秋胡傳附錄纂疏》卷十三《僖公下》，《文淵閣四庫全書》本。

〔註310〕　（元）陳師凱：《書蔡氏傳旁通》卷二《禹貢》，《文淵閣四庫全書》本。

〔註311〕　（元）劉瑾：《詩傳通釋》卷四《詩‧朱子集傳‧王一之六》，《文淵閣四庫全書》本。

津者，是也。」〔註312〕作爲元代的監察區域，懷慶路還曾經和衛輝路、彰德路等一起歸屬於河東山西道管轄，「懷州，今改懷孟路。衛州，今改衛輝路。相州，今改彰德路。大名府，今改大名路，所治有滑州及澶州，今改開州。並隸河東山西道。」〔註313〕後懷孟路和彰德路等一起歸屬河北河南道提刑按察司管理，「河北河南提刑按察司，彰德府置司，並分定路分：順天路、眞定路、順德路、洺磁路、彰德路、衛輝路、懷孟路、南京路、河南府路。」〔註314〕至元十二年（1275）六月，元朝從河南河北道、山東東西道析出燕南河北道，懷孟地區依舊屬於河南河北道管轄。至元二十八年（1291），提刑按察司改爲肅政廉訪司，河北河南道肅政廉訪司下設懷孟路分司〔註315〕。

懷孟路也是中原投下分封的重要地區，這裡最重要的食邑封戶爲忽必烈。忽必烈接受封地是在蒙哥汗分封之時〔註316〕。蒙哥答應忽必烈於河南和關中兩地之間挑選其一。姚樞建言「南京河徙無常，土薄水淺，舄鹵生之，不若關中，厥土上上，古名天府陸海。」忽必烈遂選擇關中。蒙哥以關中「戶寡」爲由，增添「地狹民夥」的懷孟爲忽必烈封地。〔註317〕忽必烈受封懷孟地區11273戶，占懷慶路總戶數34993戶的近三分之一。其他受封懷孟的蒙古勳貴有察罕官人3606戶、折米思拔都兒100戶、卜迭捏拔都兒88戶。忽必烈受封該地，爲懷孟路行政建制穩定的基本背景和原因。故此，李治安師認爲「元朝盡可能依某位蒙古諸王勳貴中原食邑封戶所在獨立一路的政策，在

〔註312〕（元）釋覺岸：《釋氏稽古略》卷一《夏・帝禹》，《文淵閣四庫全書》本。
〔註313〕（元）劉瑾：《詩傳通釋》卷二《詩・朱子集傳・邶（音佩）一之三》，《文淵閣四庫全書》本。
〔註314〕《元典章》卷六《臺綱・體察》，臺北故宮博物院影印元刊本。
〔註315〕《元典章》卷四〇《刑部・刑獄・罪人毋得鞭背》，臺北故宮博物院影印元刊本。
〔註316〕關於憲宗朝分封時間，李治安師《元代分封制度研究》（天津古籍出版社，1992年，第62～63頁）論述如下：「憲宗朝的宗王食邑分封雖涉及壬子、癸丑、丁巳、戊午四個年份，但因爲壬子與癸丑，丁巳與戊午相鄰，故可以說憲宗朝的宗王食邑分封大體是分兩次進行的。第一次即壬子年、癸丑年，受封食邑的宗王有皇弟忽必烈及歲哥都。第二次即丁巳年、戊午年。受封者有皇弟旭烈兀、撥綽、末哥，太宗子合丹、滅里、合失、闊出及阿魯渾察大王、霍里極大王等。忽必烈也在丁巳年增封懷孟之民。」此處壬子、癸丑、丁巳、戊午分別是1252年、1253年、1257年、1258年。據此並結合《元史》卷四《世祖本紀》，忽必烈受封京兆地區的時間，應該在癸丑年。另，李師所言「忽必烈也在丁巳年增封懷孟之民」指的是《元史・食貨志》「裕宗子順宗子武宗，五戶絲，丁巳年分撥懷慶一萬一千二百七十二戶。」
〔註317〕（元）姚燧：《牧庵集》卷一五《中書左丞姚文獻公神道碑》，四部叢刊本。

懷慶路再次得到頗為有效的貫徹」。〔註318〕

　　元代懷慶路，既是元世祖忽必烈的封地，又是元仁宗愛育黎拔力八達的潛邸所在，其官員來源也可以反映出元朝對該地的重視。下表中，太祖時代的商挺、趙壁、楊果、譚澄、劉秉恕、靳德茂等潛邸舊臣和元仁宗寵臣伯帖木兒均被任命懷孟地區長官。這方面，最具有典型意義的是譚澄，「游顯代張左丞（張文謙）宣撫大名，為諸路總管求金符，奏已上。公（譚澄）言之中書，辭不受命。曰：『聖上不識譚澄耶，為顯所舉』」〔註319〕。作為路總管府總管的譚澄，之所以對大名宣撫使游顯乃至中書省如此不恭，一方面，當然如其神道碑所言「其能好人比類，亦庶幾其仁者歟」，另一方面，也說明忽必烈對其恩寵。這點也可以從其本傳看出，「世祖嘗與太保劉秉忠論一時牧守。秉忠曰：若邢之張耕、懷之譚澄，何憂不治哉」〔註320〕。蒙元早期，地方官員世襲因素明顯，早期色目人曷思麥里及其長子捏必赤襲、次子密里吉均接連出任該地達魯花赤，這一點和黏合父子經營彰德路較為相似〔註321〕。

懷孟路官員狀況表

姓名	官職	籍貫	任職時間	前職務	後職務	出處
純只海	以本部兵就鎮懷孟	朔方	太宗年間			《元史·純只海傳》、《中庵集》卷一五《敕贈益都行省伊克札爾固齊贈推忠宣力功臣諡忠襄薩木丹公神道碑銘》
劉侯〔註322〕	修武長官	懷孟修武	壬辰～辛丑	金朝懷孟州長官	懷孟州長官	《故修武縣長官趙公墓銘》〔註323〕

〔註318〕　李治安師、薛磊：《中國行政區劃通史·元代卷》，復旦大學出版社，2009年，第40頁。

〔註319〕　（元）姚燧：《牧庵集》卷二四《譚公神道碑》，四部叢刊本。

〔註320〕　《元史》卷一九一《良吏·譚澄傳》，中華書局，1976年，第4357頁。

〔註321〕　關於黏合父子與彰德，參見：趙琦：《金元之際的儒士與漢文化》，人民出版社，2004年，第93～97頁。

〔註322〕　按《通制條格》卷四《戶令·嫁娶》（黃時鑒點校本，浙江古籍出版社，1986年，第48頁）記載：「庚子年十二月十八日，懷州劉海奏：王榮未反已前定女師哥為婦，不曾娶過。王榮反背，今將王榮男斷與純赤海，合無成親。准奏。反背的人孩兒，怎生將有功的人女孩兒與得？劉海你不尋思有功的兒嫁與那甚麼？」此處庚子年當為1240年，亦即王榮被鎮壓不久，此處劉海或即為劉侯。

〔註323〕　郭建設、索全星：《山陽石刻藝術》，河南美術出版社，2004年，第118頁。

姓名	官職	籍貫	任職時間	前職務	後職務	出處
	懷孟州長官		辛丑～			
趙顯	修武次官	懷孟修武	壬辰～辛丑	金朝修武長官	修武長官	
	修武長官		辛丑～			
杜公	招撫使					《紫山大全集》卷一八《顯武將軍安陽縣令兼輔嵓縣令李公墓誌銘》
孫威	懷州諸路工匠都總管		太宗三年			《元史》卷二○三《孫威傳》
曷思麥里	達魯花赤					《元史》卷一二○《曷思麥里傳》
捏必赤襲（曷思麥里長子）	達魯花赤		太宗十一年～			《元史》卷一二○《曷思麥里傳》
商挺	經略使		憲宗朝	京兆宣撫副使		《元朝名臣事略》卷十《參政商文定公》
馮汝楫	懷孟次官		〔註324〕			《道家金石略》之《天壇尊師周仙靈異之碑》、《重修天壇碑銘》
	懷孟長官		憲宗六年			《創建開平府祭告濟瀆記》
趙壁	總管郡事	雲中懷仁	憲宗七年～憲宗九年		江淮荊湖經略使	《西巖集》卷十九《大元故榮祿大夫中書平章政事趙公神道碑銘》
密里吉（曷思麥里次子）	達魯花赤		中統、至元年間			《元史》卷一二○《曷思麥里傳》、《秋澗先生大全集》卷八一《中堂事記下》
覃澄	路總管	德興懷來	中統元年～至元二年		彰德路同知	《元史·譚澄傳》、《牧庵集》卷二四《譚澄神道碑》

〔註324〕 轉引自：（日）櫻井智美：《〈創建開平府祭告濟瀆記〉考釋》，《元史論叢》第十輯，中國廣播電視出版社，2005年，第365頁。

姓名	官職	籍貫	任職時間	前職務	後職務	出處
王秉中	路勸農官		中統二年			《秋澗先生大全集》卷八一《中堂事記中》
楊果	路總管	祁州蒲陰	至元六年	參知政事		《元朝名臣事略》卷十《參政楊文獻公》
蒙古巴爾	路達魯花赤		至元七年	河中府達魯花赤		《紫山集》卷十五《大元故懷遠大將軍懷孟路達魯花赤兼諸軍奧魯蒙古公神道碑》
李宗傑	安撫					《元史·世祖本紀》
許師可	路總管		至元十七年	河東按察副使	禮部尚書	《魯齋遺書》卷十二《譜傳·許師可》、《圭齋文集》卷九《許衡神道碑》
劉秉恕	路總管		至元年間	彰德路總管	淄萊路總管	《元史·劉秉恕傳》
張賓儀	路判官			彰德總府知事		《紫山集》卷八《送張賓儀錄判之官懷孟路序》
韓天麟	路從事	漁陽上谷	至元二年～至元四年	漁陽法曹	中書省左三部令史	《秋澗先生大全集》卷五六《大元故奉議大夫中書兵部郎中韓君墓碑銘》
靳德茂	路總管	懷孟河內	至元十八年	太醫院副使		靳德茂墓誌〔註325〕
柳唐佐〔註326〕	路總管			章慶使司同知		《歸田類稿》卷三《送柳唐佐序》《清容居士集》卷十《送柳唐佐出守懷孟》
寇元德	判官			眞定宣撫司諮議	京兆判官	《靜修集》卷九《處士寇君墓表》
馬充實	蒙古學教授	覃懷河內			襄陽路均州判官	《清容居士集》卷二七《贈翰林學士嘉議大夫馬公神道碑銘》

〔註325〕　焦作市文物工作隊、焦作市博物館：《焦作中站區元代靳德茂墓道出土陶俑》，《中原文物》2008 年第 1 期。

〔註326〕　按：袁桷《清容居士集》卷十《送柳唐佐出守懷孟》、虞集《道園類稿》卷三《送柳湯佐懷孟總管》均作「柳唐佐」。然，趙孟頫：《松雪齋集》卷五《送柳湯佐懷孟總管》、柳貫《待制集》卷五《宗人湯佐由內宰出爲懷孟總管賦贈識別》，疑此兩處「柳湯佐」應爲「柳唐佐」。

姓名	官職	籍貫	任職時間	前職務	後職務	出處
宋侯	路總管					《東庵集》卷四《懷孟總管宋侯母九十詩卷時總管亦七十矣》
孫顯	總管	福建	大德二年～大德四年	福建行省郎中		《牧庵集》卷二四《少中大夫孫公神道碑》
伯帖木兒	路達魯花赤	西域海押立	大德十一年～至大二年		陝西等處行尚書省參知政事	《元史・曲樞傳》《金華黃先生文集》卷四三《太傅文安忠憲王家傳》
李鵬	知事					《牧庵集》卷二七《招撫使李君阡表》
阿合馬	路同知		天曆三年			《元史・河渠志・廣濟渠》
解時	經歷官	順德廣宗				《紫山大全集》卷十八《邢洺路都總管府從事解君墓碣銘》
段謙	路總管					《圭齋文集》卷九《元故翰林學士中奉大夫知制誥同修國史貫公神道碑》、《元史》卷一四三《小雲石海涯傳》
咬住	路達魯花赤					《道園學古錄》卷十《題咬住學士孝友卷》
董守中	路判官	眞定藁城		尚服院判官	河南行省理問	《文安集》卷十四《大元勅賜正奉大夫江南湖北道肅政廉訪使董公神道碑》
阿什克特穆爾	路達魯花赤					《伊濱集》卷一八《祀濟瀆北海記》
續景明	路總管			禮部員外郎		《至正集》卷四〇《竹軒記》
莊溥	路推官	彰德安陽		集賢院掾	太史院都事	《至正集》卷五八《贈朝列大夫秘書少監騎都尉安陽郡伯莊公墓誌銘》
王安新	路錄事	彰德安陽				《至正集》卷六六《王安新錄事白屋銘》

姓名	官職	籍貫	任職時間	前職務	後職務	出處
仇濟	路總管					《至正集》卷七三《恭題仇公度所藏奎章閣記賜本》
靳良	懷慶織染局幕官					《滋溪文稿》卷七《大元贈中順大夫兵部侍郎靳公神道碑銘》
李毅	醫學提舉					《(正德)大名府志》卷七《人物‧伎術》
王述	懷孟路總管	洛陽	～至正九年	中書兵部侍郎		《王述墓誌》見:《洛陽元王述墓清理》,《考古》1976年第6期

二、《靳德茂墓碑》考注

2007年5月14日,焦作市中站區許衡街道辦事處東王封村靳家族人搬遷祖墳,在墓道發現了神道碑和墓誌各一通。神道碑陰刻「大元故嘉議大夫懷孟路總管靳公墓」。墓誌全文保存完整。「墓道內清理出珍貴文物83件,其中3件爲元代瓷罐,80件爲彩繪陶車馬及人物俑。通過墓誌可知爲元代懷孟路總管靳德茂之墓。這批彩繪陶俑是目前我國出土的第一批完整的元代出行方陣,爲研究元代歷史、文化、風俗等提供了珍貴的實物資料。」[註327]

墓室主人靳德茂生於大安二年(1210),其「自幼勉學,後潛心於醫,復以爲業」,後成爲忽必烈尚藥太醫。1259年,曾從征鄂州。忽必烈即位以後,更見恩寵,官至太醫院副使。辛巳年(1281年)以懷孟路總管身份致仕,壬辰年(1292)十一月逝世。靳德茂墓碑的發現對研究元代醫政制度及懷孟路等,均具有重要的意義。此處試對其加以考注並初步探研[註328]。

(一)淺析出土陶俑

我們先看出土的陶俑。出土的80件陶俑,可以分爲五類:男俑,53件;女俑,17件;馬俑,6件;馭馬俑,2件;車馬俑,2件。所有這些陶俑,展

[註327] 焦作市文物工作隊、焦作市博物館:《焦作中站區元代靳德茂墓道出土陶俑》,《中原文物》2008年第1期。本文中所用相關圖片及墓誌均轉引自該文。

[註328] 2009年11月許衡誕辰八百週年紀念會議召開之際,筆者得見靳氏家族靳古恩等人,考察了靳氏家族墓群,靳古恩先生惠贈其編纂的《靳氏族譜》(2000年印刷),特此致謝。拙文《元代靳德茂墓誌考釋》已發表於《中原文物》2012年第1期。

現了規模龐大的出行方陣。出土時的方陣樣式如下：

> 兩輛裝飾華麗的轎車居中，四周排列著馬俑、馭馬俑、男女侍
> 俑及儀仗俑。轎車爲單馬駕馭，兩車中間有一件馬俑及一件馭夫俑；
> 車廂左右兩側分別排列著單馬和馭馬俑。車前爲兩排儀仗俑，前排
> 8 件，後排 7 件；車後爲兩排侍女俑，前排 9 件，後排 8 件。左側
> 爲 19 件持物男俑，右側爲 18 件持物男俑。〔註329〕

對照圖片，我們可以看出，除了受到傳統漢文化墓葬影響以外，出土陶俑表現了墓主明顯受到蒙古文化的影響〔註330〕。1969 年洛陽王述墓葬，「（出土）器物除一件爲瓷器外，全爲陶器，陶質青灰，火候極高，其中盤、燈、盒、香爐、瓷碗等爲日常用具外，餘下的鼎、敦、罄、尊、豆、爵全爲仿古器。」〔註331〕由此可知，王述墓葬品全部是漢族儀制。王述與靳德茂兩者的品級均曾爲懷孟路總管，其陪葬物所表現的文化大相徑庭，更說明了靳德茂受到蒙古文化影響之深。

在出土的陶俑中，既有象徵漢文化墓葬形制的陶俑，如捧搖錢樹女俑、捧金元寶女俑，又具有明顯蒙古文化色彩的陶俑，如車頂帶有蒙古包形制的車馬俑，並且還有隱含蒙古馬文化意味的持鞭男俑。從某些出土人物的相貌、服裝、裝扮等判斷，陶俑明顯包含蒙古人、西域人等形象，如「高鼻、大眼、大耳、絡腮鬍鬚」的相貌以及「唇有塗朱痕跡、內著右衽衣」打扮等。從「外著黑色方領開襟窄袖短袍，下著白色褶狀短裙和紅色圍護，腰束革帶，足登長筒靴」的裝束來看，又具有非常典型的騎馬民族特徵。

出土男俑或以蒙古怯薛的面貌、姿態出現，蒙古大汗怯薛執事有相關各類名稱：

> 主弓矢、鷹隼之事者，曰火兒赤、昔寶赤、怯憐赤。書寫聖旨，
> 曰扎里赤。爲天子主文史者，曰必闍赤。親烹飪以奉上飲食者，曰
> 博爾赤。侍上帶刀及弓矢者，曰云都赤、闊端赤。司閽者，曰八剌
> 哈赤。掌酒者，曰答剌赤。典車馬者，曰兀剌赤、莫倫赤。掌內府
> 尚供衣服者，曰速古兒赤。牧駱駝者，曰帖麥赤。牧羊者，曰火你

〔註329〕 焦作市文物工作隊、焦作市博物館：《焦作中站區元代靳德茂墓道出土陶俑》，《中原文物》2008 年第 1 期。另：這部分帶引號者均出自該文，不再作注。

〔註330〕 關於元朝漢人受蒙古文化影響問題，參見：李治安師：《元代漢人受蒙古文化影響考述》，《歷史研究》2009 年第 1 期。

〔註331〕 余扶危：《洛陽元王述墓清理》，《考古》1976 年第 6 期。

　　赤。捕盜者，曰忽剌罕赤。奏樂者，曰虎兒赤。〔註332〕

參照上述《元史》所載名稱，我們可以判斷出：持鞭男俑和馭馬俑應是兀剌赤、莫倫赤，提壺男俑應是答剌赤，扛傘男傭應是速古兒赤〔註333〕。其他背椅子男傭、持拂塵男傭，等等，則應為漢地僕人。

　　從靳德茂的墓誌記錄可以看出，其死亡時間和埋葬時間相差不久，這些陶俑方陣圖，當在其去世之前，按照本意製作而成的。其「出入禁闥三十餘年」，比較熟悉蒙古制度，或受到蒙古草原習俗的一定影響，反映出陶俑雜糅蒙元多元文化的特徵。進一步而言，在蒙元王朝，正是在漠北地區長久生活之後的靳德茂等人，才有可能在其陪葬陶俑顯示出典型的蒙漢二元文化特徵。

　　出土陶俑插圖：

陶俑方陣圖

〔註332〕　《元史》卷九九《兵志二·宿衛》，中華書局，1976年，第2524～2525頁。
〔註333〕　蒙古語，Sügür 雲傘，速古兒赤 Sügüsci，元代直譯為「傘人」。參見：《至元譯語》，賈敬顏、朱風：《蒙古譯語、女真譯語彙編》，天津古籍出版社，1990年，第5頁。

扛傘男俑　　　背椅男俑　　　持拂塵男俑　　　持鞭男俑

捧搖錢樹女俑　　捧金元寶女俑　　捧酒罈女俑　　捧蒙巾盒女俑

色目人〔註334〕馭馬俑　　　　　　馭馬俑

─────────────

〔註334〕《中原文物》原稿爲蒙古人馭馬俑。有誤，從高鼻、絡腮鬍鬚等特徵看，應該
　　　　是色目人。

帶有蒙古文化色彩的車馬俑　　　　漢文化形制的車馬俑

（二）墓誌校注

大元故嘉議大夫懷孟路總管靳公墓誌

公諱德茂[1]，字子安，其先河內[2]縣王封[3]人。父諱汝楫[4]，有名於醫。母韓氏。公以大安庚午[5]二月己卯生於故里。公自幼勉學，後潛心於醫，復以爲業。歲甲寅[6]，今上[7]潛邸[8]，徵爲尚藥[9]太醫。大駕渡江[10]有扈從之勞。上即位[11]，宸眷益厚，擢升太醫院副使[12]。出入禁闥[13]三十餘年[14]，前後活人不可勝計。至元辛巳[15]，公以年老乞致仕，至於再三，得遂所請。上念藩邸之舊，進階嘉議大夫[16]、懷孟路總管[17]，以優寵焉。公促裝而歸，徜徉里社十有餘年。至元壬辰[18]冬十一月壬子，薨於正寢，享年八十有三。小斂大斂皆遵古制。夫人秦氏，先公而亡。有子四人：長曰起，知威州[19]。次曰植，繼爲太醫。次曰榮[20]，衛輝路[21]總管。次曰常，睢州[22]判官[23]。側室生女二人：長適高氏，次適韓氏。孫男十四人，俱以讀書爲務。孫女四人，重孫男一人，女一人。以十二月二十二日葬於河內縣清期上鄉王封里之新阡。夫人秦氏祔焉，禮也。公之行，實不及備紀，姑誌其大略云。

　　　　　　　　至元壬辰冬十二月懷孟路學正[24]王九思誌

　　　　　　　　　　　　孝孫端友再拜書

校注：

　　1、按靳氏族人記錄：「三世祖靳煌，仕至元嘉議大夫，總理懷孟，乃當朝皇上股肱之臣」，則可以推知靳煌應爲靳德茂。

　　2、河內作爲地名有幾種稱呼。胡渭《禹貢錐指》卷二《冀州》有言：「古者，河北之地皆謂之河內。自戰國魏，始有河內、河東之別，而秦漢因之以置郡。《周禮》所謂河內不止河內郡地也。今即兼幽并言之，亦無不

可，必欲書境界，曰河內惟冀州，庶幾得之。」隋唐河內郡，後爲懷州，元初爲懷孟路，後爲懷慶路，明清爲懷慶府。另：隋朝置河內縣，其後名稱歷唐、宋、金、元、明、清，民國改爲沁陽縣。此處河內指的是元代懷孟路河內縣。

3、元代名臣許衡葬於李封，筆者親歷其地考察，王封、李封兩地相距甚近，現均歸屬河南省焦作市中站區。按許衡、靳德茂同時在朝爲官，且爲鄉鄰，惜現存許衡文獻中，未發現與靳德茂相關記載。

4、按《靳氏族譜》「始祖靳公朝林，於金泰和年間，攜子明山、明河、明海、明江從山西并州絳郡遷河內太行山南麓之王曲村、獲則、靳溝等地居住。」靳氏始祖靳朝林並無名爲靳汝楫的兒子。結合靳氏家族所留三世祖靳煌畫像著明代官服，筆者認爲，或許「明山、明河、明海、明江」爲靳氏家族在明代編纂家譜時有意爲之。

5、大安庚午爲年號與甲子並用的紀念方法。大安爲金朝衛紹王第一個年號，即公元 1209 年至 1211 年。大安庚午年爲公元 1210 年。關於元代白話碑紀年方法，有學者歸納了六種，分別爲：單用甲子、單用辰屬、單用年號、甲子與辰屬並用、年號與甲子並用、年號與辰屬並用。〔註335〕

6、甲寅爲公元 1254 年。

7、今上指元世祖忽必烈。按碑文撰於至元壬辰（1292），此處至元爲元世祖忽必烈年號。

8、潛邸，指非以太子身份繼承皇位的皇帝登上帝位之前的住所。因爲一旦被確立爲皇太子，即設置東宮爲其居住地。而自藩邸繼承皇位，當指具有封藩府邸的皇室人物，如皇帝兄弟、庶子、旁支等。他們登基以後，其原來的住所則被稱爲「潛邸」。1251 年蒙哥被推舉爲蒙古大汗，忽必烈以「御弟」身份被授予管理漠南事務的大王，由此封藩建府，自此至 1260 年登上帝位的時期，稱爲忽必烈潛邸時期。

9、古代中醫太醫系統機構之一，「漢代以後，主管醫事的機構大致形成兩個系統：一是掌醫藥政令、醫學教育的太醫署（局），一是負責日常『供御』醫藥的尚（御）藥局。」〔註336〕尚藥局歷代沿革大體如下：「歷代沿革，自陳、

〔註335〕　祖生利：《元代白話碑文研究》，中國社會科學院博士論文，2000 年，第 11 ～12 頁。

〔註336〕　高偉：《元代太醫院及醫官制度》，《蘭州大學學報》1994 年第 1 期。

梁、後魏已往，皆太醫兼其職。北齊門下省統尚藥局，有典御二人，侍御師四人，尚藥監四人，總御藥之事，又集書省統三局，有中尚藥局，典御丞各二人，中謁者，僕射二人，總知中宮醫藥之事。隋門下省統尚藥局，置典御、侍御醫直長醫師。大業三年（607），分屬殿內，改爲奉御。唐因之。龍朔二年（662）改爲奉醫大夫，咸亨復舊。宋舊有香藥庫，置使。元置尚藥局，有使、副使及都監各一人。」〔註337〕

10、此指己未年（1259）忽必烈奉蒙哥之命率師攻打南宋，「由陽邏堡以渡，會於鄂州」（《元史·世祖本紀》）

11、中統元年（1260），忽必烈在開平登上帝位。

12、《元史·百官志》：「太醫院，秩正二品，掌醫事，制奉御藥物，領各屬醫職。中統元年（1260），置宣差，提點太醫院事，給銀印。至元二十年（1283），改爲尚醫監，秩正四品。二十二年（1285），復爲太醫院，給銀印，置提點四員，院使、副使、判官各二員。大德五年（1301），升正二品，設官十六員。十一年（1307），增院使二員。皇慶元年（1312），增院使二員。二年（1313），增院使一員。至治二年（1322），定置院使一十二員，正二品；同知二員，正三品；僉院二員，從三品；同僉二員，正四品；院判二員，正五品；經歷二員，從七品；都事二員，從七品；照磨兼承發架閣庫一員，正八品；令史八人，譯史二人，知印二人，通事二人，宣使七人。」由此可知，中統年間，元朝設置宣差，提點太醫院事。關於「元代太醫院提點」一職，蒙哥時代已經出現，「憲宗皇帝癸丑，冠以提點」〔註338〕。現存河北省內丘縣的《國朝重修鵲山神應王廟之碑》也有「故提點太醫院事顏公天翼」的記載。忽必烈即位之初，許國楨也曾出任「宣差太醫提點」的職務。至元二十二年（1285年），元代太醫院始設院使、副使等職務。然據此碑文，則忽必烈登基伊始的中統年間，即授予靳德茂太醫院副使職務。類似情況在《元史》卷四《世祖本紀一》亦有體現，中統二年（1261年），「命大名等路宣撫使，歲給翰林侍講學士竇黙、太醫副使王安仁衣糧，賜田以爲永業。」此墓誌和《元史》本紀相印證，斷定中統年間已出現太醫院副使職務，或可補充《元史·百官志》之闕。

〔註337〕（元）富大用：《古今事文類聚新集》卷十九《諸院部·尚藥局》，《文淵閣四庫全書》本。

〔註338〕（元）許有壬：《至正集》卷四四《大都三皇廟碑》，四部叢刊本。

13、禁闥指宮廷門戶，亦指宮廷、朝廷。「臣常有狗馬病，力不能任郡事。臣願爲中郎，出入禁闥，補過拾遺，臣之願也。」〔註339〕

14、按墓誌所言，甲寅年（1254），靳德茂被忽必烈徵召爲尚藥太醫，至元辛巳（1281），乞致仕，且其致仕之年，與下文所言「至元之初，授本路總管，以榮其歸，時年七十矣」〔註340〕正相合。此三十年尚有不足，此或爲碑文概略記述所致，並非確指。

15、至元辛巳爲公元 1281 年。

16、按《元史・百官志》記載，嘉議大夫爲元朝文散官品階，位居正三品。

17、元代路總管府設總管兼府尹之職，地位僅次於達魯花赤的管民長官，是總管府政務的長官。

18、此種紀年方法同上述大安庚午。至元壬辰爲至元二十九年，即公元 1292 年。

19、《元史・地理志》：「威州，中。舊無此州，金始置。元太宗六年（1234），割隸邢洺路，以洺水縣來屬。憲宗二年（1252），隸洺磁路，徙州治於洺水。領二縣：洺水，中。倚郭。太宗八年（1236），隸洺州。定宗二年（1247），改隸威州。憲宗二年（1252），徙威州治此。井陘。下。威州本治此，憲宗二年，移州治於洺水縣，井陘爲屬縣。」威州本治井陘，後移至洺水，井陘成爲其「飛地」。威州，治今河北省邢臺市威縣。

20、時人有一首專門爲靳德茂祝壽詩歌，題言：「覃懷靳子安（靳德茂），聖上潛邸時太醫也。至元之初，授本路總管，以榮其歸，時年七十矣。今其仲子士約，由兵部侍郎總管衛輝，以便養親。適其父年開八秩，將修慶事，以翰林李野齋（李謙）之序乞詩，故爲賦此。」〔註341〕由此可知靳榮又名士約，或士約爲其字。但《東庵集》所記「仲子」，與墓碑所言靳榮爲靳德茂第三子，不太一致。按靳德茂「年開八秩」，則知此詩文寫於至元二十七年（1290）。其詩文如下：

〔註339〕（漢）司馬遷：《史記》卷一二〇《汲鄭列傳》，中華書局，1959 年，第 3110 頁。

〔註340〕（元）滕安上：《東庵集》卷四《七言律詩》，《文淵閣四庫全書》本。

〔註341〕（元）滕安上：《東庵集》卷四《七言律詩》，《文淵閣四庫全書》本。

　　　　畫錦歸來又十春，鏡中風度愈溫溫。

　　　　人生難得五全福，天下共推三達尊。

　　　　疇昔刀圭誰國手，祇今蘭玉遍君恩。

　　　　兵曹近領河平節，省謁恒看耀里門。

該詩作者滕安上（1242～295年），字仲禮，中山安喜（今河北省定州市）人，曾任定州教授、國子博士、太常寺丞、監察御史、國子司業等職。「畫錦歸來」意爲衣錦還鄉，典故出自唐代詩人劉禹錫《贈送致仕滕庶子先輩時及第人中最老》（《御定全唐詩》卷三五九）「朝服歸來畫錦榮，登科記上更無兄一作名。」此處指靳德茂由朝堂歸來。「三達尊」意指天下人都加以尊重的三個方面：爵位、高齡、德行。《孟子・公孫丑下》：「天下有達尊三：爵一、齒一、德一。朝廷莫如爵，鄉黨莫如齒，輔世長民莫如德。」此處讚揚靳德茂的地位之崇、年齡之高、品行之端。刀圭指醫術。「疇昔刀圭誰國手，祇今蘭玉遍君恩。」意爲靳德茂醫術高明，受到當朝皇帝忽必烈的大力賞識。「兵曹」指靳榮曾任兵部侍郎。河平指衛輝路。元朝官員地方任職時，有所謂「果有親年七十以上，別無以次侍丁，若便憑准本官自具詞因，一例近便遷除」[註342] 的規定，靳榮由兵部侍郎遷至衛輝路總管，符合這一制度。

　　《元史》卷一六《世祖本紀十三》記載：至元二十七年（1290）十二月，「遣兵部侍郎靳榮等閱實安西、鳳翔、延安三道軍戶。」由「兵部侍郎總管衛輝以便養親」可知，此處《元史》所言「兵部侍郎靳榮」爲靳德茂之子靳榮。按「適其父年開八秩」來算，靳榮爲衛輝路總管的時間，當爲至元二十七年（1290），即《元史・本紀》所記事件之後不久。《元史》《東庵集》等可與墓碑互證。

　　21、《元史・地理志》：「唐義州，又爲衛州，又爲汲郡。金改河平軍。元中統元年（1260）升衛輝路總管府，設錄事司。」衛輝路爲元代直隸省部地區路分之一，治今河南省新鄉市汲縣。

　　22、睢州屬於河南江北行省管轄，今爲河南省商丘市睢縣。按：《元史・地理志》：睢州，下。唐屬曹州。宋改拱州，又升保慶軍。金改睢州。元因之。領四縣：襄邑（倚郭）、考城、儀封、柘城。

　　23、《元史・百官志七》「上州，……判官秩正七品；中州，……判官從

〔註342〕《通制條格》卷六《選舉・選格》，黃時鑒點校本，浙江古籍出版社，1986年，第84頁。

七品，下州，……判官正八品，兼捕盜之事。」

24、元代路總管府管理教育事務的屬官：儒學教授司、蒙古字學教授司、醫學教授司、陰陽學教授司，分別管理路分儒學、蒙古字學、醫學和陰陽學事務。各司均設有教授和學正等職員。

（三）關於靳德茂墓誌的一些認識

結合上述考釋，我們大體可以得出以下認識：

第一，金元之際，河北地區醫學成就顯著。蘇天爵轉引許衡論說：「近世論醫，有主河間劉氏者，有主易州張氏者。」〔註343〕此處所言河間、易州，均為河北地區。眞定著名醫生竇行沖即為此一例。關於竇行沖的師傅，蘇天爵有詳細的說明，由此或可識得河北地區醫學之盛：

> 張氏諱元素，博極經方，然自漢以下，惟以張機、王叔和、孫思邈、錢乙爲得其傳，遂以其學授李杲明之。明之授羅天益謙甫。明之國初有盛名，嘗著傷寒會要諸書行於世，謙甫亦著內經類編，兩人者皆家眞定，君蓋及見謙甫，盡得明之之書讀之，而有發焉，故其醫業過人如此。〔註344〕

他如，李杲、羅天益等，茲不復錄。

第二，蒙元王朝前期，汗廷對醫士恩寵有加。蒙古大汗早就注意對特殊人才的徵召。忽必烈「在位既久，一時才俊悉被任用，聞郡國有名能藝術者亦遣使徵之。」〔註345〕他們中很多人由醫起家，因受到大汗的賞識而參與國家大事管理。

蘇天爵對韓公麟的讚揚，也最能體現這一特點，茲錄如下：

> 古者天子雖有聰明睿智之資，又必愼選直諒多聞之士置諸左右，以參諷議，以備顧問，是以君德日新，治道日隆，後世莫能及矣。欽惟成宗用韓公者，其審是道歟。帝在位十有四年，朝廷清明，海宇寧謐，公卿稱職，年穀豐衍。雖帝之聰明守成爲弗可及，亦惟韓公匡救啓沃之力居多。或者獨以醫術論公，尚得爲知

〔註343〕（元）蘇天爵：《滋溪文稿》卷一九《元故尚醫竇君墓碣銘》，陳高華、孟繁清點校，中華書局，1997年，第311頁。

〔註344〕（元）蘇天爵：《滋溪文稿》卷一九《元故尚醫竇君墓碣銘》，陳高華、孟繁清點校，中華書局，1997年，第311頁。

〔註345〕（元）蘇天爵：《滋溪文稿》卷一九《元故尚醫竇君墓碣銘》，陳高華、孟繁清點校，中華書局，1997年，第310頁。

言也哉。〔註346〕

直隸省部地區因醫術高明而得到蒙古大汗器重的甚多，除前述竇默之外，再舉兩例。

鄭師眞，字景賢，號龍岡居士〔註347〕，順德（今河北省邢臺市）人。成吉思汗西征期間，爲從征醫使。耶律楚材曾言「龍沙一住二十年，獨識龍岡鄭景賢」〔註348〕。鄭師眞對耶律楚材與蒙古大汗之間關係起到協調作用，王國維評價：「然則公（指耶律楚材）之相當由景賢，而其平日維持調護於君臣之間，使太宗任公而不疑，公得其志而無所屈者，亦有景賢之力」〔註349〕。鄭師眞最被推崇的是勸說窩闊台放棄汴梁的屠城，時人大加歌頌：「公怫逆曲折陳解，城賴不屠，所全無慮數十萬人。世之知公淺淺者，惟曰尚醫。夫善針艾藥石者，孰與和、扁、意、佗？稽之書傳，所起死惟各數人。使四子者存，盡針艾藥石一世之技，能起數十萬人之死於膏血橫流之下乎？嗚呼！四子之所能者，公或能不能，公之所能，不惟四子之必不能，雖一時四海勳戚將相、結主知未固者，皆不能也。古稱仁人之言，其利博哉。其不信然乎？然自公之隕謝，凡在廷將相，善言經爲通儒，文爲名家，詩以誄之，集將百篇。」〔註350〕其同鄉、忽必烈寵臣劉秉忠稱其「一語立活萬家命者」〔註351〕。

顏天翼〔註352〕（1191～1254），祖籍河南舞陽天福山，少從家學，精醫術。1232年被俘於蒙古軍，因醫術見長，成爲蒙哥的御醫。1251年，顏大翼被授職太醫使，「自是日侍左右，凡有事於諸神、降香嶽瀆，輒使代行」〔註353〕。因邢州治理成功，顏天翼請求邢州養老，蒙哥遂任其爲提點太醫院，主管邢

〔註346〕（元）蘇天爵：《滋溪文稿》卷二二《資善大夫太醫院使韓公行狀》，陳高華、孟繁清點校，中華書局，1997年，第374頁。

〔註347〕劉曉先生考證出鄭景賢的名字爲師眞，見氏著《耶律楚材評傳》，南京大學出版社，2001年，第181頁。鄭師眞爲順德人，順德路邢臺縣在隋代爲龍岡縣，其「龍岡居士」之號或來源於家鄉的這一名稱。同理，元代順德人董樸也自稱「龍岡先生」。

〔註348〕（元）耶律楚材：《湛然居士文集》卷十四《丙申元日爲景賢壽》，四部叢刊本。

〔註349〕轉引自：劉曉：《耶律楚材評傳》，南京大學出版社，2001年，第181頁。

〔註350〕（元）姚燧：《牧庵集》卷三《鄭龍岡先生挽詩序》，四部叢刊本。

〔註351〕（元）同恕：《榘庵集》卷三《奉元王賀公家廟記》，《文淵閣四庫全書》本。

〔註352〕關於顏天翼的事蹟，參見：孟繁清：《蒙元時期的顏氏三碑》，《中國史研究》2009年第3期；范玉琪：《元初名臣劉秉忠書丹〈國朝重修鵲山神應王廟之碑〉考釋》，《文物春秋》1994年第4期。

〔註353〕（元）李磐：《顏天翼神道碑》，《（光緒）邢臺縣志》，地方志人物傳記資料叢刊·華北卷，第36冊。

州內丘縣「鵲山神應王廟」事宜。顏氏後人對該廟加以重修。1268 年，忽必烈批准，由王鶚撰文、劉秉忠書丹的石碑立於廟前〔註354〕。顏天翼子顏伯祥為忽必烈怯薛，後為上都留守總管兼開平府尹〔註355〕。

　　第三，靳德茂與許衡之間關係蠡測。由上述校注可知，許衡和靳德茂分別居於李封和王封，兩地相距甚近。許衡生、卒年分別為 1209 年、1281 年，靳德茂生、卒年分別為 1210 年、1292 年，則兩人相差僅一歲，均可算作高壽。兩人曾同朝為官，許衡不十分受忽必烈賞識，仕途幾經波折，而靳德茂卻「出入禁闈三十餘年」，一直受到忽必烈的器重。沒有發現許衡對靳德茂的任何記載，二者與忽必烈的關係差別較大，從這些因素判斷，二人或有不睦。從忽必烈與靳、許二人的關係，或許可以幫助我們增進理解這一時代士人的境遇及心態。

　　第四，靳德茂四子從仕狀況，可以反映元朝官員蔭敘等選官之一斑。從墓誌可以看出，靳德茂四子均從仕：長子靳起為威州知州，次子靳植為太醫，三子靳榮由兵部侍郎除為衛輝路總管，四子靳常為睢州判官。前述太醫鄭景賢、顏天翼諸子亦均從仕，尤其是顏天翼子顏伯祥，由宿衛官升至上都留守總管兼開平府尹。顏伯祥及其子顏哈班受到蒙古文化影響很深。〔註356〕由此看來，蒙元王朝對這一類技藝之人恩寵有加，而這些人的後代又因為受到蒙古文化的深刻影響，而受到蒙元王朝的重用。

　　第五，通過上述校注，尤其是《東庵集》，可以確證靳德茂墓碑所述的諸多事實。靳德茂字子安、年開八秩、潛邸太醫、懷孟路總管等有關其字、年齡、職業、官職等個人身份資料，其子靳榮的官職和職務變遷，等等。這些信息既可以相互印證歷史事實，又可以補充元史研究之闕。

三、元代的濟瀆祭祀

　　中國古代社會，歷朝歷代均舉行嶽鎮海瀆之類的國家祭祀，懷孟路濟源縣的濟瀆廟即是其中之一，故有「覃懷勝遊地，濟瀆垂名久」〔註357〕之說。學界注意到濟水的重要性，「濟水作為南北水系溝通的紐帶，有機地將南北水系連結在一塊，為當時的經濟與社會的發展、為當時的文化交流提供了極大

〔註354〕　《國朝重修鵲山神應王廟之碑》，該碑現尚存，當地人稱為「透靈碑」，位於扁鵲廟前。
〔註355〕　孟繁清：《元上都留守顏伯祥任職時間考》，《中國史研究》2007 年第 3 期。
〔註356〕　孟繁清：《蒙元時期的顏氏三碑》，《中國史研究》2009 年第 3 期。
〔註357〕　（元）耶律楚材：《湛然居士集》卷二《過濟源和香山居士韻》，四部叢刊本。

的便利」；河濟文明「是黃河文化乃至中國傳統文化的重要組成部分和集中體現」。〔註358〕國外學者也注意到元代濟瀆的重要性〔註359〕。

　　濟瀆廟始建於隋朝開皇二年（582）。隋開皇十六年（596），「分軹縣置濟源縣，屬懷州。以濟水所出，因名」〔註360〕。據《元一統志》「沁水在濟源縣東北二十八里，其源出沁州陽城縣，經太行山，至本縣北燕川東，出孔山，歷沁臺，入河內界。」〔註361〕唐貞元十二年（796），又於濟瀆廟後面增建北海祠，故濟瀆廟又稱爲濟瀆北海廟。許多朝代還對濟瀆廟加以封號。唐朝天寶六年（747），封爲清源公〔註362〕；北宋康定元年（1040）封爲清源王〔註363〕。金代仍依宋例，封爲清源王〔註364〕。元代亦步其他王朝後塵，對濟瀆廟加以祭祀，加封封號。1256 年，開平城甫一完工，忽必烈下令「於五嶽四瀆投金龍玉冊」〔註365〕，《創建開平府祭告濟瀆記》即爲此時所立。這次祭祀，「雖然不是實施蒙元政權的第一次嶽瀆祭祀，但是可以認爲是祭祀固定化以前的比較早的一次」〔註366〕。至元二十八年春（1291）二月，元朝加封「濟王濟瀆清源善濟王」〔註367〕。元朝曾多次派遣官員等代替皇帝祭祀濟瀆，並對濟

〔註358〕　張新斌：《濟水與河濟文明》，河南人民出版社，2007 年，第 189 頁、第 387頁。

〔註359〕　（日）櫻井智美：《〈創建開平府祭告濟瀆記〉考釋》，《元史論叢》第十輯，中國廣播電視出版社，2005 年；《忽必烈統治華北的形象——以懷孟地區的科舉和祭祀爲例》，SUNDAI SHIGAKU（Sundai Historical Review）Na. 124, March 2005. pp. 27～48.

〔註360〕　（唐）李吉甫：《元和郡縣圖志》卷五《河南道一·河南府》，中華書局，1983年，第 145 頁。

〔註361〕　（元）李蘭肦等著：《元一統志》卷一《中書省統山東西河北之地·懷孟路》，趙萬里校輯，中華書局，1966 年，第 79 頁。

〔註362〕　（五代）劉昫等：《舊唐書》卷九《玄宗本紀下》，中華書局，1975 年，第 221頁。

〔註363〕　（元）脫脫等：《宋史》卷一〇二《禮志五·嶽瀆》，中華書局，1977 年，第2488 頁。

〔註364〕　（元）脫脫等：《金史》卷三四《禮志七·嶽鎮海瀆》，中華書局，1975 年，第 810 頁。

〔註365〕　《創建開平府祭告濟瀆記》，轉引自：（日）櫻井智美：《〈創建開平府祭告濟瀆記〉考釋》，《元史論叢》第十輯，中國廣播影視出版社，2005 年，第 364 頁。

〔註366〕　（日）櫻井智美《〈創建開平府祭告濟瀆記〉考釋》，《元史論叢》第十輯，中國廣播影視出版社，2005 年，第 367 頁。

〔註367〕　（元）閻復：《加封五嶽四瀆四海詔》，蘇天爵《元文類》卷九，商務印書館，1936 年，第 109 頁。

瀆廟大家推崇，故有「恒嶽奠畿輔，濟瀆河內為上流」〔註368〕之謂。元代文人對濟瀆大家歌頌，茲錄一首：

> 玉簡投潭洞，金樽出石隈。
> 龍光蟠窟宅，蜃氣結樓臺。
> 卷地風雷起，掀天雨雹來。
> 人間為濟瀆，水底即蓬萊。〔註369〕

四、懷孟路主要特徵

綜合以上懷孟路的研究，我們可以得出以下認識：

第一，元代懷孟路是直隸省部地區極具地理特點的地區。這不僅表現在它位於直隸省部地區的西南一隅，更主要的是山水相間的特殊位置，造成了此處風景秀麗。或從戰略要地考慮，或由於忽必烈受封懷孟，元朝設置了由大都直通懷孟的驛道，再加上北通山西、西連關中、南接洛陽的交通路線，使得懷孟路成為直隸省部地區重要交通地點。

第二，同其他地區一樣，懷孟路在蒙元前期也經歷了行政建制的幾度變遷。懷孟路特殊的地理位置，使得該地反復歸屬河東、河南、河北三個區域之內。直到至元六年（1269）懷孟路的正式確立，其建制才逐漸穩定下來。延祐六年（1319）懷慶路取代懷孟的名稱，則體現了元仁宗對該出居地的懷念。

第三，元代懷孟路人才濟濟。元代懷孟路不僅出現了全國各地廟學加以從祀的許衡，而且原來名不見經傳的靳德茂，也無愧於忽必烈時代值得研究的醫界精英。靳德茂諸子也受到元朝的重用。

第四，蒙元汗廷與懷孟路淵源極深。前有忽必烈受封懷孟州為湯沐邑，後有元仁宗愛育黎拔力八達即位前和答己太后出居於此。蒙古汗廷對懷孟路的倚重，可以從對其地方官員的任命方面看出。如譚澄、商挺、趙璧、楊果等。

第五，這裡是濟瀆所在地，而自隋代以來的濟瀆祭祀則體現了國家意志

〔註368〕（元）宋褧：《燕石集》卷四《奎章閣學士院照磨林彥廣代祀嶽鎮海瀆以詩送之》，《北京圖書館古籍珍本叢刊》本。

〔註369〕（宋）汪元良：《湖山類稿》卷三《濟瀆》，《文淵閣四庫全書》本。汪元良為宋末元初人。

的祭祀。《創建開平府祭告濟瀆記》在一定程度上體現了以忽必烈爲首的蒙古貴族對中原王朝祭祀制度的繼承。

　　總之，元代懷孟路，作爲直隸省部地區西南一隅，其在元朝的重要性伴隨著忽必烈受封和愛育黎拔力八達出居而顯現。元朝修建直通懷孟的驛道、懷孟路的人才濟濟、濟瀆祭祀等分別從不同角度詮釋著懷孟路作爲直隸省部路分的特殊性。

結語：元代直隸省部若干特徵

　　立足於元代「直隸省部」地區綜合性研究的視角，在地理狀況和水利等自然環境描述的基礎上，論述了「直隸省部」政區沿革與中書省的統轄管理、軍事屯駐及燕南河北道肅政廉訪司監察等層面問題，考察了封龍山、紫金山、蘇門山三山學者群體所代表的學術流派及文化方向，分析了興和路、順德路、懷孟路三個路分個案，筆者力圖探索元代「直隸省部」的制度成因及政治、文化等方面所表現的地域個性。通過以上研究，可以看出，蒙古習俗和漢唐畿輔制對元代「直隸省部」的影響，該地區政治、軍事方面的直隸性質和監察方面的領軍角色，文化成就的突出地位，路級地方直接隸屬中央的屬性。

　　綜合而論，元代「直隸省部」地區具有較爲明顯的特徵，茲歸納如下：

（一）元代「直隸省部」是蒙古大汗直轄中央兀魯思諸部習俗與漢唐畿輔制混合的產物。

　　與長安所在關中的自然地理環境不同，元代河北地區與蒙古高原比鄰的地理位置，與游牧產業連接的經濟布局，相對富饒的物產資源，使得河北地區成爲遼、金等北方少數民族政權刻意經營之地。元朝自和林南遷和定都開平、燕京後，以大都路爲首的保定、興和、河間、永平等路成爲屏蔽京城的關鍵。保定路，「都南實爲要郡，所轄一十五處，軍民約十萬餘戶，據根本內地。」〔註1〕眞定、順德、廣平、大名等路，再加上彰德、衛輝、懷孟等路也是直隸中書省部的區域。這些使得河北地區演變成爲元代「直隸省部」的管轄區域。

〔註 1〕 （元）王惲：《秋澗先生大全集》卷九二《彈保定路總管侯守忠狀》，《元人文集珍本叢刊》本。

　　從全國的政治地位來說，直隸省部是元朝統治的核心地帶，很大程度上又是蒙古草原中央兀魯思在漢地版圖的仿造或提升。腹裏地區是元王朝中書省直轄地區，但在腹裏地區內部又有明顯的區別：直隸省部地區大抵是自拖雷以來歷任大汗封邑所在及直屬千戶封邑，與山東東西道、河東山西道之成吉思汗諸子、諸弟封地不同。也許正是由於這種不同，才出現了中間部分為「直隸省部」，兩翼則歸屬中書省之下的兩道宣慰司管轄。這一特色因歷任大汗及左手、右手萬戶功臣食邑而凸現。定宗貴由的大名路，蒙哥汗後王的衛輝路，孛兒帖和拖雷的真定路，忽必烈的封地懷孟路和潛邸駐地興和路、上都路，以及保定路、河間路、真定路太祖四斡耳朵食邑，這些歷任大汗的食邑封地均在直隸省部轄區。大汗所屬右手萬戶博爾術家族的邢洺路（後調整為廣平路），乃至左手萬戶木華黎家族的東平路，最後也歸屬直隸省部轄區。

　　元代腹裏中間為直隸省部，兩翼為宣慰司轄區。這一形制，和漢唐三輔有相同表象。然而，與漢唐畿輔相比，元代的管轄範圍擴展明顯。元代「直隸省部」十三個路的地理範圍大略相當西漢十三部州之幽州、冀州兩個州部刺史轄區，遠遠超過所謂漢「京兆尹、左馮翊、右扶風」之三輔和唐東、西兩都所屬京畿，也較其後明代基本固定的直隸八府要大得多。從其中我們似乎可以窺視出一種承上啓下、蒙漢兼容的中央直轄區的演變程序。這種程序由於主要體現了對蒙古中央兀魯思直轄區的承襲，而與漢唐的畿輔制度也有一定的承繼關聯。

　　（二）直隸省部諸路一直受到中書省部的直接管轄，在此意義上，「直隸省部」名副其實。

　　元代直隸省部地區最顯著的特徵是中央統轄其行政運作。在公文呈報方面，行省、宣慰司所轄路分需要經由行省或宣慰司呈報給中書省部，直隸省部各路則直接呈報中書省相關各部，甚至直接報送都省。在賦役派遣、戶婚管理等方面，中書省戶部、禮部等機構直接對接各路。在吏員選拔、遷調方面，直隸省部很多地方官員經由「赴部求任」獲得升遷，因而，元朝曾經出現「因而壅塞腹裏窠缺，不能遷調」〔註2〕的境況。在官吏蔭敘、鄉試等方面，直隸省部也明顯有著較高的特權。在司法刑獄方面，直隸省部地方路、州均

〔註2〕《通制條格》卷六《選舉·選格》，黃時鑒點校本，浙江古籍出版社，1986年，第84頁。

由刑部直接處理，如刑部「差奏差赴檀州審囚」〔註3〕。大都作爲全國政治中心，其周圍的保定路、河間路、興和路乃至真定路，地位衝要，均成爲大都通往全國的第一驛站關節點，對該地區驛站管理帶來了很大的難題，爲元朝兵部、通政院極爲關注的地方。「直隸省部」所屬路州等在所有地方一級政區中是地位最高的；中書省部的很多政策往往先在直隸省部地區實施，再推行到其他行省。

需要明確指出的是，元代中央直轄的「直隸省部」制度尚且不成熟、不完善：一方面，元代直隸省部地區管轄範圍尚存在不確定性，前後變化很大。另一方面，直隸省部路州事權及官吏待遇往往與腹裏融匯在一起。

（三）軍事鎮戍駐屯和地方監察，均凸現朝廷對直隸省部的高度重視。

運用抽調混編的漢軍軍衛、色目軍衛、蒙古軍衛等交錯分佈駐屯，是直隸省部地區軍事駐屯的典型特色。爲保證元朝兩都「北帶絕幕，南控中夏」〔註4〕的根本政治地位，元朝在以兩都爲核心的直隸省部地區，屯駐了大量侍衛親軍，主要分爲：漢軍軍衛、色目軍衛和蒙古軍衛三類，而部分新附軍則分割歸屬於上述諸衛。爲更好地發揮各軍衛鎮戍直隸省部的功能，元朝採取混合編制和漢軍衛、色目軍衛、蒙古軍衛等交錯分佈屯駐以及漢軍僅存奧魯的方式，加以佈防。尤其是隆鎮衛和海口衛等的設置，很大程度上，保障了元大都政治和漕運物資的需要。直隸省部地區軍隊屯駐的鮮明特點和其「天下根本」的政治地位相一致，由此形成不同於諸行省地方鎮戍系統的特點。

燕南河北道廉訪司直轄於御史臺，在任用官吏、行使權力及獲得皇帝內助等方面堪稱天下第一道。與元代「直隸省部」較爲一致，隨著河南江北行中書省的確立，燕南河北道宣慰司的廢除，尤其是河南河北道廉訪司監察範圍的改變，燕南河北道肅政廉訪司轄區發生變遷。燕南河北道肅政廉訪司管理範圍變遷顯示了元代政治管轄區域和監察區域之間的關聯性。燕南河北道肅政廉訪司官員，既有布魯海牙、不忽木、脫烈海牙等少數民族名望重臣，也有王惲、張起岩、劉敏中等漢族才略志士。他們在同級職位中，秩級幾乎

〔註3〕《經世大典・站赤四》，《永樂大典》卷一九四一九，中華書局，1986年，第7213頁。

〔註4〕（元）蘇天爵：《滋溪文稿》卷二《上都廟學碑陰記》，陳高華、孟繁清點校，中華書局，1997年，第15頁。

是最高的。同時很多官員，又藉此從這裡走向較偏遠地區的高一級職務。燕南河北道廉訪司與朝廷、中書省及六部等聯繫密切，直接受到御史臺指導較多。上述方面說明了元朝對該地區廉訪司監察的高度重視，反映了其天下第一道廉訪司的特徵。

（四）封龍、紫金、蘇門三山學人，大體代表了中原漢人文化的主要流派，亦可彰顯直隸省部在中原文化中的主導地位。

面對金元之際「國家承大亂之後，天綱絕、地軸折」〔註5〕等社會急劇動蕩局面，士人們深感「死不難，誠能安社稷、救生靈，死而可也」〔註6〕的重要責任，堅持「士於此時而不自用，則吾民將膏鈇鉞，糞土野，其無子遺矣」〔註7〕的執著追求。以李冶、劉秉忠、許衡等為首，立足於封龍山、紫金山、蘇門山等文化名山的士人群體，基本上代表了中原漢地文化的主要派別。通過刻苦鑽研學問、交友切磋、開門授徒等方式，在金源文學、天文曆法、程朱理學等方面，創造了顯著成就，成為綿延中原漢文化的中流砥柱。

在蒙古民族以異文化的姿態統治中原地區的歷史過程中，儘管三山學者對待蒙古統治者的態度有一定差別，但是他們都從有利於蒙古統治者接受漢地先進文化、有利於漢文化傳承的角度，努力奮鬥，積極探索。最後，面對社會發展趨勢，經由趨同合一的方式，共同關注於文化發展勢頭強勁的理學。一定程度上，他們對理學的鑽研和傳播，使得元代成為宋明理學傳承中的關鍵節點。

（五）興和、順德、懷孟三路以其區位及與忽必烈政權的特殊關係等，在直隸省部諸路治理中，均具有一定典型意義。

農牧交接地帶的興和路，既擁有蒙元皇帝「東出西還」〔註8〕必備的游牧鷹房，又為中原通往漠北必經的驛站交通，元朝在此設置眾多官手工業人匠局，更使這裡成為直隸省部重要路分之一。

〔註5〕 （元）宋子貞：《中書令耶律公神道碑》，蘇天爵：《元文類》卷五七，商務印書館，1936年，第838頁。

〔註6〕 （元）脫脫等：《金史》卷一一五《完顏奴申傳》，中華書局，1975年，第2525頁。

〔註7〕 （元）郝經：《陵川集》卷三七《與宋國兩淮制置使書》，《北京圖書館古籍珍本叢刊》本。

〔註8〕 （元）周伯琦：《近光集·扈從集·後序》，《文淵閣四庫全書》本。

南北衝要的順德路原為金元之際的邢州。該路曾是忽必烈藩邸代治地及紫金山學者群居地，所經歷的答剌罕自理和兩次漢法新政，在直隸省部諸路中具有典型示範意義。

西南一隅的懷孟路曾是忽必烈藩邸的食邑及愛育黎拔力八達出居地。修建直通大都的驛道，許多忽必烈熟識名望之士被委派此地，再加上許衡、靳德茂等人，顯示出懷孟路的非同一般。

參考文獻

一、古代史籍文獻

1. 安熙：《默庵先生文集》（簡稱《默庵集》），《元人文集珍本叢刊》本。
2. 班固：《漢書》，中華書局校勘本，1963 年。
3. 畢沅：《續資治通鑒》，中華書局校點本，1957 年。
4. 孛蘭盻等：《元一統志》，趙萬里校輯，中華書局，1966 年。
5. 蔡懋昭：《（隆慶）趙州志》，《天一閣藏明代方志選刊》本。
6. 曹伯啓：《曹文貞公集》，《北京圖書館古籍珍本叢刊》本。
7. 陳孚：《陳剛中詩集》，《文淵閣四庫全書》本。
8. 陳旅：《安雅堂集》，《文淵閣四庫全書》本。
9. 陳師凱：《書蔡氏傳旁通》，《文淵閣四庫全書》本。
10. 陳壽：《三國志》，中華書局校勘本，1975 年。
11. 陳祥道：《禮書》，《文淵閣四庫全書》本。
12. 陳元靚：《事林廣記》，中華書局影印本，1963 年。
13. 程端禮：《畏齋集》，《文淵閣四庫全書》本。
14. 程鉅夫：《程雪樓文集》（簡稱《雪樓集》），陶氏涉園刊本。
15. 鄧文原：《巴西鄧先生文集》（簡稱《巴西集》），《北京圖書館古籍珍本叢刊》本。
16. 房玄齡等：《晉書》，中華書局校勘本，1974 年。
17. 富大用：《古今事文類聚新集》，《文淵閣四庫全書》本。
18. 顧嗣立：《元詩選》三集，中華書局，1987 年。
19. 顧祖禹：《讀史方輿紀要》，上海古籍出版社，1993 年。

20. 管仲：《管子》，四部叢刊初編本。

21. 郝經：《郝文忠公陵川文集》（簡稱《陵川集》），《北京圖書館古籍珍本叢刊》本。

22. 何高濟 譯：《利瑪竇中國箚記》，中華書局，1983 年。

23. 洪亮吉：《（乾隆）府廳州縣圖志》，嘉慶八年刻本。

24. 侯德封：《黃河志》，商務印書館，1937 年。

25. 胡聘之：《山右石刻叢編》，清光緒二十七年刻本。

26. 胡行簡：《樗隱集》，《文淵閣四庫全書》本。

27. 胡震亨：《唐音癸籤》，《文淵閣四庫全書》本。

28. 胡祗遹：《紫山大全集》（簡稱《紫山集》），《三怡堂叢書》本。

29. 胡助：《純白齋類稿》，《文淵閣四庫全書》本。

30. 黃溍 著、全祖望 補修：《金華黃先生文集》，四部叢刊本。

31. 黃溍：《文獻集》，《文淵閣四庫全書》本。

32. 黃虞稷：《千頃堂書目》，《文淵閣四庫全書》本。

33. 黃宗羲：《宋元學案》，中華書局，1986 年。

34. 金幼孜：《北征錄》，《文淵閣四庫全書》本。

35. 柯邵忞：《新元史》，開明書店，1935 年。

36. 孔齊：《至正直記》，中華書局，1991 年。

37. 樂史：《太平寰宇記》，中華書局，1985 年。

38. 李存：《俟庵集》，《文淵閣四庫全書》本。

39. 李燾：《續資治通鑒長編》，上海古籍出版社，1986 年。

40. 李鴻章 主修：（光緒）《畿輔通志》重印本，商務印書館，1934 年。

41. 李吉甫：《元和郡縣圖志》，賀次君點校，中華書局，1983 年。

42. 李文田：《元史地名考》，上海古籍出版社，1995 年。

43. 李賢：《明一統志》，明萬曆刻本。

44. 李心傳：《建炎以來朝野雜記》，中華書局點校本，1985 年。

45. 李修生 主編：《全元文》，江蘇古籍出版社，1998～2005 年。

46. 李志常 述：《長春眞人西遊記》，《王國維遺書》第 13 冊，上海古籍書店，1983 年。

47. 李鷹：《濟南集》，《文淵閣四庫全書》本。

48. 劉秉忠：《劉太傅藏春集》，《元人文集珍本叢刊》本。

49. 劉基：《大明清類天文分野之書》，明刻本。

50. 劉瑾：《詩傳通釋》，《文淵閣四庫全書》本。

51. 劉敏中：《中庵先生劉文簡公文集》（簡稱《中庵集》），《北京圖書館古籍珍本叢刊》本。

52. 劉祁：《歸潛志》，元明史料筆記叢刊本，中華書局，1997 年。

53. 劉仁本：《羽庭集》，《文淵閣四庫全書》本。

54. 劉昫 等：《舊唐書》，中華書局校勘本，1975 年。

55. 劉因：《靜修先生文集》（簡稱《靜修集》），四部叢刊本。

56. 劉應李 原編，詹有諒 改編，郭聲波 整理：《大元混一方輿勝覽》，四川大學出版社，2003 年。

57. 劉岳申：《申齋集》，《文淵閣四庫全書》本。

58. 劉知幾：《史通》，四部叢刊本。

59. 柳貫：《柳待制文集》，四部叢刊本。

60. 陸楫：《古今說海》，《文淵閣四庫全書》本。

61. 陸文圭：《牆東類稿》，《文淵閣四庫全書》本。

62. 馬端臨：《文獻通考》，浙江古籍出版社，2000 年。

63. 明河：《補續高僧傳》，上海古籍出版社，1991 年。

64. 穆彰阿 等：（嘉慶）《大清一統志》，四部叢刊本。

65. 乃賢：《河朔訪古記》，《文淵閣四庫全書》本。

66. 歐陽忞：《輿地廣記》，四川大學出版社，2003 年。

67. 歐陽修：《文忠集》，四部叢刊本。

68. 歐陽玄：《圭齋集》，四部叢刊本。

69. 彭大雅、徐霆：《黑韃事略》，《王國維遺書》第 13 冊，上海古籍書店，1983 年。

70. 齊心 主編：《北京元代史蹟圖志》，北京燕山出版社，2009 年。

71. 錢大昕：《二十二史考異》，上海古籍出版社，2004 年。

72. 任士林：《松鄉集》，《文淵閣四庫全書》本。

73. 薩都剌：《雁門集》，上海古籍出版社，1982 年。

74. 邵伯溫：《易學辨惑》，《文淵閣四庫全書》本。

75. 沈濤：《常山貞石志》，臺灣新文豐出版公司石刻史料新編本。

76. 釋念常：《佛祖歷代通載》，《北京圖書館古籍珍本叢刊》本。

77. 司馬光 等：《資治通鑒》，四部叢刊本。

78. 司馬遷：《史記》，中華書局點校本，1975 年。

79. 宋褧：《燕石集》，《北京圖書館古籍珍本叢刊》本。

80. 宋濂 等：《元史》，中華書局校勘本，1976 年。

81. 宋子貞：《改邢州爲順德府記》，徐韶光主編；張家華等編輯《邢臺文物名勝》，河北人民出版社，1988 年。

82. 蘇天爵：《元朝名臣事略》，姚景安點校本，中華書局，1996 年。

83. 蘇天爵：《元文類》，商務印書館，1936 年。

84. 蘇天爵：《滋溪文稿》，陳高華、孟繁清點校本，中華書局，1997 年。

85. 孫奇逢：《理學宗傳》，清康熙六年刻本。

86. 孫士毅 等：《欽定四庫全書總目》，中華書局，1999 年。

87. 陶宗儀：《南村輟耕錄》（簡稱《輟耕錄》），中華書局點校本，1997 年。

88. 滕安上：《東庵集》，四庫全書珍本初集。

89. 同恕：《榘庵集》，《文淵閣四庫全書》本。

90. 脫脫 等：《金史》，中華書局校勘本，1975 年。

91. 脫脫 等：《遼史》，中華書局校勘本，1974 年。

92. 脫脫 等：《宋史》，中華書局校勘本，1977 年。

93. 汪克寬：《春秋胡傳附錄纂疏》，《文淵閣四庫全書》本。

94. 王安石：《臨川先生文集》，四部叢刊本。

95. 王夫之：《讀通鑒論》，中華書局點校本，1975 年。

96. 王鞏：《聞見近錄》，《文淵閣四庫全書》本。

97. 王珪：《華陽集》，《文淵閣四庫全書》本。

98. 王輝祖：《元史本證》，中華書局點校本，1984 年。

99. 王結：《文忠集》，《文淵閣四庫全書》本。

100. 王溥：《唐會要》，叢書集成本。

101. 王士點、商企翁：《秘書監志》，高榮盛點校，浙江古籍出版社，1992 年。

102. 王禕（一作禕）：《王忠文公集》，《文淵閣四庫全書》本。

103. 王應麟：《通鑒地理通釋》，叢書集成初編本，商務印書館，1937 年。

104. 王林：《燕翼貽謀錄》，《文淵閣四庫全書》本。

105. 王惲：《秋澗先生大全集》（簡稱《秋澗集》），《元人文集珍本叢刊》本。

106. 王惲：《玉堂佳話》，叢書集成本，中華書局，1985 年。

107. 魏初：《青崖集》，《文淵閣四庫全書》本。

108. 魏徵 等：《隋書》，中華書局校勘本，1973 年。

109. 文彥博：《潞公文集》，《文淵閣四庫全書》本。

110. 吳道南：《吳文恪公文集》，明崇禎吳之京刻本。

111. 吳偉業：《梅村家藏稿》，四部叢刊本。

112. 項篤壽：《今獻備遺》，《文淵閣四庫全書》本。

113. 熊夢祥：《析津志輯佚》，北京古籍出版社，1983 年。

114. 熊相：《（正德）瑞州府志》，《天一閣藏明代方志選刊》續編本。

115. 徐堅 等：《初學記》，《文淵閣四庫全書》本。

116. 徐元瑞：《吏學指南》，楊訥點校，浙江古籍出版社，1988 年。

117. 許衡：《魯齋遺書》，《北京圖書館古籍珍本叢刊》本。

118. 許有壬：《圭塘小稿》，《三怡堂叢書》本。

119. 許有壬：《至正集》，四部叢刊本。

120. 薛居正 等：《舊五代史》，中華書局校勘本，1976 年。

121. 楊翮：《佩玉齋類稿》，《文淵閣四庫全書》本。

122. 楊奐：《還山遺稿》，《文淵閣四庫全書》本。

123. 楊慎：《升菴集》，《文淵閣四庫全書》本。

124. 楊士奇：《東里續集》，《文淵閣四庫全書》本。

125. 楊維楨：《東維子文集》，四部叢刊本。

126. 姚廣孝 等：《永樂大典》，中華書影印本，1986 年。

127. 姚士觀 編：《明太祖文集》，《文淵閣四庫全書》本。

128. 姚燧：《牧庵集》，四部叢刊本。

129. 耶律楚材：《湛然居士文集》，四部叢刊本。

130. 葉隆禮：《契丹國志》，上海古籍出版社點校本，1985 年。

131. 葉子奇：《草木子》，中華書局點校本，1997 年。

132. 于敏中 等：《日下舊聞考》，北京古籍出版社，1983 年。

133. 于欽：《齊乘》，《宋元方志叢刊》（第一冊），中華書局，1990 年。

134. 余闕：《青陽先生集》，四部叢刊初編本。

135. 余闕：《青陽先生文集》，上海書店出版社，1985 年。

136. 虞集：《道園類稿》，《元人文集珍本叢刊》本。

137. 虞集：《道園學古錄》，四部叢刊本。

138. 宇文懋昭：《大金國志》，王雲五主編，萬有文庫本，商務印書館，1936 年。

139. 元好問：《中州集》，中華書局點校本，1959 年。

140. 元好問：《遺山先生文集》（簡稱《遺山集》），四部叢刊本。

141. 元明善：《清河集》，《元人文集珍本叢刊》本。

142. 袁桷：《清容居士集》，四部叢刊本。

143. 張廷玉：《明史》，中華書局點校本，1974 年。

144. 張養浩：《歸田類稿》，《文淵閣四庫全書》本。

145. 張昱：《可閒老人集》，《文淵閣四庫全書》本。

146. 章潢：《圖書編》，《文淵閣四庫全書》本。

147. 趙秉文：《閒閒老人滏水文集》，四部叢刊本。

148. 趙珙：《蒙韃備錄》，《王國維遺書》第 13 冊，上海古籍書店，1983 年。

149. 趙魯愚 編：《宋名臣奏議》，上海古籍出版社，1999 年。

150. 趙孟頫：《松雪齋集》，四部叢刊本。

151. 趙汸：《東山存稿》，《文淵閣四庫全書》本。

152. 鄭潛：《樗庵類稿》，《文淵閣四庫全書》本。

153. 鄭泳：《鄭氏家儀》：續金華叢書，永康胡氏夢選樓 1924 年刻本。

154. 鄭元祐：《僑吳集》，《北京圖書館古籍珍本叢刊》本。

155. 朱德潤：《存復齋文集》，《四部叢刊》本。

156. 《(光緒) 邢臺縣志》，地方志人物傳記資料叢刊·華北卷，第 36 冊。

157. 《(弘治) 保定郡志》，《天一閣藏明代方志選刊》本。

158. 《(嘉靖) 廣平府志》，《天一閣藏明代方志選刊》本。

159. 《(嘉靖) 輝縣志》，《天一閣藏明代方志選刊》續編本。

160. 《(萬曆) 順德府志》、《(成化) 順德府志》，邢臺市翻印本，2007 年。

161. 《(正德) 大名府志》，《天一閣藏明代方志選刊》本。

162. 《大元官制雜記》，廣倉學宭叢書重印本。

163. 《大元聖政國朝典章》(簡稱《元典章》)，臺北故宮博物院影印元刊本。

164. 《廟學典禮》，王頲點校，浙江古籍出版社，1992 年。

165. 《通制條格》，黃時鑒點校本，浙江古籍出版社，1986 年。

166. 《群書通要》，清嘉慶宛委別藏本。

167. 《新編事文類要啓札青錢》，續修《文淵閣四庫全書》本。

168. 《元朝秘史》，四部叢刊本。

169. 《元聖武親征錄》，《王國維遺書》(第十三冊)，上海古籍書店，1983 年。

170. 《至正條格》校注本，韓國中央研究院編，2007 年。

171. (波斯) 拉施特：《史集》余大鈞、周建奇 譯本，第一卷第二分冊，商務印書館，1983 年。

172. (波斯) 志費尼：《世界征服者史》，何高濟 譯，翁獨健 校訂，內蒙古人民出版社，1980 年。

173. (英) 道森編，呂浦譯，周良霄注：《出使蒙古記》，中國社會科學出版社，1983 年。

174. 《馬可波羅行紀》，馮承鈞 譯本，上海書店出版社，2001 年。

二、現代著作、論文

1. 《中國歷史大辭典・遼宋夏金元》，上海辭書出版社，1986 年。

2. 《中國自然地理》編輯委員會：《中國自然地理 歷史自然地理》，科學出版社，1962 年。

3. 安作璋主編：《中國運河文化史》，山東教育出版社，2001 年。

4. 白鋼：《建一代成憲的太保劉秉忠》，《文史知識》1985 年第 3 期。

5. 白鋼：《論元代傑出政治家張易》，《晉陽學刊》1988 年第 8 期。

6. 白少雙、馮瑞建、劉春燕：《元代真定路交通淺探》，《青海師專學報》2008 年第 2 期。

7. 蔡春娟：《王惲在衛州的問學與交遊》，《元史論叢》第十三輯，天津古籍出版社，2010 年。

8. 蔡春娟：《許衡的教育實踐及其童蒙思想》（《「文獻、制度與史實：〈元典章〉與元代社會」國際學術研討會暨 2018 年中國元史研究會年會論文集》，北京大學，2018 年。

9. 蔡美彪：《拉施特〈史集〉所記阿合馬案釋疑》，《歷史研究》1999 年第 3 期。

10. 蔡美彪 等：《中國通史》第 7 冊《元》，人民出版社，1983 年。

11. 岑仲勉：《黃河變遷史》，人民出版社，1957 年。

12. 查洪德：《劉秉忠文獻留存情況之考察》，《文獻》2005 年第 4 期。

13. 陳得芝：《蒙元史研究叢稿》，人民出版社，2005 年。

14. 陳得芝 主編：《中國通史》第八卷《中古時代・元時期》，上海人民出版社，1997 年。

15. 陳高華、史衛民：《元上都》，吉林教育出版社，1988 年。

16. 陳高華、史衛民：《中國政治制度通史・元代卷》，人民出版社，1996 年。

17. 陳高華：《論賽默》，《中國史研究》1995 年第 2 期。

18. 陳高華：《元中都的興廢》，《文物春秋》1998 年第 3 期。

19. 陳美東：《郭守敬評傳》，南京大學出版社，2003 年。

20. 陳水逢、王壽南 主編：《元代中央政治制度》，臺灣商務印書館，1978 年。

21. 到何之：《關於金末元初漢人地主武裝問題》，《內蒙古大學學報》1978 年第 1 期。

22. 鄧綏林 等：《河北省地理》，河北人民出版社，1986 年。

23. 丁國祥：《金元之際中原文化的危機與挽救》，《社科縱橫》1997 年第 6 期。

24. 束淑梅：《龍泉寺發現元好問紀事碑》，《大舞臺》1999 年第 4 期。

25. 董向英：《元中都的歷史地理地位及其在當前經濟建設中的作用》，《張家口師專學報》2003 年第 5 期。

26. 都興智、田志光：《論金末元初知識分子的境遇及其歷史作用》，《河北大學學報》2007 年第 4 期。

27. 杜宏權、趙平分：《李治李冶辨》，《哈爾濱學院學報》2003 年第 5 期。

28. 范玉琪：《郭守敬就學紫金山考》，《河北學刊》1987 年第 1 期。

29. 范玉琪：《元初名臣劉秉忠書丹〈國朝重修鵲山神應王廟之碑〉考釋》，《文物春秋》1994 年第 4 期。

30. 范子燁：《阮籍事蹟新考》，《學術交流》1995 年第 1 期。

31. 馮永謙：《遼史地理志考補——中京道、南京道、西京道失載之州軍》，《北方文物》1998 年第 3 期。

32. 傅崇蘭：《中國運河城市發展史》，四川人民出版社，1985 年。

33. 高詩敏：《定居真定的阿拉伯人贍思》，《河北學刊》1984 年第 4 期。

34. 高樹林：《元朝時期的河北人口初探》，《河北大學學報》1984 年第 1 期。

35. 高偉：《元朝君主對醫家的網羅及其影響》，《蘭州大學學報》1999 年第 4 期。

36. 郭建設、索全星：《山陽石刻藝術》，河南美術出版社，2004 年。

37. 郭建設 等：《許衡神道碑述考》，《中原文物》2006 年第 4 期。

38. 郭聲波：《元代順德等處冶鐵提舉司諸冶考》，《中國歷史地理論叢》1987 年第 1 期。

39. 韓儒林：《〈元史綱要〉結語》，《元史論叢》第一輯，中華書局，1982 年。

40. 韓儒林：《穹廬集》，上海人民出版社，1982 年。

41. 韓儒林 主編：《元朝史》，人民出版社，1986 年。

42. 韓永格、劉秋果：《竇默》，《檔案天地》1999 年第 1 期。

43. 韓志遠：《略論金撫州地區在蒙金戰爭期間的戰略地位及元武宗在撫州建立中都的軍事原因》，《文物春秋》1998 年第 3 期。

44. 郝良真、孫繼民：《邯鄲歷史文化論叢》，中國文史出版社，2004 年。

45. 何天明：《元代屯田若干問題探討》，《內蒙古社會科學》1987 年第 3 期。

46. 何茲全：《中國社會發展史中的元代社會》，《北京師範大學學報》1992 年第 5 期。

47. 河北省交通廳史志編纂委員會：《河北古代陸路運輸簡史》，河北科學技術出版社，1986 年。

48. 侯德封：《黃河志》，商務印書館，1937 年。

49. 侯厚吉：《元代盧世榮的鈔法改革思想評介》，《河南師範大學學報》1996
    年第 6 期。

50. 侯仁之：《元大都城與明清北京城》，邢臺郭守敬紀念館編《郭守敬及其
    師友論文集》，1996 年。

51. 胡海帆：《元〈寶昌州創建接官廳記〉雜考》，《内蒙古大學學報》2008
    年第 3 期。

52. 胡務：《元代的打捕鷹房户——兼對〈元史・兵志・鷹房捕獵〉補正》，《西
    南師範大學學報》1992 年第 2 期。

53. 華林甫、成崇德：《中國歷代分省模式探討》，《中國人民大學學報》2006
    年第 4 期。

54. 淮建利：《元初北方儒士歷史價值新論：從儒士在元初征戰中的作用談
    起》，《江漢論壇》2006 年第 2 期。

55. 黃宗健：《元雜劇在真定的崛起與史天澤》，《河北學刊》1991 年第 6 期。

56. 賈成惠：《内丘梵雲寺元代聖旨碑》，《文物春秋》2001 年第 2 期。

57. 賈玉英：《宋代京畿制度變遷論略》，《河北大學學報》2007 年第 5 期。

58. 賈洲傑：《河南元代站赤交通及意義》，《鄭州大學學報》1988 年第 5 期。

59. 賈洲傑：《遼金元時代内蒙古地區的城市和城市經濟》，《内蒙古大學學報》
    1979 年 3、4 期。

60. 焦進文、楊富學：《元代西夏遺民文獻〈述善集〉校注》，甘肅人民出版
    社，2001 年。

61. 焦作市文物工作隊、焦作市博物館：《焦作中站區元代靳德茂墓道出土陶
    俑》，《中原文物》2008 年第 1 期。

62. 瞿大風：《元朝時期的山西地區：文化・教育・宗教篇》，遼寧民族出版
    社，2006 年。

63. 瞿大風：《元朝時期的山西地區：政治・軍事・經濟篇》，遼寧民族出版
    社，2005 年。

64. 勞延煊：《元朝諸帝的季節性遊獵生活》，《遼金元史研究論集》，大陸雜
    誌史學書第二輯第三冊。

65. 李幹、周祉正：《元代理財家——盧世榮》，《内蒙古社會科學》1985 年
    第 5 期。

66. 李民：《〈尚書・盤庚〉所反映的商代貴族和平民的鬥爭》，《鄭州大學學
    報》1978 年第 2 期。

67. 李民：《夏商史探索》，河南人民出版社，1985 年。

68. 李泉：《中國運河文化的形成及其演進》，《東嶽論叢》2008 年第 3 期。

69. 李曉燕：《中國首屆許衡學術研討會》，《中州學刊》2005 年第 1 期。

70. 李月紅:《北宋時期河北地區的御河》,《中國歷史地理論叢》2000 年第 4 期。

71. 李雲慶:《封龍山爲最早的古恒山》,《文物春秋》2006 年第 5 期。

72. 李雲慶:《再論封龍山爲最早的古恒山》,《文物春秋》2007 年第 5 期。

73. 李之勤:《〈析津志‧天下站名〉校正——大都通河南和陝西行省部分》,中國古都學會編《中國古都研究》第 3 輯,浙江人民出版社,1987 年。

74. 李治安師、薛磊:《中國行政區劃通史‧元代卷》,復旦大學出版社,2009 年。

75. 李治安師:《忽必烈傳》,人民出版社,2004 年。

76. 李治安師:《元代分封制度研究》,天津古籍出版社,1992 年。

77. 李治安師:《元代及明前期社會變動初探》,《史學集刊》2006 年第 1 期。

78. 李治安師:《元代冗官述論》,《學術月刊》2006 年第 5 期。

79. 李治安師:《元代行省制度》,中華書局,2011 年。

80. 李治安師:《元代政區地理的變遷軌跡及特色新探》(一)、(二)、(三),《歷史教學》(高校版)2007 年第 1、2、3 期。

81. 李治安師:《元代政治制度研究》,人民出版社,2003 年。

82. 李治安師:《元代中書省直轄「腹裏」政區考略》,《元史論叢》第 10 輯,中國廣播影視出版社,2005 年。

83. 李治安師 等:《元代華北地區研究》,南開大學出版社,2008 年。

84. 梁啓超:《中國歷史研究法》,河北教育出版社,2000 年。

85. 劉暢:《元代中原地區私學探微》,《湖北教育學院學報》2006 年第 9 期。

86. 劉建華:《淺議元代凡山鎮彌勒禪寺買地券》,《文物春秋》1995 年第 3 期。

87. 劉培建:《劉秉忠家世問題再探討》,《廣西師範學院學報》2008 年第 4 期。

88. 劉起釪:《禹貢冀州地理叢考》,《文史》第 25 輯,1986 年。

89. 劉鐵增:《一通刻了十二年的碑》,《文物春秋》1996 年第 3 期。

90. 劉曉:《大蒙古國和元朝初年的廉訪使》,《元史論叢》第八輯,江西教育出版社,2001 年。

91. 劉曉:《耶律楚材評傳》,南京大學出版社,2001 年。

92. 劉曉:《元「大開元一宗」初探》,《中國史研究》2008 年第 1 期。

93. 劉曉:《鄭景賢的名字與籍貫》,《中國史研究》2001 年第 3 期。

94. 陸峻嶺:《元人文集篇目分類索引》,中華書局,1979 年。

95. 呂思勉:《呂著中國通史》,上海科學技術文獻出版社,2008 年。

96. 羅賢祐：《許衡、阿合馬與元初漢法、回回法之爭》，《民族研究》2005 年第 5 期。

97. 馬建春：《元代東遷西域人及其文化研究》，民族出版社，2003 年。

98. 馬曉娟：《元代隆鎮衛親軍都指揮使司建置考述》，《「文獻、制度與史實：〈元典章〉與元代社會」國際學術研討會暨 2018 年中國元史研究會年會論文集》，北京大學，2018 年。

99. 孟繁清：《漫議元中都的興衰》，《文物春秋》1998 年第 3 期。

100. 孟繁清：《蒙元時期的顏氏三碑》，《中國史研究》2009 年第 3 期。

101. 孟繁清：《元上都留守顏伯祥任職時間考》，《中國史研究》2007 年第 3 期。

102. 孟繁清 等著：《金元時期的燕趙文化人》，河北人民出版社，2004 年。

103. 孟繁清 等著：《蒙元時期環渤海地區社會經濟發展研究》，天津教育出版社，2003 年。

104. 孟繁清 主編：《河北經濟史》（第二卷），人民出版社，2003 年。

105. 默書民：《關於元代腹裏地區的人口問題》，《河北師範大學學報》2000 年第 3 期。

106. 默書民：《蒙元郵驛研究》，暨南大學博士論文，2004 年。

107. 默書民：《塞外元代驛道及其當代旅遊開發芻議》，《河北經貿大學學報》2008 年第 4 期。

108. 默書民：《元代前期腹裏地區的土地開發與田產爭訟》，《河北師範大學學報》2003 年第 4 期。

109. 默書民：《元代山東東西道轄區考析》，《中國史研究》2007 年第 3 期。

110. 默書民：《中書省所轄大都以南地區站道研究》，《元史論叢》第十一輯，天津古籍出版社，2009 年。

111. 內蒙古大學 編：《蒙古史論文選集》，《內蒙古大學學報叢刊》，1983 年。

112. 轟樹鋒、王秀瓏：《史氏家族在真定——金元之際的漢人世侯剖析》，《石家莊師範專科學校學報》2000 年第 3 期。

113. 鈕仲勳：《衛河的形成及其相關問題》，《河南大學學報》1985 年第 1 期。

114. 潘鏞：《隋唐時期的運河和漕運》，三秦出版社，1986 年。

115. 彭善國：《遼金元時期的海東青及鷹獵》，《北方文物》2002 年第 4 期。

116. 屈文軍：《論元代中書省的本質》，《西北民族研究》2003 年第 3 期。

117. 任宜敏：《元代宗教政策論》，《文史哲》2006 年第 4 期。

118. 沈長雲：《西周二韓國地望考》，《中國史研究》1982 年第 2 期。

119. 石超藝：《明以來海河南系水環境變遷研究》，復旦大學博士論文，2005 年。

120. 史念海：《中國古都與文化》，中華書局，1998 年。

121. 史衛民：《元代都城制度的研究與中都地區的歷史地位》，《文物春秋》1998 年第 3 期。

122. 史衛民：《元代軍事史》，《中國軍事史》第十四卷，軍事科學出版社，1998 年。

123. 舒順林：《元代溝通南北的運河遭運》，《陰山學刊》1990 年第 3 期。

124. 舒正方：《在潛開邸 思大有爲於天下》，《內蒙古社會科學》1991 年第 6 期。

125. 宋鎭豪：《論商代的政治地理架構》，中國社會科學院歷史研究所學刊編委會：《中國社會科學院歷史研究所學刊》（第一集），社會文獻出版社，2001 年。

126. 孫冬虎、李汝雯：《中國地名學史》，中國環境科學出版社，1997 年。

127. 孫克寬：《元代漢文化之活動》，臺北中華書局，1968 年。

128. 索全星、王小軍：《一方有關王榮起義的元代墓銘》，《中原文物》1996 年第 1 期。

129. 索全星：《焦作市出土的二合元代墓誌略考》，《文物》1996 年第 3 期。

130. 索全星：《許衎、許師義墓誌跋》，《華夏考古》1995 年第 4 期。

131. 譚其驤：《在歷史地理研究中如何正確對待歷史文獻資料》，《學術月刊》1982 年第 1 期。

132. 唐長孺：《山居存稿》，中華書局，1989 年。

133. 忒莫勒：《金元咸寧縣城考》，《內蒙古社會科學》1987 年第 6 期。

134. 佟建華：《宋元數學人才群體之探索》，《自然科學史研究》1997 年第 3 期。

135. 王德毅、李榮村、潘柏澄 等：《元人傳記資料索引》，臺灣新文豐出版公司，1979 年。

136. 王風雷、張敏傑：《元代野生動物保護法再探》，《內蒙古師範大學學報》2005 年第 6 期。

137. 王崗：《元大都成爲全國政治中心的幾點思考》，《元史論叢》十三輯，天津古籍出版社，2010 年。

138. 王力春：《元代奎章閣鑒書博士杜秉彝考》，《社會科學輯刊》2004 年第 3 期。

139. 王明蓀：《元代的士人與政治》，臺灣學生書局，1992 年。

140. 王培華：《元代北方雹災的時空特點及國家減災救災措施》，《中國歷史地理論叢》1999 年第 2 期。

141. 王培華：《元代北方桑樹災害及國家對策》，《殷都學刊》2000 年第 1 期。

142. 王培華：《元代北方災荒與救濟》，北京師範大學出版社，2010 年。

143. 王培華：《元明北京建都與糧食供應——略論元明人們的認識和實踐》，文津出版社，2005 年。

144. 王培華：《元明清華北西北水利三論》，商務印書館，2009 年。

145. 王慎榮：《〈元史〉諸志與〈經世大典〉》，《社會科學輯刊》1990 年第 2 期。

146. 王頲：《異世同符——明士人以姚廣孝、劉秉忠作比發微》，氏著《古代文化史論集》，上海古籍出版社，2007 年。

147. 王曉清：《「飛放」與「校獵」的文化解讀——元上都蒙古草原風俗略論》，《「元代漠南城市與經濟社會」學術研討會》會議論文，2010 年。

148. 王曉欣：《元代新附軍述略》，《南開學報》1992 年第 1 期。

149. 王曉欣：《元代新附軍問題再探》，《南開學報》2009 年第 2 期。

150. 魏崇武：《對〈元好問在真定路行跡一則〉的補說》，《文獻》2001 年第 3 期。

151. 魏崇武：《封龍、蘇門二山學者與蒙元初期學術與政治》，《中國典籍與文化》2004 年第 2 期。

152. 魏崇武：《金元之際北方儒學的繼承和發展》，《語文學刊》1996 年第 2 期。

153. 溫海清：《畫境中州 金元之際華北行政建置考》，上海古籍出版社，2012 年。

154. 吳忱 等編：《華北平原古河道研究論文集》，中國科學技術出版社，1991 年。

155. 吳冬梅：《元代同名路、府、州、縣考——兼考〈元史〉所載有誤路、府、州、縣》，《雲南師範大學學報》2003 年第 5 期。

156. 吳宏岐：《略論金代的漕運》，《中國歷史地理論叢》1994 年第 3 期。

157. 吳宏岐：《元代北方漢地農牧經濟的地域特徵》，《中國歷史地理論叢》1989 年第 3 期。

158. 吳秀華：《「封龍三老」與真定元曲作家群》，《河北師範大學學報》2000 年第 4 期。

159. 吳秀華：《元好問在真定路行跡一則》，《文獻》2000 年第 2 期。

160. 夏子正、孫繼民：《河北通史》（先秦卷），河北人民出版社，2000 年。

161. 向珊：《元末黨爭中的蘇天爵——從朵爾值班的兩件奏疏說起》，《「文獻、制度與史實：〈元典章〉與元代社會」國際學術研討會暨 2018 年中國元史研究會年會論文集》，北京大學，2018 年。

162. 蕭啟慶：《內北國而外中國：蒙元史研究》，中華書局，2007 年。

163. 蕭啓慶：《元代多族士人網絡中的師生關係》，《歷史研究》2005 年第 1 期。

164. 蕭啓慶：《元代史新論》，臺灣允晨文化實業股份有限公司，1999 年。

165. 蕭啓慶：《元代史新探》，臺灣新文豐出版公司，1983 年。

166. 蕭啓慶 主編：《蒙元的歷史與文化》，臺灣學生書局，2001 年。

167. 曉克：《北方草原民族侍衛親軍制初探》，《內蒙古社會科學》2007 年第 5 期。

168. 謝志誠：《河北通史》（遼宋金元卷），河北人民出版社，2000 年。

169. 薛文禮：《渾源「龍山三老」之「龍山」歸屬問題——兼論「三老」對民族融合的影響》，《山西大同大學學報》2008 年第 6 期。

170. 嚴蘭紳 主編：《河北通史》，河北人民出版社，2000～2002 年。

171. 晏選軍：《金元之際的漢人世侯與文人》，《中南大學學報》2007 年第 1 期。

172. 晏選軍：《元初北方理學的流衍與士人遭際——以許衡劉因比較研究爲代表》，《寧波大學學報》2004 年第 6 期。

173. 楊金榮：《潛邸侍臣與元代的「二期儒治」》，《江漢論壇》1998 年第 8 期。

174. 楊軍：《北宋時期河北城市的軍事職能》，張利民主編：《城市史研究》第二十四輯，天津社會科學院出版社，2007 年。

175. 楊文山、翁振軍 主編：《邢臺歷史文化論叢》，河北人民出版社，1990 年。

176. 楊印民：《元代腹裏地區酒業初探》，《河北師範大學學報》2004 年第 3 期。

177. 楊印民：《元代環渤海地區的毛、麻、棉織業》，《內蒙古社會科學》2006 年第 3 期。

178. 楊志玖、趙文坦：《中統初年「義利之爭」辨析》，《南開學報》1995 年 4 期。

179. 楊志玖：《元史曲樞傳補正》，《寧夏社會科學》1989 年第 1 期。

180. 楊志玖：《元史三論》，人民出版社，1985 年。

181. 姚大力：《元朝科舉制度的興廢及其社會背景》，《元史及北方民族史研究集刊》第 6 期，《南京大學學報》專輯，1982 年。

182. 葉堅楠：《河北歷代政區（文化）沿革》，《河北學刊》1982 年第 3 期。

183. 葉新民、寶音德力根 等：《元代的興和路和中都》，《文物春秋》1998 年第 3 期。

184. 葉新民、齊木得道爾吉 編著：《元上都研究文集》，中央民族大學出版社，2003 年。

185. 葉新民、齊木得道爾吉 編著：《元上都研究資料選編》，中央民族大學出版社，2003 年。

186. 葉新民：《元代的欽察、康里、阿速、唐兀衛軍》，《內蒙古社會科學》1983 年第 6 期。

187. 葉新民：《元代統治者對站戶的剝削和壓迫》，《內蒙古大學學報》1979 年第 3、4 期。

188. 葉新民：《元上都研究》，內蒙古大學出版社，1998 年。

189. 亦鄰眞：《中國北方民族與蒙古族祖源》，《內蒙古大學學報》1979 年第 3、4 期。

190. 余扶危：《洛陽元王述墓清理》，《考古》1976 年第 6 期。

191. 俞鹿年：《中國官制大辭典》，黑龍江人民出版社，1992 年。

192. 袁國藩：《元初河漕轉變之研究》，《遼金元史研究論集》，大陸雜誌史學書第二輯第三冊。

193. 苑書義、孫寶存、郭文書 主編：《河北經濟史》第一卷（本卷主編孫繼民）、第二卷（本卷主編孟繁清），人民出版社，2003 年。

194. 札奇斯欽：《蒙古秘史新譯並注釋》，（臺北）聯經出版事業公司，1979 年。

195. 展龍：《元明之際士大夫政治生態研究》，人民出版社，2013 年。

196. 張帆：《〈退齋記〉與許衡劉因的出處進退——元代儒士境遇心態之一斑》，《歷史研究》2005 年第 3 期。

197. 張帆：《元代宰相制度研究》，北京大學出版社，1997 年。

198. 張金銑：《懷州元帥王榮史事考略》，《西北民族研究》2001 年第 2 期。

199. 張金銑：《元代地方行政制度研究》，安徽大學出版社，2001 年。

200. 張新斌：《濟水與河濟文明》，河南人民出版社，2007 年。

201. 張新斌：《蘇姓源於蘇門山——關於蘇姓起源與播遷的研究》，《河南師範大學學報》1994 年第 4 期。

202. 張修桂：《中國歷史地貌與古地圖研究》，社會科學文獻出版社，2006 年。

203. 張照東、馬章安：《宋金元時期山東行政區劃的變遷——古代山東政區地理研究之一例》，《聊城師範學院學報》1993 年第 2 期。

204. 趙國權：《略論百泉書院的學術文祀活動及興衰》，《河南大學學報》1995 年第 4 期。

205. 趙平分、周新華：《李治與元好問交遊考》，《青海師範大學民族師範學院學報》2008 年第 1 期。

206. 趙平分：《李治和封龍山書院》，《保定師專學報》2001 年第 3 期。

207. 趙琦：《大蒙古國時期十路徵收課稅所考》，《蒙古史研究》第六輯。

208. 趙琦：《金亡前後儒士的南渡與北徙》，《元史論叢》第 8 輯，江西教育出版社，2001 年。

209. 趙琦：《金元之際的儒士與漢文化》，人民出版社，2004 年。

210. 趙士舜 主編：《石家莊地區水利志》，河北人民出版社，2000 年。

211. 趙文坦：《大蒙古國時期的順天張氏》，《元史論叢》第十輯，中國廣播影視出版社，2005 年。

212. 趙文坦：《金元之際漢人世侯的興起與政治動向》，《南開學報》2000 年第 6 期。

213. 趙文坦：《蒙古國漢人世侯轄區社會經濟考察》，《蒙古史研究》第六輯。

214. 照那斯圖：《元八思巴字篆書官印輯存》，文物出版社，1977 年。

215. 周良霄、顧菊英：《元代史》，上海人民出版社，1993 年。

216. 周良霄：《三朝夏宮雜考》，《文物春秋》1998 年第 3 期。

217. 周清澍：《忽必烈潛藩新政的成效及其歷史意義》，《內陸亞洲歷史文化研究——韓儒林先生紀念文集》（《HISTORICAL AND CULTURAL STUDIES OF INNER ASIA》），南京大學出版社，1996 年。

218. 周清澍：《忽必烈早年的活動和手跡》，《中國史研究》2005 年第 1 期。

219. 周清澍：《元人文集版本目錄》，南京大學學報叢刊，1983 年。

220. 周月亮：《元初文化整合——以竇默、劉秉忠爲例》，《文史知識》2002 年第 8 期。

221. 周振鶴：《中國歷代行政區劃的變遷》，商務印書館，1998 年。

222. 周振鶴：《中央與地方關係史的一個側面（下）——兩千年地方政府層級變遷的分析》，《復旦學報》1995 年第 4 期。

223. 朱紹侯：《〈述善集〉選注（兩篇）》，《史學月刊》2000 年第 4 期。

224. 朱元元：《耶律楚材與〈梅溪十詠〉》，《安陽師範學院學報》2008 年第 4 期。

225. 子羅、曉寧：《初讀〈劉秉恕墓誌〉》，《文物春秋》1994 年第 1 期。

226. 祖生利：《元代白話碑研究》，中國社會科學院博士論文，2000 年。

227. 〔德〕傅海波，〔英〕崔瑞德編，史衛民等譯：《劍橋中國遼西夏金元史》，中國科學出版社，1998 年。

228. 〔美〕蘭德彰（John D. Langlois. Jr）：《虞集與他的蒙古君主：作爲辯護士的學者》，《亞洲研究雜誌》，1978 年第 1 期。

229. 〔日〕丹羽友三郎《關於元朝諸監的一些研究》，《北方民族史與蒙古史譯文集》，雲南人民出版社，2003 年。

230. 〔日〕內藤湖南 著，夏應元 選編並監譯：《中國史通論》（上），社會科學文獻出版社，2004 年。

231.〔日〕片山共夫：《論元代的昔寶赤——以怯薛的二重構造爲中心》，《北方民族史與蒙古史譯文集》，雲南人民出版社，2003 年。

232.〔日〕井戶一公：《元朝侍衛親軍的成立》，《九州大學東洋史論集》10 號，1982 年 3 月。

233.〔日〕井戶一公：《關於元代侍衛親軍的諸衛》，載《九州大學東洋史論集》12 號，1983 年 11 月。

234.〔日〕池內功：《忽必烈政權的建立及其麾下的漢軍》，《蒙古學資料與情報》1986 年第 3 期。

235.〔日〕岩村忍：《元代的戶計編成》，濤海 譯，《蒙古學信息》，1999 年第 4 期。

236.〔日〕櫻井智美：《〈創建開平府祭告濟瀆記〉考釋》，《元史論叢》第十輯，中國廣播電視出版社，2005 年。

237.〔日〕櫻井智美：《忽必烈統治華北的形象——以懷孟地區的科舉和祭祀爲例》，SUNDAI SHIGAKU（Sundai Historical Review）Na. 124, March 2005.

後　記

　　2007 年，臨不惑之歲，惑於博士名聲，蒙李治安先生不棄，登堂入室。與同門相較，年長偌多，家庭、單位平添幾多心力，「佳節更孤單」境遇中度過了不比尋常的求學生涯。2010 年歲末，拙文《元代直隸省部研究》承孟繁清、王曉欣、王利華、王永平諸位答辯老師的提攜，遂名正言順地得李師衣缽，本書就是博士論文簡略修改的結果。

　　畢業數年來，雖常記李師和諸位先生修訂完善論文的叮嚀，然因傾心於劉秉忠的人生魅力，樂此不疲於其生平研究，再加上惰性使然，無暇顧及。數年來，隨著一些新史料的發現和學界的努力，元代直隸省部視域的研究又有許多新進展，尤其是同門朱建路《石刻文獻與元代河北地區研究》從細微處著眼，令我深感自身不足，拙作出版之際，未能來得及消化吸收這些成果，實乃一大憾事。

　　敝帚自珍，藉此出版之際，驀然再回首，幾多恩寵，幾多祝福，一念念紛至沓來：

　　南開大學之博大，歷史學院之精深，是我永遠的念想。南開大學提供我思想得以提升、靈魂能夠淨化的平臺，歷史學院奠定我知識由是豐厚、學問因而起步的根基。馬蹄湖畔、大中路旁、范孫樓、圖書館，「允公允能，日新月異」之校訓，「愛國、敬業、創新、樂群」之精神，永存腦海。祝福南開大學永遠年青、歷史學院更加輝煌！

　　亞氏之「吾愛吾師」也是我對導師李治安先生由衷的表達。先生教我做人，使我身受溫暖；導我作文，令我心感幸福。課堂上，論文的探討、箚記的分析、制度的釋例、文書的梳理，都留下意味深長的回味。初進南開，深

感選題迷茫，考慮到對家鄉元代順德路研究有所積累，先生勉勵我從事元代河北區域史研究。從元代河北區域定位，到「直隸省部」概念的出現；從論文提綱的架構，到開題報告的凝練；從「燕南」史料的研讀，到「肅政廉訪司」專題的成篇，他如西安之行，焦作之旅，張北會議，邢臺奔波，等等，惠我多多。恩師之愛，至純至善，至地至天。慚愧的是，今生今世無由達到「更愛真理」的超越和「大恩大德」的報答。恩師爲人之寬宏、愛生之美德、學術之偉岸，成爲一種動力，鞭策我去奮鬥，驅使我向前進。而今，知天命之年，再蒙恩師雨露，將出版的機遇施惠，藉此向先生表達最崇高的敬意和最衷心的祝福：祝願李老師健康、平安、幸福、吉祥，全家美美滿滿、團團圓圓！

入學伊始，有幸從王曉欣先生學習元史，討教甚多，王老師、杜家驥老師對論文框架結構等提出有益的指導。十年來，徜徉在中國元史研究會的各種會議上，學界同好其樂融融。河北師範大學孟繁清、河北經貿大學默書民、北京大學張帆和黨寶海等諸位先生也提供了幫助。特別是引導我進入元史研究的碩士導師內蒙古大學寶音德力根先生常常關心、指導我的成長。對此，一併表示感謝。

同門諸君情誼無限，課堂上活躍在歷史的殿堂，會場中遨遊於學術的海洋，宿舍裏探討著人生的理想，飯桌旁牽掛著未來的方向。他們的音容笑貌常閃現我的腦海：謝詠梅、肖立軍、沈萬里、張沛之、薛磊、張國旺、刁培俊、楊印民、張玉興、蘇力、周鑫、武波、從海平、苗冬、倪斌、曹循、馬曉林、張冰冰、向珊、朱建路等。祝願同門兄弟姐妹前程似錦！

攻讀博士期間和畢業八年來，承蒙工作單位邢臺學院各級領導和諸多同事的關懷和照顧，尤其是校長辦公室和法政學院各位同仁的融洽相處，爲本人的研究工作惠及便利，特表謝意！

家人無私的摯愛潤濕了我的眼簾，自2001年踏入元史研究領域，風風雨雨中，對我無限包容，讓我深刻體驗了親人的體貼、家庭的溫馨，感激之情，油然而生。

二〇一八年九月